销售学的诡计

的

吴宏彪◎著

北京理工大学出版社
BEIJING INSTITUTE OF TECHNOLOGY PRESS

图书在版编目(CIP)数据

销售学的诡计/吴宏彪著. —北京：北京理工大学出版社，2011.1
ISBN 978-7-5640-3992-9

Ⅰ.①销… Ⅱ.①吴… Ⅲ.①销售学 Ⅳ.①F713.3

中国版本图书馆 CIP 数据核字(2010)第 234792 号

出版发行／北京理工大学出版社

社　　址／北京市海淀区中关村南大街 5 号

邮　　编／100081

电　　话／(010)68914775(办公室) 68944990(批销中心) 68911084(读者服务部)

网　　址／http://www.bitpress.com.cn

经　　销／全国各地新华书店

排　　版／北京天逸真彩图文制作有限责任公司

印　　刷／三河市华晨印务有限公司

开　　本／710 毫米×1000 毫米　1/16

印　　张／21

字　　数／280 千字

版　　次／2011 年 3 月第 1 版　　2011 年 3 月第 1 次印刷　　　　责任校对／陈玉梅

定　　价／36.00 元　　　　　　　　　　　　　　　　　　　　　　责任印制／母长新

图书出现印装质量问题，本社负责调换

前 言

世界首席推销员齐藤竹之助说："我们大家实际上都在进行自我推销，不管是什么人，从事何种工作，无论你的愿望是什么，若要达到你的目的，就必须具备向别人进行自我推销的能力。能否成功完全取决于你向别人进行自我推销的能力。实际上，每个人都是推销员。"细细品味，不愧是至理名言！可以毫不夸张地说，在我们的日常生活中，自我推销无时无刻不在。

然而，21世纪是商品经济时代，而且市场竞争越来越激烈，越来越残酷，其激烈程度就如同人们常说的：商场如战场。

《孙子兵法》曰："知己知彼，百战不殆。"商家只有熟知并且巧用市场销售中的种种"诡计"，才能在激烈的竞争中立于不败之地；消费者只有看清商家的各种"诡计"，才能在琳琅满目的商品中保持清醒的头脑。这样，商家和消费者都能以有限的生存资源拓展无限的生存空间。

道家认为："人法地，地法天，天法道，道法自然。"既然做任何事情都少不得谋划和策略，市场销售就更不例外。一个金点子，一个新主意，一个妙招数，都将会改变你的处境，改变你的一生，甚至可以将一个名不见经传的小人物变成一个享誉世界的大商人。这就如同"成功一定有方法"一样，市场销售也一定有高招，有人所不知、人所不能的方法和技巧。

本书汲取了古今中外商场赢家的智慧精华，容纳了中外创富高手的独门绝招。本书深入浅出，采用一个个经典的小故事，阐述市场销售中的种种"诡计"。

preface

　　本书最想告诉读者的便是，如果想在当今的销售市场中成为大赢家，靠的不是勤奋，不是节俭，更不是什么高深莫测的理论，而是自己的头脑和智慧。有了只属于你自己的机会和方法，想不发财都很难。

　　谨以此书献给未来商界的大赢家们！

作者

2010年12月

目 录

第四章 了解销售学兵法 93

CHAPTER 1

第一章

揭开销售中 "第一印象" 的面纱

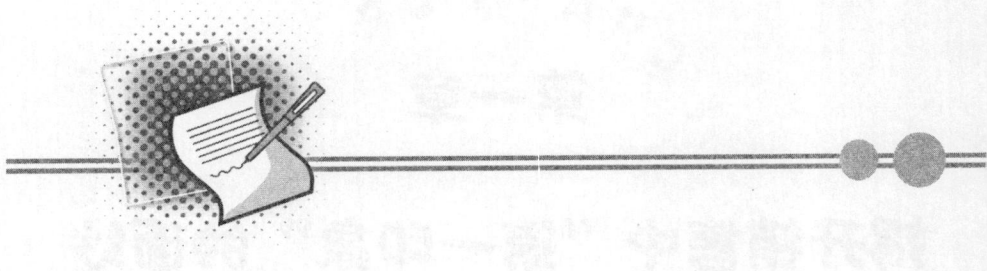

记得一位智者曾经说："永远不要以印象去评价别人，但是别人一定会用第一印象来评价你。"在现代这个商品经济时代，时间就是金钱，时间就是生命。作为市场销售人员，当你面对消费者的时候，消费者没有过多的时间去评判你是怎样一个人，他们只有根据第一印象去评判你。所以，作为市场销售人员，给顾客留下美好的第一印象是非常重要的。从某种程度上看，"第一印象"的好坏直接决定着你的产品是否能卖得出去。

本章我们就告诉大家怎样才能给消费者留下美好的第一印象。

虚怀若谷，善念永存

看到这个标题，大家一定很惊奇：进行商品销售为什么非要"虚怀若谷"、非要有"善念"呢？经济学不是讲究"以最小的经济代价获取最大的经济利益"吗？商人不是"唯利是图"吗？

其实不然。"唯利是图"、"以最小的经济代价获取最大的经济利益"，这些充其量只能算作"雕虫小技"。而永远"虚怀若谷"，"善念永存心间"，大智若愚，这才是销售学中最大的智慧。

大家仔细想一下，只图眼前利益的小商小贩，他们能长远地取信于顾客吗？他们能长久地保持盈利吗？当然不能。他们"唯利是图"，只求眼前利益，不为长远做打算，当然不能在销售中长久地取胜。

古今中外，取得巨大成功的大商人们，他们都属于儒商，如清朝末年的胡雪岩先生，现代的香港首富李嘉诚先生，领带大王曾宪梓先生，世界首富比尔·盖茨先生等等，他们无不是始终都有一颗"善良的心"、"感恩的心"、拥有一颗"菩萨心"。这就是销售学中的大智慧。

既然大商人都"虚怀若谷"、"心存善念"，那么什么才是真正的"虚怀若谷"、"善念"呢？我打算用禅中的两个经典公案来向大家阐明。

一把椅子的问候

一个年轻人只用了一把椅子，就轻易地与"钢铁大王"卡耐基攀亲附缘，从此走向令人梦寐以求的成功之路，这不是天方夜谭，而是个真实的故事。

几十年前的美国费城，那是一个阴霾压天的下午，由于瞬间而来的倾盆大雨，行人纷纷逃到就近的店铺躲雨。这时，一位浑身湿淋淋的老太太，蹒跚地走进费城百货商店。看着她狼狈的情形和简朴的衣裙，所有的售货员都对她无动于衷。

这时候，一个年轻人诚恳地对她说："夫人，我能为您做点什么吗？"老妇人莞尔一笑："不用了。我在这儿躲会儿雨，马上就走。"话音刚落，老妇人随即又心神不宁了：不买别人的东西，却借用人家的屋檐躲雨，似乎不近情理。于是她开始在百货店里转起来，哪怕买个头发上的小饰物呢，也得给自己的躲雨找个光明正大的理由。

正当她神色迷茫的时候，那个小伙子又走过来对她说："夫人您不必为难，我给您搬了把椅子，放在门口，您坐着休息就是了。"

两个小时后，雨过天晴，老太太向那个年轻人道谢，并随意地向他要了张名片，就颤巍巍地走了。

几个月后，费城百货公司的总经理收到一封信，信中要求将这位年轻人派往苏格兰收取装潢一座城堡的订单，并让他承包自己家族所属的几个大公司下季度办公用品的采购订单。总经理震惊不已，匆匆一算，只这一封信带来的利益，就相当于他们公司两年的利润总和。

当他迅速地与写信人取得联系后，方才知道，这封信是一位老太太写的，而她正是美国亿万富翁卡耐基的母亲。

总经理马上把这位叫菲利的年轻人推荐到公司董事会上，毫无疑问，当菲利收拾行装飞往苏格兰时，他已经成为这家百货公司的合伙人了。那年，菲利才22岁。

随后的几年中，菲利以其一贯的踏实和诚恳，成为"钢铁大王"卡耐基的左膀右臂，事业扶摇直上，飞黄腾达，成为美国钢铁行业仅次于卡耐基的富可敌国的重量级人物。

正是一把友善的椅子，一份额外的服务，使菲利的公司获得了大宗生意，同时也使得他本人平步青云。

善之花

因为一个偶然的机缘，一个小沙弥得到了一粒种子，给他种子的禅师说这是善之花，有缘人等到花开那日便可以悟道成佛。

小沙弥虔诚地种下种子，果然是一颗神奇的种子，它很快就生根发芽，抽出两片长长的叶子，并且长势喜人。然而过了花开的季节，它仍旧只是一片翠绿，并不见任何开花的迹象。小沙弥心中并不恼，反而愈见诚笃：太过容易怎能悟出真道！

一年又一年，小沙弥渐渐长高长大，善之花的枝叶却仍然没有开出任何花朵，只是一味地青碧嫩绿，甚至不随四季更替。

周围环境却起了很大的变化，风沙日益猖獗，绿色越来越稀，水源越来越少，香火日渐冷落。到后来，寺院只剩下沙弥一个人。他每天要走二十里路去化缘，走十里路去挑水。

后来，水井越来越深，连四周的鸟儿也不能轻易喝到水。因此每当沙弥挑着水往回走时，常常有一群乌鸦盘旋在他头上乞水喝。沙弥便常常弃掉担

子，走远几步，静静地待乌鸦们饮过了再赶路。时间一久，乌鸦们便不再畏惧，干脆直接落在桶沿上喝水，任由沙弥挑着走。乌鸦们饮过水后，沙弥还会把沿途仅有的几棵小草也逐一浇灌一遍。

这一年，善之花终于长出一朵娇嫩的蓓蕾，随着时光的流逝，这唯一的蓓蕾亦日渐饱满。沙弥每天都充满希望地忙碌着，夜晚在梦里都会梦见花开，看见五彩的花瓣，嗅到沁人心脾的馨香。早晨醒来，沙弥常觉鼻翼之间犹有余香。

风沙更大了，绿色更少了，路上仅剩的几棵小草也在一夜之间被风沙深深埋葬。寺院不能待下去了，但是善之花还在，沙弥给善之花搭了棚子，夜里就睡在棚子里，只等着花开就离去。

一天夜里，风暴把一个迷路的男孩送进了沙弥的棚子。男孩怀里抱着一只瘦弱的羊羔，已经气若游丝，奄奄一息。沙弥虽然心存慈悲，却无计可施。

孩子一眼就看见被周围暗黄的沙土衬托得愈发嫩绿的善之花，他的眼睛里亮了一下，嗫嚅着说："师父，这只羊羔，生下来就没吃过青草……"

沙弥大窘，看着花，花苞已经开始慢慢绽放了，五彩之气氤氲缭绕；再看看那只羊羔，它眼睛里的生命之火一点点黯淡下去，生命的气息愈来愈弱。沙弥在心里大叫着：再等等，再坚持一下，花马上就要开了，花开了我就可以救你了……

孩子"扑通"一声，给他跪下了。

沙弥颓然长叹一声："无缘。"他闭上双眼，缓缓伸出手握住了那两片柔嫩的叶子，打算把它揪下来喂给羊羔。没费任何力气，就摘下两片嫩叶，整株花好像自己钻出了地面，沙弥觉得自己的心好像被谁一把拎出了胸腔……

沙弥用颤抖的双手将叶子递到孩子面前，就在孩子接过花的那一刻，善之花突然绽放。沙弥梦中见过的五彩，梦中嗅过的清香，立刻弥漫在这个简陋的草棚中。

"善念"是什么？"善念"就是博大的爱和无私无畏的奉献。修行的过程就是施洒博爱仁慈的过程，当你胸中充满着对万物的怜悯之心、爱护之心，能将自己最珍贵的东西奉献给最需要它的生命时，你便拥有了"善念"，你就能"虚怀若谷"。

小小的善行

在潭边有一块平坦的大岩石，是老僧人经常打坐的地方。他在这里打坐，俯视着一泓宁静的潭水。但是，老僧的打坐根本不能算是打坐，因为每次就在他盘起双腿、调好坐姿的当儿，他就会瞥见有昆虫在水里无助地挣扎。于是他只好一次又一次地撑起他那老迈的躯体，将那些微小的生物送到安全的地方，才又再坐回他的岩石座上。随后又起身，捧起那小生命……日复一日，似乎这便是他的禅修。

他的师兄弟们——一些虔诚的修行者，他们每天也都会到那水潭附近，在岩石峡谷和山洞内独自打坐，他们终于发现自己的同伴几乎不曾安静地坐着，事实上老僧禅坐的时间都花在捞昆虫上面了。当然，无论昆虫的大小，都是一个生命，对其施以援手是理所当然的，但是将时间都花在这些事上面了，何来时间参禅？

师兄弟们决定帮助老僧，让他远离这些扰乱心神的事。或许，给他换一个更幽静的地方打坐更有利于他的禅定。

其中一位僧人奉劝老僧道："到别的地方打坐禅定，整日不受打扰，不是更能获益？这样您不就可以更快地证悟吗？如此一来，就能救渡所有的众生从轮回的苦海中解脱。"

"或许您还可以闭着眼在潭边打坐，这样就见不到那些扰乱心绪的事了。"另一位僧友建议。

"您在打坐的时候不断地站起、坐下，怎能安心参悟佛理？又如何能获得深如金刚般的定力？"一位年轻的师弟质疑道。

老僧很恭敬地听他们说完以后，向大家施礼道："各位师兄师弟，诚如你们所说的，如果我整日坐着不动，我的禅定功夫一定会更深。但是我佛的最高教义就是普度众生，我曾一再地发愿，此生此世用来普度众生，我又怎么能够任那些无助的小生命溺死在我眼前而不顾，反而闭上眼睛、硬起心肠来祈祷并吟诵大悲观世音利他无私的心咒呢？"

菩萨之所以能够普度众生，正是由于慈悲心所产生的伟大力量。所以，慈悲心是成佛的根本。要有慈悲心，不但对人，也要对一切生物心存慈悲。

无论你是一个小商小贩，还是成功的大商人，你都要始终保持一颗善良的心，保持一颗感恩的心，保持一颗"菩萨心"。只有这样，你才能把自己的品牌做大做强。

第一印象背后隐藏的真相

有人这样说过："永远都没有第二次机会去改变一个人的第一印象。"

这句话说得太正确了。不管是在工作中还是生活中，我们都会自觉或者不自觉地根据一个人的第一印象来判断他的专业程度、性格和能力。想要给人留下积极的第一印象，特别是在初次同客户见面的时候，一定要做到准时和有备而来。

当今社会生活节奏越来越快，当你在一开始与你的客户打交道时，客户根本没有时间和精力去了解你究竟是一个怎样的客户，只能根据第一印象去判断你，所以第一印象就显得异常重要了。

福尔尼是《选择礼仪：25种体贴的行为》一书的作者，也是"约翰斯·霍普金斯礼仪计划"的倡议者。他在书中指出了我们在准备不充分的情况下进行会谈时感到有压力的原因。"就像考试一样，如果你为考试进行了准备，你就不会那么紧张，并且能够表现出权威和镇定。"福尔尼这样说道。他认为，经过准备之后思维就会更加清晰。你可以把精力花在解决手头的问题和难题上，而不是把精力放在让自己紧张地去适应情况上。会议之前的准备工作能够让你在很大程度上领先于那些没做任何准备就去会见客户的人，只有这样才可能给客户留下美好的第一印象。

詹姆斯·R·卢卡斯，鲁曼国际咨询公司的总裁和CEO，《致命的幻觉：清除阻碍企业成功的不真实》的作者，他认为，如果你不花费些时间去了解有关你的客户和经销商的信息，那么就相当于自己宣判了自己的失败。

尽管有人认为第一印象在大多数情况下都是"骗人"的，但是在这生活节奏越来越快的社会里，几乎所有的人都会以第一印象来评价别人。如果大家仔细想想，会发现事实真是这样的。所以，永远要记住一句话：不要以第一印象去评价别人，但是别人一定会以第一印象来评价你。

既然在现代社会中第一印象如此重要，那么怎样才能给人留下美好的第一印象呢？

要想在别人心目中留下美好的第一印象，应该特别慎重地注意以下几个方面：

1. 优雅得体的外表

心理学的"晕轮效应"认为，给别人的第一个印象往往是人们对其作出判断的依据。你见到一个人衣着整齐、得体入时、表情自然，自然会认为此人做事细心、有条有理，进而会想这个人一定有责任心，就会在心里产生最初的中意的感觉，并且还会联想到他会有这样或那样的能力；倘若一个人给你的最初形象是衣冠不整，说话大大咧咧，你定然会作出其档次不高的结论，甚至还会联想到此人的其他缺点。心理学家雪莱在莫萨立斯特大学挑选了68个自愿参加的实验者，这些应试者的外貌、口才及对事物的理解判断能力都挑不出毛病，但仪表、风度却大不相同。68人分别征求四位素不相识的过路人的意见，以期得到他们的支持。结果表明，风度翩翩者较之仪态平平的对手，自然是稳操胜券。登台讲话时，讲话者的外部表象即仪表、衣着、态势是被听众直接感受的，它对讲话的效果乃至成败有直接影响。据一般的社会心理分析，听众往往会将讲话者的仪表、衣着等与自己的仪表、衣着相比较，以自己的仪表、衣着、态势作为评判演说者的标准。所以讲话者要尽可能将自己的仪表、衣着与听众接近或一致起来。如果是在高雅的宴会上，听众衣冠整洁，而讲者举止粗俗，就难登大雅之堂了；而在沸腾的工地、繁忙的田野，西装革履的粉面小生登台，就必定在心理上与听众产生距离。

身体外表包括一个人从头到脚所有的东西。人际关系中第一个发生作用的就是身体外表，它的范围很广，包括许多方面，如体型、身体形象、身体

的吸引力、服装、化妆品、头发以及附属品，基于这些因素，我们对别人形成某种印象。人们更愿意和认为有吸引力的陌生人进行交谈而远离那些缺乏吸引力的人。人们还倾向于用"有吸引力"或"没有吸力"之类的词语来评价别人，我们可以举出许多看似陈旧但却仍有意义的俗话，如"情人眼里出西施"、"一俊遮百丑"、"小事见大雅"、"人靠衣妆"、"以貌取人"等等。

美国约翰·莫利所著的《穿着与成功》一书描述了成功人士最适合穿的衣服。西服表示权威，可以依赖，讨人喜欢。深颜色表示更高的权威性，但应避免黑色，深蓝和深灰色西服能产生一种可信赖感。穿纯颜色的衣服和细条纹的衣服是可以接受的。纯白色衬衣在趣味爱好、所属的阶层、可信赖性、效率等方面能得到较好的反应；衬衣呈淡柔色调或有简单、细密的条纹也是可以的。衬衣颜色应比西服颜色更浅些，领带颜色应比衬衣颜色更深些。纯颜色的领带能产生最佳的效果，而斜条纹的领带也是可以的。女性最好的服装是西装裙和一件女上衣或风衣。一件中灰或中蓝色西装裙子配一件白色上衣可以表示出最高的权威性。海军蓝、烟灰和米色也是裙子所适宜采用的颜色，白色上衣配上白色的、灰色的或粉红色的裙裤是不好的。莫利建议，35岁以下的女性最好只使用口红，其他化妆品略微用些，但应不能使口红过于显眼，眼影膏和描眼膏已不时兴，长指甲和假睫毛适合女演员，不适合于职业女性，指甲油应使用无色的那种，睫毛油使用时应极其谨慎。

2. 端庄自信的气质

有些人相貌平平，但让你感到"可亲近"，感到别有魅力；而有些人虽然衣冠楚楚，相貌堂堂，但给人的感觉是不可亲近，缺乏令人欣赏的特征。这就是气质，由气质产生的美感，是不受服装打扮和年龄制约的，它总是随时随地自然地流露出来。气质美主要表现在言行举止上，一举手，一投足，说话的表情，待人接物的分寸，皆属此列。

气质高雅的人表现特征有：仪表修饰得体，言辞幽默不俗，态度谦逊，

待人接物沉着稳定，落落大方，彬彬有礼，让人一见肃然起敬。气质高雅的人受人尊重、喜欢，大家都认为这样的人办事稳重，有分寸，有高度的责任感。所以，许多大公司经常委派这样的人负责公关部的接待工作，以树立公司的形象，赢得客户的信赖与合作。拥有这种气质类型的推销员，其工作业绩往往比较突出，因为这种气质给人的感觉是诚恳实在而不虚妄，容易让人产生信任感。

如果一个人具有很强的自信心，在人际交往过程中就会做到待人亲切自然、礼节优雅有度、外表不卑不亢、举止落落大方、行为进退自如；一个人有自信，就能够对己对人都有一个实事求是、客观公允的评价，就会把握好相处的尺度，不会大悲大喜、忽冷忽热、真假难辨，让人无所适从。

自信与身份、地位之间没有必然的联系。有人位高权尊，喜欢指点江山、颐指气使，但那不是真正的自信。因为他的自信是外在的，支撑他的东西如权力、地位一旦离他而去，他立马就会变得失魂落魄、萎靡不振，好像缺少了主心骨，这种人没有真自信和真自我。有人虽是一介布衣，但其精深的修养、不凡的谈吐、朴实的为人，会使他在精神上显得强大和自信。

人格的另一要素是真诚。我国著名翻译家傅雷先生说："一个人只要真诚，总能打动人的。即使人家一时不了解，日后便会了解。"以诚待人，会在人们之间架起心灵之桥，通过这座桥，打开对方心灵的大门。真诚待人是赢得人心产生魅力的必要前提。一位心理学家说："该发怒时发怒的人具有魅力，该批评时敢于批评的人具有魅力。该发怒时也笑嘻嘻，该批评时也一团和气的人不可能有魅力。没有魅力的男性就是没有义愤感的男性，没有魅力的女性就是看到别人的孩子遇到危险也漠不关心，她们缺乏同情心。"这是因为前者有是非原则，有正义感；而后者表现出一种庸俗作风，他们可能讨好少数人，但多数人对他们是鄙视的，即使是被讨好的人说不定也会在内心深处看不起他们。

3. 充满磁性的声音

有些人认为声音的好坏是天生的，其实声音是可以控制到某一程度的，

要充分掌握自己的声音，并用最好的声音与人交谈。控制声音的第一步是要了解自己声音的特性。虽然声音并非随时都相同，有些人在早晨声音沙哑而不稳定，根本无法说话，所以在自己的声音中，哪一种声调最能给人好印象，就应好好把握。要了解自己平时讲话的腔调、速度、习惯等，找出自己说话的优点与缺点，多加练习，遇到重要事情要商谈时，便可用最好的声音赢得机会。

声音大小也是重点之一，声音洪亮的人给人正直的感觉，所以说话一定要清楚而坚定。声音小的人多半被认为是对自己的话没有信心，工作中声音太小显得缺乏说服力，话说得清楚明朗是工作的基本要求，只要认真努力地练习，一定可运用自如。让你的声音充满生机、热情和活力，有生机活力的声音同样会使你力量倍增。

说话时嗓音中要避免杂音。有些人谈话风度很好，只是在他的语言之间，有了许多无意义的杂音。例如鼻子总是一哼一哼地；或是喉咙里好像不畅通那样，轻轻地咳嗽着；或是在每句开头常用一个拖长的唉声，好像每一句都要犹豫一阵才讲出；或是说完一句，总加一个"啊"，好像是"领导腔"，也好像是怕别人没听清楚强调的样子。诸如此类都是要加以避免的。这些杂音使你本来很好的语言，好似玻璃蒙上了一层灰尘一样，大大减少了它原有的光彩。

4. 礼貌真诚的交谈

与人谈话最困难的就是第一句话说什么，因为你不熟悉对方，不知道对方的性格、嗜好和品性，又受时间的限制，不容许你多做了解或考虑，而又不宜冒昧地提出特殊话题。这时就地取材比较简单适用，即按照当时的环境寻找话题。

想要在最初的交谈中做到自然、落落大方，给客户留下良好的印象，要消除自己内心的不安与紧张。你必须相信自己，只要胆子大些，掌握一般的社交常识，了解对方的一些情况，知己知彼，紧张情绪自然消失。

以上只是比较重要的几点内容，其实要想给人留下美好的第一印象，还

有很多值得注意的小细节，每一个销售人员都应该细细体味。

一言以蔽之，第一印象非常重要，尤其是在现代这个生活节奏越来越快的商品经济时代。对于良好的第一印象，每一个销售人员都应予以足够的重视。

不简单和不容易

海尔首席执行官张瑞敏先生经常对员工讲这样一句话："什么叫做不简单？能够把简单的事情天天做好就是不简单。什么叫做不容易？大家公认的非常容易的事情，非常认真地做好它，就是不容易。"

海尔好比一座雄伟的大厦，2万多海尔员工每人都有自己负责的一块玻璃，没有精彩的局部，就没有雄伟壮观的全局，没有每一块干净的玻璃，就没有整个亮丽的大厦。

"把非常简单的事情天天都做好，把大家公认为非常容易的事情非常认真地做好它"，说起来容易，但是真正做起来又是非常困难的。对大多数人来说，第一天能做到，第二天也能做到，第三天也能坚持做到，第四天还能继续做到吗？一天两天很容易做到，但是日日如此，年年如此，你能做到吗？恐怕大多数人都不能了吧！但是海尔人就能天天做到，能年年做到，所以海尔成功了。

张瑞敏先生之所以经常对员工说这句话，是因为"小事情"真的很重要。早在几千年前，我们的祖先就认识到了这一点。荀子曾在《劝学》中说："不积跬步，无以至千里；不积小流，无以成江海。"古人又云："千里之行始于足下。"

《禅》中有这样一则小故事：

小铁钉

以拾破烂为生的一对兄弟，天天都盼着能够发大财，最终，菩萨竟因为他俩每一个梦都与发财有关而大受感动，决定给他们一次发财的机会。

一天，兄弟俩照旧从家里出发，沿着街道一起向前走去。这条偌大的街道仿佛被人来了一次大扫除，连平日里最微小的破烂都不见了踪影，仅剩的就是东一个西一个躺在地上的一寸长的小铁钉。

老大看到路上的铁钉，便把它们一个一个地捡了起来。

老二却对老大的行为不屑一顾，并且说："三两个小铁钉能值几个钱？"

走到了街尾，老大差不多捡到了满满一袋子的铁钉。

看到老大的成绩，老二若有所悟，也打算学老大那样捡一些铁钉，不管多少，最起码也能卖点钱，于是便决定回头再去找。可等他回头看的时候，来时路上的小铁钉一个都没有了，全被老大拣光了。

老二心想：没关系，反正几个铁钉也卖不了多少钱，老大的那一袋，可能连两块钱都卖不到，所以也就不觉得可惜。于是，兄弟俩继续再向前走，没多久，兄弟俩几乎同时发现街尾新开了一家收购店，门口挂着一块牌子写道："本店急收一寸长的旧铁钉，一元一枚。"

老二后悔得捶胸顿足。老大则将小铁钉换回了一大笔钱。

店主走近呆在街上发愣的老二，问道："孩子，同一条路上，难道你就一个铁钉也没看到？"

老二很沮丧："我看到了啊。可那小铁钉并不起眼，我更没想到它竟然这么值钱，等我知道它很有用时，却连一根也找不到了。"

700万美元从何而来

1968年，罗伯·舒乐博士立志在加州用玻璃建造一座水晶大教堂，他向著名的设计师菲利普·强生表达了自己的构想：

"我要的不是一座普通的教堂，我要在人间建造一座伊甸园。"

强生问他预算，舒乐博士坚定而坦率地说："我现在一分钱也没有，所以100万美元与400万美元的预算对我来说没有区别，重要的是，这座教堂本身要具有足够的魅力来吸引捐款。"

教堂最终的预算为700万美元。700万美元对当时的舒乐博士来说是一个不仅超出了能力范围也超出了理解范围的数字。

当天夜里，舒乐博士拿出一张白纸，在最上面写上："700万美元。"然后又写下了10行字：

寻找一笔700万美元的捐款

寻找七张100万美元的捐款

寻找14张50万美元的捐款

寻找28张25万美元的捐款

寻找70张10万美元的捐款

寻找100张7万美元的捐款

寻找140张5万美元的捐款

寻找280张2.5万美元的捐款

寻找700张1万美元的捐款

卖掉1万扇窗户，每扇700美元

60天后，舒乐博士用水晶大教堂奇特而美妙的模型打动了富商约翰·可林，他捐出了第一笔100万美元。

第65天，一位倾听了舒乐博士演讲的农民夫妇捐出第一笔1000美元。

90天时，一位被舒乐博士孜孜以求精神所感动的陌生人，在生日的当天寄给舒乐博士100万元的银行本票。

……

8个月后，第一名捐款者对舒乐博士说："如果你的诚意和努力能筹到600万元，剩下的100万由我来支付。"

第二年，舒乐博士以每扇500美元的价格请求美国人认购水晶大教堂的窗户，付款办法为每月50美元，10个月分期付清。6个月内，一万多扇窗户全部售出。

……

直到1980年9月，可容纳一万多人的水晶大教堂终于竣工了。历时12年建成的这座教堂，成为世界建筑史上的奇迹和经典，也成为世界各地前往加州的人必去瞻仰的胜景。

水晶大教堂最终造价为2000万美元，全部是舒乐博士一点一滴筹集而来的。

并不是每个人都能建一座水晶大教堂，但是每个人都可以设计自己的梦想，每个人都可以摊开一张白纸，敞开心扉，写下10个甚至100个实现梦想的途径。

很多事情就是从一张纸、一支笔以及一份清单开始的。从零开始有各种好处，其中之一就是可以瞎想，并且如果你有恒心、毅力和足够的坚持，来些瞎想是可以实现的。

通过上面的分析，我们可以得出：从身边的点点滴滴做起，并天天都把它们做好，是多么的重要啊！仔细想想，要想做到又是多么的不简单，对于大多数人来说，实在是"非不能也，实不为也"呀！

商机潜伏在细节中

销售者在市场销售中，切记注意细节。因为很多时候，很多人仅仅只是败在细节上。

手指甲

有个单位要招聘一位电脑操作员。

在人才交流中心，有许多职专毕业的女孩子都慕名前来应聘。公司主任对女孩们喊："不要挤也不要急，大家都有机会——从这边开始，请按顺序把你们的自荐书呈上来。"女孩们依次呈上自荐书。主任一份一份地接着，并不翻看里面的内容，却稍稍闪身，在每一份自荐书后面都用铅笔做了个标记。自荐书收完后，主任说："好啦，下面我开始念名字。被念到的人明天去单位参加面试。"他所念到的名字都是做了圆圈标记的那一类，而做三角标记的却被他舍弃了。

等到女孩们或欢心或沮丧地散去，主任旁边的一位年轻人满面疑惑地问他："您到底是以什么为标准筛选的呢？"

主任嘿嘿一笑说："先给你讲个故事。有个老妇人要招聘一个园丁。她不听应聘者如何夸耀自己的技艺高超，却让他们将自己日常劳动时穿的工装

裤拿来让她过目。在几条工装裤面前，老妇人一下子就敲定了最佳人选。你知道老太太是怎样挑选人的吗？她舍弃了那个在工装裤的屁股上打补丁的人，因为这样的人太懒惰，平时老坐着。她录用的是在工装裤的膝盖处打补丁的人，因为这样的人才勤快，一天到晚或者蹲着或者跪着自然就磨损了膝盖部位。刚才，我假装说要看女孩们的自荐书，其实我就是要趁机观察一下她们的指甲——那些指甲留得尖尖长长，涂得红红绿绿的女孩子，一看就不是干活的料儿。你想，她学的是电脑操作，成天敲键盘，怎么适合留那么长的指甲呢？跟工作效率比起来，她更在乎的是自己那十个指甲盖的美丑。这样的女孩子去开一间美甲屋好了，还来应聘电脑操作员干什么！"

原来，应聘者除了那一份白纸黑字的自荐书外，还有一份比有形的文字更具有说服力的自荐书。这份自荐书是膝盖的补丁说出的勤奋，是素朴的指甲说出的敬业，它是一种掩饰不住的态度，是一种藏不住的精神，不是吗？

看到这个小故事，大家是不是陷入了深思之中？往往，真正展现一个人自身素质的，是细节。

纸篓里的秘密

自新任老板长川上任后，常磐百货公司营业额每年翻一番，其经营物品几乎包揽了全县所有人的日常生活用品和食品。

长川成功的秘诀是什么呢？

原来他刚刚到常磐百货公司上任时，公司只是一个普通的生活用品商场，和他们公司同样大小的百货公司县城还有五家。怎样才能在竞争中尽快地出效益呢？

如今人们买东西常常集中购物，为了防止丢三落四，先写一份购物清

单。有一次，长川看见一位女顾客买完一件东西要走时，把一个纸条扔到商场门口的纸篓里，长川马上跑过去捡起来，发现上面写的顾客需要的另两种东西他们商店里也有，只是质量不如顾客点名要的品牌。他根据这一信息，更换了该商品的品牌，果然有很大的效果。于是长川经理开始每天把废纸篓里的纸条全部捡回去，仔细研究顾客的需要。很快地，他就知道了顾客对哪几类商品感兴趣，尤其青睐哪几种牌子，对某类商品的需要集中在什么季节，顾客在挑选商品时是如何进行合理搭配的，等等。在长川经理的带动下，常磐百货总是以最快的反应速度适应顾客，并且合理地引领顾客超前消费，一下子把顾客全部拉进了他们的店里。

从上面的小故事中我们可以看出，细节是非常重要的，巨大的商机往往潜伏在细节中。

销售"热情" 你将无往而不利

人的情绪是会被感染的，你快乐，所以我也快乐。如果你没有热情，你就不能打动客户，销售业绩必然难以提升。

人们都喜欢跟热情的人打交道，不喜欢跟冷冰冰的人打交道。所以，当你与客户打交道的时候，你应该处于一种兴奋的状态，以使你的行动让人变得愉快。

艾施·玫琳凯说过："对每一个销售人员来说，热情是无往不利的。当你用心灵、灵魂信赖你所推销的东西时，其他人必定也能感受得到。"

艾米特·福克斯也曾说："只要你能热烈地爱，你就能成为世界上最强大的人。"

一个人最让人无法抗拒的魅力就在于她的热情。一个人是否热情，决定了我们是否喜欢她、亲近她、接受她。热情感染着我们的情绪，带给我们美妙的心境，让我们感到愉快和兴奋。热情能带来幸运，因为人们都喜欢和热情的人在一起。一个销售人员如果缺乏热情、面无表情、像机器人一样，那么谁也不愿接近她，更不用说购买产品。

也许你所销售的东西对你的专业来说并不是非常熟悉，或许你的面前是一位比你更强的对手，但你的热情会说服对方，你的情绪会感染对方。对每一名销售人员来说，热情是无往不利的。当你用心灵、灵魂信赖你所讲解的东西时，其他人必定也能感受得到。由热情散发出来的生气、活力、真诚与自信，会感染顾客并引起顾客的共鸣。你的热情在告诉顾客你的产品是最好

的，你的热情在告诉顾客你是最棒的。

一个人心中真的充满热情，可以在其眼神里、从她的勤快及感动人心的行动中看得出来，也可以从她轻快的步伐中看得出来，还可以从她全身的活力看得出来。让自己变得很热情，最快的方法就是做出充满热情的动作和行为。

做销售要自始至终让你的顾客体验到你的热情，而且享受到你的热情。这样，他们会觉得如果不接受你的产品就似乎对不起你这一片热情，这样你的销售就成功了，所有的成功皆来源于你的热情。

请记住：一流的销售人员能够让客户立即冲动；二流的销售人员能够让客户心动；三流的销售人员让客户感动；四流的销售人员让自己被动。

你的笑容价值百万

　　写到这里，我不禁想起下面一个真实的故事。汶川大地震后，每天通过电视、报纸、网络，人们看到了太多的生离死别，看到了太多的泪眼伤悲。然而有一天，央视播出一个小女孩从废墟中探出头灿然一笑的画面，仿佛久雨初晴后的一道彩虹，给笔者留下了极其深刻的印象。那一脸的笑容透着获救后的欣喜与感激，让几天来喉头发梗的人们得到了片刻的心情舒展。

　　多么坚强乐观的小女孩啊！在历经生死大难后，她展示给人们的不是痛苦的表情，而是灿烂的笑容！这个小女孩的笑容让我想起了一个女加油员的笑容，她是湖北荆州石油分公司荆沙路加油站的一个普通加油员，多年被评为省级优秀加油员。然而，她不仅长得不漂亮，而且由于几年的加油生活，日晒夜露，她脸上的皮肤黑里透红。我每次见她在加油现场忙碌时，她的脸上总是洋溢着春风般的笑容，把她的形象渲染得生动、亲切、可爱。我相信，没有顾客能拒绝她的笑容。

　　笑，能让不美的脸变得亲切可爱，那么不笑也能让美丽的面孔变得冷漠难看。

　　记得有这样一个故事。一位美丽的女孩第一天报到上班，就有同事批评她接电话时脸上没有笑容。第二天、第三天仍是如此，后来连主管也开始批评她了。女孩接受不了，向经理提出辞职，可经理却邀她去湖边散步。在欣赏夕阳下的美丽湖色时，经理告诉她：美丽的景色需要有人去欣赏，才不至

于浪费；美丽的面孔如果不经常保持笑容，那也是一种浪费。女孩顿悟：即便是一张漂亮的面孔，如果整天板在那里，不仅是一种资源的浪费，而且对周围的人也会产生不良的情绪影响，难怪主管和同事们都不喜欢她。从此，女孩每天面带微笑上班，再也听不到同事们的批评了。10年后，女孩成长为那家公司的副总裁。

我禁不住好奇问那位优秀加油员为什么总是一脸笑容，难道她的工作和生活中就没有任何烦恼吗？她说烦恼当然有，但愁眉苦脸也无济于事啊。微笑倒可以帮她舒展心情，忘掉烦恼，微笑还可以拉近她与顾客之间的距离，换来顾客的理解和支持。保持微笑，于己于人都有好处，为什么不选择微笑呢？再说，在加油过程中，如果仅有程序化的"八步法"，而没有微笑，就好比端给顾客一盘没放佐料的菜，顾客食之无味，下次还会光临吗？

笑容是最好的名片

威廉·怀拉是美国推销寿险的顶尖高手，年收入高达百万美元。他成功的秘诀就在于拥有一张令顾客无法抗拒的笑脸。那张迷人的笑脸并不是天生的，是长期苦练出来的。

威廉原来是全美家喻户晓的职业棒球明星球员，到了40岁因为体力日衰而被迫退休，而后去应征保险公司的推销员。

他自以为他的知名度理应被录取，没想到竟被拒绝。公司人事部经理对他说："保险公司推销员必须有一张迷人的笑脸，而你却没有。"

听了经理的话，威廉没有气馁，立志苦练笑脸，他每天在家里放声大笑百次，邻居都以为他因为失业而发神经了。为了避免误会，他干脆躲在厕所里大笑。

经过一段时间的练习，他去见经理。可是经理说："还是不行。"

威廉不泄气，仍旧继续苦练，他搜集了许多公众人物迷人的笑脸照片，贴满屋子，以便随时观摩。

他还买了一面与身体同高的镜子摆在厕所里，为的就是每天进去能对着它大笑三次。隔了一阵子，他又去见经理，经理冷笑地说："好一点了，不过还是不够吸引人。"

威廉不认输，回去加紧练习。有一天，他散步时碰到社区的管理员，很自然地笑了笑，跟管理员打招呼，管理员对他说："怀拉先生，你看起来跟过去不太一样了。"这句话使他信心大增，立刻又跑去见经理，经理对他说："是有点味道了，不过那仍然不是发自内心的笑。"

威廉不死心，又回去苦练了一段时间，终于悟出"发自内心如婴儿般天真无邪的笑容最迷人"，并且练成那张价值百万美元的笑脸。

有时成功就来自对一个笑容的坚持。对销售工作者来讲，笑容是最好的名片。

笑容的魅力是巨大的，那就让微笑成为你工作的最大资产吧！

相信大家都不止一次的看过《西游记》。在《西游记》中，每当看到观音菩萨时，她总是微笑着，不管发生什么事情，无论是在什么情况下，她始终都是微笑着的。每当看到如来佛的时候，他也总是微笑着的。

在销售中，微笑也是十分重要的，可以毫不夸张地说，你的微笑价值百万。让微笑成为我们最大的资产吧！

CHAPTER 2

第二章

解读为什么消费者单独青睐"你"

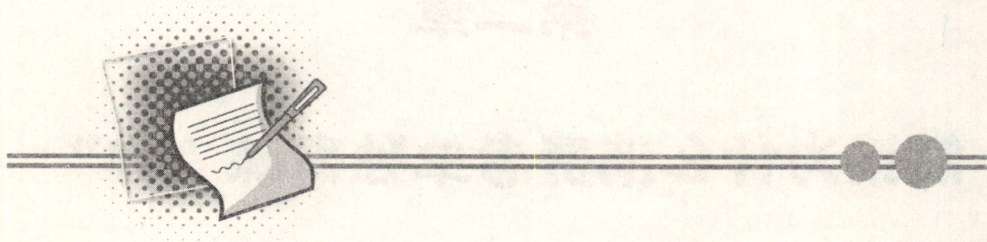

我们处在商品经济时代，商品琳琅满目，市场上的同类产品之间竞争非常激烈，随着市场经济的发展，这种竞争会越来越激烈。在众多的同类商品中，消费者为什么非得购买你的产品？这是因为我们时时刻刻都为顾客着想，顾客就是我们的上帝。我们卖的不是产品，我们卖的是好处。

　　本章将告诉大家，在琳琅满目的商品中，怎样才能让消费者唯独青睐你的商品。

以攻心实践 "顾客 是上帝" 的诺言

1. "攻心"战略是一切销售工作的核心思想

孙子兵法说：攻心为上，攻城为下，心战为上，兵站为下。这是一条至高无上的原则，也是一切兵法的核心思想。

东汉开国名将马伏波马援，用"攻心"战略平定了无人能敌的羌族，给东汉边陲带来了几十年的安定；诸葛亮南抚夷越时，运用"攻心"战略对孟获七擒七纵，终于使孟获感激涕零，发誓子子孙孙，永不再反。这些都可谓"心战为上"的千古佳话。

细细体味，"攻心"战略不仅是一切兵法的核心思想，而且是很多领域的核心思想。"攻心"战略同样也是一切销售工作的核心思想。

当然，销售学中的"攻心"不是指尔虞我诈，不是指明争暗斗，而是指多在目标对象（即消费者）上花心思，下工夫，设身处地地为消费者着想，真正实践"顾客是上帝"的诺言，从而体会到"心战"的真正好处。

大家都知道，现在是过剩经济，我国的商品市场再也不像七八十年代那样是卖方市场了，而是买方市场了，所以，很难利用创造某种短缺的策略来有效地影响潜在客户了。销售者如果能细细体味"攻心"战略，并巧妙运用之，一定可以成功地把自己的商品卖出去，从而提高自己的销售额。

现实中，运用"攻心"战略成功地把商品卖出去的例子比比皆是。

成功地把一把斧子卖给美国总统小布什

美国著名的推销员乔治·郝伯特成功地把一把斧头推销给了美国前任总统小布什。为此，世界著名的推销学会——布鲁金斯学会把一个刻着"最伟大的推销员"字样的金靴子奖励给了他。

美国的布路金斯学会以培养世界上最杰出的推销员而著称于世。他有一个传统，在每期学员毕业时，学会都要设计一道最能表现推销员能力的实习题，让学员去完成。克林顿当政期间，他们出了这么一道题：请把一条三角裤推销给现任总统。八年间，有无数学员为此绞尽脑汁，最后无功而返。克林顿卸任后，布路金斯学会把题目换成：请把一把斧子推销给小布什总统。

鉴于前八年的失败教训，许多学员知难而退。个别学员甚至认为，这道毕业实习题目会和克林顿当政期间的课题一样毫无结果。不要说现在的总统什么也不缺，即使缺少什么也用不着他亲自购买。

然而，乔治·郝伯特却做到了，并且没有花多少工夫。在接受记者采访时，他说："我认为，把一把斧子推销给小布什总统是完全有可能的，因为布什总统在得克萨斯州有一个农场，里面长着许多树。于是他给小布什总统写了一封信，说：尊敬的先生，有一次，我有幸参观您的农场，发现那里长着许多矢菊树，有些已经死掉，木质也变得松软了。我想，您一定需要一把小斧头。不过，从树的质材看，市面上的小斧头显得太轻了，因此您应该需要一把不是那么锋利的老斧头。现在，我这儿正好有一柄这样的斧头，十分适合砍伐枯树，价格上，只要15美元即可。假若您有兴趣的话，请按照这封信所留的信箱地址，给予回复……"

"很快，小布什总统就给我汇来了15美元。"

为什么乔治·郝伯特能做到呢？很多人得出的结论是，他具有足够的信心。是的，没有足够的信心，谁能勇敢地把一把斧头卖给在位总统呢？但是我认为，小布什能够接受这把斧头，更重要的原因是：乔治·郝伯特能站在小布什的角度，设身处地地为小布什着想，他的真诚打动了小布什的心。

2. "攻心"战略的关键——实践"顾客是上帝"的诺言

既然"攻心"战略是一切销售工作的核心思想，那么大家要问了，怎样才能成功地做到"攻心为上"呢？其实，真正做到攻心为上并不困难。要想做到"攻心为上"，最重要的是销售者要努力实践"顾客是上帝"这个诺言。

他不是我

在宋代，有两个日本和尚道元与明全同行渡海来中国留学。他们落脚在天童山景德寺参禅修行，孜孜不倦地求悟禅法。

一个大热天，午饭后道元前往延寿堂探望因病静养的明全。当他经过东廊来到佛殿之前时，看见一位老和尚，背驼如弓，眉白如雪，一手撑着拐杖，一手将香菇一颗颗地排在地砖上。僧人们都知道，寺院里需要食用大量香菇，必须趁着暑天烈日晒干，以便储存备用。

道元禅师认识这位老和尚，他是寺院里负责膳食炊事的"典座"。道元看到尽管骄阳当空，老和尚却没戴斗笠，全身汗水淋淋地专心工作着，不由得停住了脚步。赤日炎炎，热浪逼人，连廊荫下的道元都受不了，何况酷日下的古稀老人呢？年轻的留学僧顿生怜悯之心，于是趋前探问："请问老师父今年贵庚？"

老和尚稍微直直腰，答道："老衲今年68岁。"

道元关切地说："老师父年岁已高，这种工作就让院里其他僧人来

做吧。"

哪知典座头也不抬，严肃地回答："他不是我。"

"他"当然是"他人"，而不是我，此话的意思显然是指他人的修业并不能代替自己的修业，他人的体验代替不了自己的体验。原来老和尚把"晒香菇"也看作是参禅的功课了。道元在电光火石之间如醍醐灌顶，豁然开朗，苦苦思索多年的禅法一下子明了了。

他不是我，绝妙的禅机。所以说，销售者不是消费者，消费者也不是销售者，销售者永远无法完全走入消费者的内心世界，消费者也永远不能真正走入销售者的心灵世界。除非销售者和消费者可以互换角色，亲自去对方的世界体验一番。

所以，在现实中，销售者和消费者永远是属于两大阵营。只不过高明的销售者会尽量缩短这两个阵营的距离，设身处地地为消费者考虑。

"心战"是一切销售工作的核心思想，而设身处地地为消费者着想，真正实践"顾客是上帝"的诺言则是"心战为上"的关键。所以，销售者不要总是绞尽脑汁地想怎样才能把商品卖出去，把"顾客是上帝"当作一句空口号，而是要设身处地地为顾客着想，真正地去实践"顾客是上帝"这一诺言！

如果销售者真正做到了这一点，正如海尔真正实践了"真诚到永远"的诺言，何愁产品卖不出去呢？

倾听才会赢得信任

　　有一位牧师为了送传教士去中国，在教会里鼓动大家为此计划捐款。牧师的一席话极为精彩，坐在后排的马克·吐温很感动，决定捐25元。牧师接着继续讲，15分钟后，马克·吐温决定只捐10元。牧师还继续讲，马克·吐温决定再扣5元。牧师仍然不停地讲，马克·吐温很不耐烦，决定只捐1元。约半小时后，牧师终于结束了讲话。当捐款箱转到马克·吐温面前时，这位原来要捐25元的人，最后伸手从捐款箱中拿走1元钱。

　　很多销售人员之所以不能成交，不是因为不会说，多数情况下是因为自己说得太多了，直到成交了还说个不休，一直说到生意吹了自己还不知道什么原因。这种自说自话的销售人员，忽略了客户的心境和想法，甚至引起了客户的厌恶。优秀的业务员都知道，成交时刻来临时，话语越少越好。成交高手很清楚什么时候必须保持沉默。

　　亨瑞·大卫·梭罗曾经说过：我接受过的最伟大的恭维，就是有人问我在想什么，然后注意倾听我的回答。

　　许多销售人员都会认为，要在行业中出人头地，一定要能言善辩，但事实胜于雄辩。在顶尖销售人员中，有高达75%的人在心理测验中被定义成内向的人，他们都行事低调、随和，并且以他人为中心。他们对别人的想法和感觉有兴趣，他们喜欢坐下来听客户的谈话。在销售场合中，他们对听话的兴趣大过自我表述。

倾听才会赢得客户的信任，这是所有专业行销里面最重要的一个真理。

倾听时要注意以下几个方面：

1. 心无旁骛地听

倾听的时候不要插嘴。身体往前倾并直接面向客户，注意力集中在他的脸、嘴和眼睛，就好像你要记住客户所说的每一个字那样。倾听的时候，就好像客户即将要告诉你六合彩的号码，而且他只说一遍。倾听的时候，就好像一位百万身价的客户快要给你一个大订单了，就好像此刻在世界上，除了眼前这位客户以及他所说的话以外，你谁的也不想听。你在别人说话的时候保持专注不分心，就是最基本的倾听技巧。这是所有技巧中最难养成的，但它的回报是相当可观的。

2. 显示出兴趣和机敏，保持积极倾听的肢体动作

不时点头；不时与对方保持目光接触；有兴趣的眼神；面带微笑、专注。当一面镜子：别人微笑的时候，你也微笑；别人皱眉时，你也皱眉；别人点头时，你也点头。这样对方就知道你听明白了他说的是什么。

3. 不要急于打断，不要急于下结论，等你的客户说完．

要是对方说了你不赞同的事，也得尽力控制自己的情绪，不要激动，更不能发怒。你唯一的工作是找出你的产品或服务能带给客户更多的好处。

4. 停顿一下再回答

当客户讲完以后，你不要心里一直想什么就急着说出来，静静地等个三五秒钟。说话前的停顿有三重特别的好处。第一个好处就是，如果客户只是暂停下来整理思绪，你就避免了打断他说话的风险。停顿的第二个好处就是，你的沉默表示你对客户刚刚所说的话非常重视。对客户的言论表示慎重，这是一种最大的恭维。第三个好处就是，给自己留下思考的空间，可以准备如何应对客户的发话。

5. 核实你的理解，澄清问题

我最爱问的一句话就是："你的意思是……"用自己的话简洁地讲出对方的意思，让他知道你明白他的感受。善解人意是各行业里成功人士最重要

的一项人格特质。"喜欢说，不喜欢听"是人的弱点之一，如果你在与客户见面时，能够掌握这一人性弱点，让客户畅所欲言，就会事半功倍。"说话是银，听话是金。"善于倾听的业务员表面上处于劣势，实际上处于优势。因为说者每分钟的速度大约在125个字左右，而听者的思考速度是说者的4倍，当客户为自己说的话构思费神之际，你有充足的时间对他的意见进行剖析与检讨，并做好应对的准备。

真正的聆听者能敏锐地察觉言语背后的真正含义，就像很有直觉一样，他们知道客户这么说，并不是真正的意思，他们知道话的背后另有文章。他们是肢体语言的专家，他们能从客户的肢体语言中看出客户的心理。

倾听一般要听客户三个层次的含义：

（1）听对方想说的话。

（2）听对方想说但没有说出来的话。

（3）听对方想说没有说出来但希望你说出来的话。

只有聪明人才懂得听别人的话，专业销售人员都知道倾听的益处，不管客户是在称赞、说明、抱怨、驳斥，还是警告、责难和辱骂，你都要仔细倾听，并表示关心与重视，如此会赢得客户的好感和善意的回报。如果你经常这么做，销售状况会更好。

倾听有五个层次：

（1）忽视的听；

（2）假装在听；

（3）选择性地听；

（4）全神贯注地听；

（5）带同理心地听。

在与客户进行沟通时最重要的就是用心聆听，即站在客户的角度，了解对方的需求，也就是带同理心地听，只有这样才会赢得客户的信任，进而达到销售成交的目的。

不要吝啬你的赞美

其实人人都喜欢赞美，为了证明这一点，我先给大家讲一个小故事。

宋朝年间，某县的县太爷得知，他所管辖的县中有个人很爱溜须拍马，造谣惑众，上当受骗者不计其数。县太爷气愤不已，于是派了两个衙役，将其捉拿归案。"你知罪吗？""小的不知，请老爷明示……""你阿谀奉承，溜须拍马，蛊惑人心，坑害无辜，该当何罪？""小的知罪！小的该死！"不过，这个"马屁精"灵机一动，心想何不把自己的那套看家本领在这儿试试，说不定还能化险为夷！"不过……青天大老爷！这也不能全怪我呀！他们都喜欢溜须拍马，阿谀奉承，我是不得已呀！他们哪像青天大老爷您，您清如水，明如镜，明断是非，从不喜欢阿谀奉承。"县太爷听了非常高兴，情不自禁地赦免了这位献媚者。

我之所以讲这个故事，并不是让大家都学会溜须拍马、阿谀奉承，变成"马屁精"，而是让大家明白，喜欢被别人赞美、受别人重视，是人的本性。作为一名销售人员，一定要掌握赞美的技巧，让对方喜欢你，相信你，接受你，从而购买你的商品。

哈佛心理学家威廉·詹姆斯说过："人类最基本的相同点，就是渴望被别人欣赏和成为重要人物的欲望。"每个人都有受尊重的需求，渴望得到他人的赞美是人的一种天性。赞美可以化干戈为玉帛，赞美可以使陌生人变成

朋友，赞美可以使对方感到温馨与振奋。俗话说"良言一句三冬暖"，与客户见面，简单几句赞美的话语，往往可以收到出其不意的效果。马克·吐温曾经说过："一句赞美的话，可以使我受用两个月。"中华民族是一个含蓄的民族，大都没有赞美别人的习惯。我们常常听到"一切尽在不言中"之类的话语，真奇怪，别人又不是你肚子里的蛔虫，你不说，别人怎么能知道？很多人不习惯赞美别人，也不习惯被别人赞美。

当你赞美一位女士的时候：

"李小姐你真漂亮！"

"哪里哪里！"

"李小姐你的肤质很好！"

"没有没有！"

"李小姐你的眼睛真美丽！"

"哪里哪里！"

"李小姐你的衣服很漂亮！你的皮鞋很流行！……"

"没有没有！"

当你赞美对方的时候，对方虽然不说，但心里是很美的。如果你批评她："李小姐你怎么长得这么难看！"她会很生气地瞪你一眼，并骂你一句："讨厌！"就是这样，如果你赞美他，他会说不行；如果你攻击他，他会拿刀子捅你。人际沟通一定要谨记：你不习惯赞美不代表别人不习惯听赞美，别人不习惯听赞美不代表别人不要听赞美。

赞美，就是将下列对方身上确实存在的东西强调给对方听。

1. 优点与长处

当然，你没必要将他身上的缺点与短处讲给他听。

2. 你欣赏他的地方

尽管有时他自己都没有注意到这些。

3. 他希望你欣赏的地方

尽管有时它是你没有注意到，或认为并不重要的。比如，她穿了一套新

衣服，也许你并不觉得怎么样，但如果你能说一句："你的新衣服真漂亮，在哪儿买的？"对她而言就非常受用。

赞美并非一定是语言，有时一个眼神、一个手势或一个动作，也可以传递出赞美对方的含义。

心理学和强化规律表明，赞美有不可思议的力量。与客户一见面的时候就要赞美对方，赞美女性可以赞美对方的发型很美，肤质很好，鼻子很漂亮，眉毛画得很好，嘴巴很性感，眼睛很有神，衣服很漂亮，皮鞋很流行，手机很特别，说话很甜美，身材很好，很有气质。总之，从头到脚都可以赞美。赞美女性要多赞美细节和她身上的一些饰物，一定要很真诚，并告诉她你的感觉！

用客户喜欢的方式沟通

在当今商品经济时代中，人与人之间的沟通很重要。你与别人的沟通越是广泛，你就越是能够学习到别人的长处，你越是能够学习到别人的长处，你驾驭自然的能力就越是强大。如果你能普遍与别人沟通，你就拥有了无限的力量。

沟通很重要，但要是想很好地跟别人沟通，沟通方式也是同等重要的。你与别人沟通时，你越是利用别人喜欢的方式跟他沟通，你就越是能取得较好的沟通效果。

具体到销售学中，当你在与客户沟通时，每个人的表达和接受信息的方式都是不一样的，为了达到最好的效果，我们就要了解并使用客户最喜欢的那种方式与客户进行沟通。那么怎样才能得知客户最喜欢什么样的沟通方式呢？

其实要了解客户最喜欢的沟通方式并不难，只要你是个有心人。多留心客户描述事物的方式，你就会发现支配他们的主要感官究竟是眼睛，抑或是耳朵，还是其他的器官。如果客户喜欢使用颜色、清晰、明亮、黑暗之类的词汇，那就可以认定他是偏爱视觉的人；如果他喜欢描述音乐、风声、树叶的沙沙声、汽车的嘟嘟声，那他就是听觉灵敏的人。如果你能更多地了解这五种感觉，好好地调动这些感觉，尤其是找到支配客户的那种感觉，你就能够更好地与他们交流、互动。如果你想购买一辆汽车，请听下面的三种介绍，你会更喜欢哪一部车？

第一部车的外形设计为流线型，非常优美，闪闪发亮，具备了齐全的欧洲车的外观，非常吸引人，但却不过分地夸张，你可以从这辆车子引擎盖的流线弧度，以及它尾巴升高的行李箱，看出它非常符合流体力学。整个车子的内装、外装的色彩搭配也非常协调。整个车身的金属板没有任何难看的凹凸不平。想象一下，你在春天里，驾驶着这样一辆车子去郊外春游，车子的高品位和你的高格调就会让路人对你投来羡慕的目光。这是第一辆车。

第二辆车子与第一辆有所不同，当车门一关上，你就可以从关门过程中听到车子安全、扎实的声音。当你启动引擎踩动油门，你会听到低沉的引擎声好像赛车一样。想象一下，你在高速路上开着这样一辆马力十足的车子飞驰着。尤其是听到车子里最高档的欧洲进口的汽车音响，用10个喇叭播放着你最喜欢、最舒适的音乐的时候。当你加油换挡以后，车子呼啸而过，呼唤着你振奋的心情，你是多么惬意。这是第二辆车。

我们再来谈谈第三辆车。这辆车的内装十分豪华，整个车子的弧度配合着你的身形，当你坐在车上以后，你会感到非常舒适。车子的内装是用最高档、进口的小羊皮装饰成的，皮面非常光滑、柔软，让你忍不住会多摸两下，欣赏它的高格调、高质量。车子的仪表板是用最高级的核桃木做成的，表面光滑无比。你启动引擎，开到街上，当你加速以后，转弯的时候，你会感觉到车轮的抓地力非常好，那种感觉可用四个字形容——"人车合一"。

如果你是客户的话，你会喜欢哪一辆车？其实这是同一部车，只不过介绍的侧重点不一样，使用了三种不同的方式来介绍。

如果你喜欢第一辆车，那你接受外界的信息主要通过视觉，对你来说多使用视觉的词语更能吸引你的兴趣；如果你喜欢第二辆车，那你就比较偏重于听觉，因为在介绍中使用了很多通过听觉表现的词语；如果你选第三辆车，那你就是感觉型的人，因为在介绍第三辆车时，使用了很多触觉及感性的词语。

销售中为了更有效地介绍产品，给客户最好的感觉，并吸引他的兴趣，一定要了解对方的接收方式。用客户喜欢的方式进行沟通，会收到意想不到的效果。

参与才会主动，体验才有感受

　　要想让消费者对你的产品或者服务产生浓厚的兴趣，进而掏腰包购买，必须让消费者免费体验你的产品或者服务。这一点市场销售人员应给予特别的注意。

　　生活中有这样的经验：一件事情如果参与其中，就会不断有新的发现，而且对这件事情能够保持热情；如果只是在一旁观看，感觉就有些像"雾里看花"，而且比较容易厌倦。所以一些美容院或健身中心会免费送给客户一些护肤美容卡或体验券，让客户亲自体验美容护肤或快乐健身的感觉，看到美容、健身的效果。通过亲自参与，给客户留下深刻影响，客户往往就会购买更多的美容品或服务。

　　你应该尽可能努力让客户引导整个演示过程。客户的参与越多，就越有一种做主人的感觉，也就越容易决定购买。

　　有的产品比较容易让客户参与，例如美容、减肥健身，而有的产品却比较难让客户有参与感的互动，例如保险、商业课程等无形产品，所以，销售人员要学会用语言去营造参与感。

　　在与客户沟通时，多问客户一些问题，让客户多说，以了解对方的需求，造成和客户之间的互动。一场20分钟的独白远远不如10分钟的对话更有效。成功的销售一定要避免一个人唱独角戏，而是要尽量让客户参与进来，发挥参与感的影响力。

　　例如，一位汽车销售人员在向一位客户进行销售。

销售员：这款车是流线型的，最适合年轻人开，尤其是这种银灰色，是今年最流行的颜色，开出去既炫又亮眼。

客户：看起来很不错。（客户打开门然后关上门，砰！）

销售员：你看多么扎实，这辆车的结构非常安全，从听关门的声音就知道，一般的车关门声都是空荡荡的，这个关门声您都听到了，多么扎实，单单听关门的声音就很舒服！（销售员再打开车门，招呼客人进到车里。）

销售员：您一进来是不是有一种紧紧的包实的感觉，当你开车的时候会觉得很安全，然后你看发动引擎，踩下油门，您有没有听到怒吼声？仿佛在跟我们说，我想要出去跑了！

客户：是啊！我感觉到了！

销售员：当您拥有这样一辆车，您一定会得到朋友们更多的羡慕，而且很适合您的身份。

客户：嗯，那就要这辆车吧。

这位汽车销售人员通过让客户触摸车身、开关车门、坐到车子里面等等，满足了客户的参与感；然后通过强调车子的舒适性和客户拥有这辆车后的感觉，激发了客户的占有欲。

人人都有占有欲。在销售中激起客户对产品的占有欲，你就成功了一半。

所以，市场销售人员一定要掌握这一点：让客户参与，让客户体验！客户参与了，客户体验了，感觉好，客户就很可能购买你的产品或者服务，那你就成功了！

CHAPTER 3

第三章

透析创意广告背后的"创意"

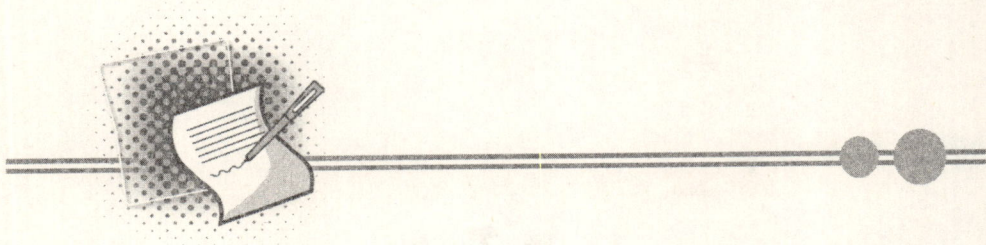

古人云："酒香不怕巷子深。"就是说只要你的东西好，就不愁卖不出去，消费者肯定会千方百计地购买你的东西。这种观点在自给自足的封建小农经济中，是正确的。

但是我们现在所处的社会是经济社会，这种说法似乎已经过时了。我们不得不感叹："酒香也怕巷子深啊！"

换句话说，即使你的商品再好，如果想要顺利地销售出去，你也要为你的商品做大力的宣传！只有大力宣传你的产品，你才有可能把自己的产品卖出去。

在商品销售中，也就是通俗所讲的"叫卖"，即广告宣传。

放眼中外成功的销售案例，它们无不在产品宣传上下苦工夫。即使是我们的国酒茅台，也在大力地做广告啊！印证了"酒香也怕巷子深"这一新的观点。

可以毫不夸张地说，只有精心地为你的商品做广告，才能保证消费者青睐你的商品，才能保证你的产品卖得出去，才能保证你的企业在商场中立于不败之地！

有许多企业濒临倒闭，但是广告策划者力挽狂澜，他们极富创意的广告，挽救了整个企业，甚至使濒临倒闭的品牌迅速占据最大的市场份额！我们不得不由衷地佩服广告大师们的才智啊！

下面我们欣赏一下国内外成功的而且非常经典的一些广告策划案例。现代广告业主也可以借鉴一下，给自己的产品做最好的广告宣传。

万宝路香烟起死回生

1924年，美国菲利普——莫里斯公司生产了一种牌号为"万宝路"的香烟，专供女士享用。广告口号尽力突出其味道"像五月的天气一样柔和"。但是，产品投放市场，境况十分糟糕，销售业绩始终不好。

为了改善产品的销售状况，菲利普——莫里斯公司曾做过多方努力。但是万宝路香烟的销售仍然每况愈下。到了四十年代，公司不得不停止这一牌号香烟的生产，从而被迫退出市场。

于是，菲利普——莫里斯公司求助于李奥·贝纳。

当时的美国市场，竞争异常激烈而残酷。市场调查显示，新产品投放市场，成功率往往只有3%～5%，何况要使一个倒了牌子的商品东山再起，再造辉煌，真是"蜀道难，难于上青天"！

李奥·贝纳勇敢地接受了这一挑战。经过周密的市场调查和精心策划，李奥·贝纳提出了一个"颠倒阴阳"的极大胆而又极富创造力的构想：去掉万宝路原有浓厚的脂粉气，为其重塑一个具有男子汉气概的全新形象。李奥·贝纳的这一构想，得到了当时颇具眼光与胆识的飞利浦——莫里斯公司总经理卡尔曼的认可与赞同。于是一个新的方案大体确立了：保持原有配方，改用飞利浦——莫里斯公司首创的平开式盒盖包装，选用最具美国风格、在美国被公认为最具男子汉气概的西部牛仔充当万宝路的广告形象。

1954年，全新的万宝路香烟广告正式推出。粗犷、剽悍、豪爽的牛仔形象在不同的广告画面上以不同的姿态出现，或在旷野中追捕牛犊，或在夕阳的余辉中挽缰沉思，或在傍晚落日后悠闲晚饮……尤其是万宝路的电视广告，以其"人马纵横，尽情奔放，这里是万宝路的世界！——欢迎加入万宝路的世界"的广告语，激荡人心的音乐节奏，牛仔策马飞奔、驰骋旷原的画面，一下子征服了无数美国人的心，大家纷纷加入万宝路的世界。短短一年，万宝路的销售量整整提高了三倍，一跃成为全美10种畅销香烟之一。

以后的日子里，万宝路香烟在万宝路牛仔形象的促动和万宝路世界的感召下，销量逐年攀升，到1968年，万宝路已成为美国的主要香烟品牌，占有美国香烟市场总销售量的13%。

20世纪70年代，万宝路又借美国政府全面禁止在广播电视中播发香烟广告的良机，凭着具有鲜明个性特征的品牌形象，终于于1975年将稳坐美国烟草头把交椅几十年之久的云丝顿香烟赶下宝座，取而代之，并同时占有美国卷烟总销售量的1/4。也就是说，在美国市场每销售4包香烟中，就有一包是万宝路。

万宝路香烟广告的策划者，美国著名对策广告大师李奥·贝纳，已于1972年谢世；曾为世人十分熟悉的万宝路香烟著名牛仔模特韦恩·麦克拉伦，也于1992年因患肺癌撒手人寰。然而，其广告，其形象，却依然留存在世人心中，给人以深长的启迪和永久的回味。

奇迹啊！这的确是人类广告史上的旷世奇迹！不改变牌号，不改变配方，竟然能使一种眼看就要被市场浪潮所吞没的商品，一变而成为目前世界上最著名、销量最大的香烟品牌。

我们可以看出，万宝路香烟广告并不太在意产品本身的质量或味道，而是着意创立品牌独特的性格，塑造产品独特的形象，着意显示万宝路与其他品牌香烟性格与形象上的差异，并且这种性格与形象，并非产品天生具有，而只是一种人为的制造，外在的赋予。万宝路香烟广告的创作，主要着眼于产品能给消费者带来的某种心理和精神上的满足。

事后的市场调查显示，人们喜欢后来的万宝路，主要并不在于它的味

道，因为后来的万宝路并没有改变原来的配方，而恰好是后来的万宝路广告所赋予产品的硬汉气质和真正男子汉气概，以及由此给他们带来的某种心理上和精神上的满足。真正的男子汉就应该吸食具有真正男子汉气概的香烟，而只有真正具有男子汉气概的香烟才配得上真正男子汉来享用。调查者将万宝路香烟装入一种没有万宝路牌号标志的棕色烟盒，但标明为万宝路香烟，降低一半价格在市场上销售。尽管售货员一再声称，此烟确为万宝路香烟，与原包装的万宝路香烟完全一样，但只有21%的人对这种烟感兴趣，半价也没能讨得烟民的欢心。调查者还发现，吸食万宝路香烟的烟民，每天要将烟盒拿出口袋20～25次。

反过来说，人们不喜欢原来的万宝路，也并不是不喜欢它的味道，主要是不喜欢它的满身脂粉气。不仅男烟民无人问津，也提不起女烟民的兴趣。尽管女人整天涂脂抹粉，尽心将自己打扮成充满女人味的女人，但她们心中的崇拜，依然是硬汉气质。可以说，英雄崇拜是人类的共同心理。后来的万宝路香烟广告成功之处，就在于通过广告形象，将美国社会乃至整个人类，男人抑或女人，倾慕英雄形象、崇尚硬汉气质的这种内心渴望，挖掘出来，展示出来。

万宝路香烟广告所赋予产品的硬汉气质，寄托了烟民的英雄崇拜心理，使他们成为真正男子汉的渴求和尊荣得到满足。此外重要的一点还在于，万宝路香烟广告所着力展示的万宝路世界对消费者的吸引和感召。

"人们纵横，尽情奔放，这里是万宝路的世界！"这个世界里，充满蛮荒旷原的野性，充满原始自然的活力，充满人类征服自然的豪情和狂想，是那么的放荡不羁，是那么的自由洒脱。这一世界，这种旷野走马式的生活方式，正是受困于世俗尘嚣中的现代人所热切向往而又不能轻易得到的。随着一声"欢迎您加入万宝路的世界"的召唤，人们仿佛置身其中，享受到现实生活中无法体验的这一世界里的无限欢乐。人们选吸万宝路香烟，与其说是寻求生理上的满足，不如说是寻求摆脱现代城市的喧嚣，向往自然，崇尚放荡不羁、自由洒脱的生活方式，在万宝路的世界里得到一份虚幻的满足。

　　难怪有人说，你要想欧洲化一些，那么你就去买一辆奔驰或者宝马；你要想美国化一些，你只要抽万宝路和穿牛仔裤就行了！

　　万宝路香烟广告，在中外广告史上具有划时代的意义。其价值，不仅在于它创造了产品销售的旷世奇迹，更在于它以鲜明的、极富个性特征的成功产品形象，预示广告新时代——形象时代的到来。李奥·贝纳谢世后，万宝路广告继续沿着李奥·贝纳设定的轨迹，不断向前发展，由产品形象战略进而在全球范围内实施品牌形象战略，终于造就目前的旷世业绩。从上个世纪六十年代至今，世界范围内的广告传播，也正一步一步由产品形象发展到品牌形象，直至现在的企业形象战略。李奥·贝纳的巨大影响，至今犹存。

派克笔的名人效应

上个世纪四十年代，派克钢笔生产厂家为扩大销量，在消费者心目中树立派克笔名贵高雅的美好形象，曾经利用罗斯福总统在文件上签字的照片做广告，广告口号为"总统用的是派克"。

上个世纪八十年代以来，历史悠久的派克钢笔为成功打入前苏联市场，利用全球关注美苏两国首脑签署销毁中程导弹条约的机会，于1988年1月3日，在前苏联的《莫斯科新闻》上刊登了派克钢笔的整版广告。广告标题用大号字排出"笔比剑更强"的五个大字，下面刊登了美苏两国首脑里根和戈尔巴乔夫签署条约后互赠签字笔的大幅照片，在照片下方附有派克钢笔的说明图。几乎与此同时，美国派克钢笔香港总代理也在香港报纸上用一个整版刊登了这幅具有世纪影响的大幅照片，而且照片下面写着："千军万马难抵大笔一挥，大笔乃派克。"以上两则广告都充分利用世界上大多数人关注美苏两国首脑签署销毁中导条约的有利时机，及时借此进行广告宣传，很好地收到了事半功倍的效果。此举无疑扩大了派克钢笔在全世界的知名度，不仅使其成功地打入了前苏联市场，也有力地拓展了我国香港及东南亚市场。

派克钢笔广告是借助世界名人，制造轰动效应，最终取得了巨大成功！写到这里，我不禁联想起我国古代典籍记载的一些名人广告故事。

从"无人问津"到"洛阳纸贵"

据《晋书·文苑传》记载,西晋作家左思花10年时间写成了著名的《三都赋》,尽管该赋比之东汉班固的《两都赋》、张衡的《二京赋》毫不逊色,但由于左思出身寒微,官职卑微,人微言轻,在"上品无寒门,下品无士族"十分讲究出身门第的西晋时代,一开始并未引起当时人的注意。左思深恐当时人"以人废言",故携赋造访当时享有"高誉"的皇甫谧,以赋示之,受到他的称赏,并得到他的应允为之作序。后来,当时的名流张载、刘逵为之作注,卫权为之作《略解》,文坛泰斗张华对左思更是大加赞许,比起班固、张衡来,他认为《三都赋》"使读之者尽而有余,久而更新"。于是,《三都赋》立即名满京城,富豪之家竞相传抄,一时间洛阳为之纸贵。左思的《三都赋》由"时人未之重"到"豪贵之间竞相传抄,洛阳为之纸贵",这巨大轰动效应的取得,一方面固然是因为《三都赋》本身文辞富赡、辞章华美,但在很大程度上得力于皇甫谧、张载、刘逵、卫权和张华这些社会名流的称许、推荐。

当然,我国古代的名人广告还远不止这些,请看:王勃一篇《秋日登洪府滕王阁饯别序》,就使滕王阁成为中华名阁;范仲淹写成《岳阳楼记》,岳阳楼因此成为名楼;而苏东坡的《前赤壁赋》与《后赤壁赋》则让黄州赤壁俨然成为当年赤壁争战之地,几乎以假乱真,而真正的赤壁古战场,却只留在人们的记忆深处,甚至被人们遗忘;苏州玄妙观外的状元楼,原是一家普通饭店,因乾隆皇帝偶尔品尝了该店"万年青"这道名菜,甚为满意,为之题写招牌"松鹤楼",该店立即生意兴隆,享誉数百年。至于某事因某名

人的参与而名闻遐迩，某物之上因名人留下墨宝而增连城之价，某店因帝王留下御笔而成金字招牌，某菜因皇帝品尝后称善而成名菜，某地因某人曾至而成名胜……在中国历史上不胜枚举。

鲁迅先生在《名人和名言》一文中曾说："社会上崇拜名人，于是以名人的话就是名言。"这句话很好地说明了名人轰动效应产生的原因。由于名人都是在某一方面或一定领域的佼佼者或成功者，他们身上有许多方面在一般人眼里都是难于达到或无法企及的，因而大多数人对名人都有一种"仰视"之情，均视其为学习的榜样和效仿的楷模。人们不仅学习名人成功的经验，模仿他们的言谈举止，喜闻其逸闻趣事，甚至还爱屋及乌，连带他们的癖好，也一块喜欢上。所以很多时候，名人的爱好与憎恶直接影响着人们的爱好与憎恶。一般对名人的这种崇拜，在无形中给名人身上罩上了一层神秘的光环，人们往往唯名人"马首是瞻"。换句话说，名人可以借其特有的身份、地位、知名度和影响力，特别是人们对他们的顶礼膜拜，影响人们的言和行。正是在这个意义上，名人做广告，往往能收到意想不到的效果，取得巨大的轰动效应。

通过以上分析，我们可以得出派克钢笔获得巨大成功的原因了，其成功的主要原因就是名人效应！

金利来领带，男人的世界

"金利来，男人的世界"，这句广告语曾打动了天下多少男士的心。"领带大王"曾宪梓博士的传奇经历也曾激励着一代又一代的创业者。

金利来领带，是香港金利来集团起家和发家的产品，是该集团有限公司董事局主席曾宪梓先生一手创立的。他白手起家，经过50多年的艰苦创业，成为一个年产年销数亿条领带的"领带大王"，他的产品行销于欧、美、澳、亚洲近百个国家和地区。

曾宪梓祖籍广东省梅县，因父辈家境贫困，生活无以为计，不得不于20年代远渡重洋，到泰国谋生。曾宪梓是在国内长大的，在中山大学生物系读书。60年代初，他到泰国与家人团聚，决心干一番事业。他到了泰国后，发觉父亲虽然经商几十年，但生意仍十分平淡，收入一般。如何才能开拓事业呢？这问题使满怀壮志的曾宪梓陷入了不断思索之中。

这位毕业于高等学府生物系的大学生，深深懂得地球上人类赖以生存的生物只有几公尺厚的土壤，几公里厚的大气层，几公里深的海洋。作为一个人，就要在这么一个地球上奋斗，用好大自然赋以生存的条件，求得成长和发展，开创一个更大的生活空间。

60年代的泰国，已推行开放政策。徘徊在曼谷闹市之中，曾宪梓发现不少人穿西装，系领带，这些西装革履者，显得风度翩翩，引起人们的注目和美慕。他想，领带虽然是件小东西，但它却是现代男人不可缺少的装饰物，

它的发展前景是广阔的，想到这里，曾宪梓已形成了从领带起步的决心。

开始时，他从摆卖领带入手，从批发商或厂家那里购入少量货，自己进行摆卖零售。经过一段时间探索后，善于观察和思考的曾宪梓，发觉泰国虽然是个开放市场，但并不是领带的最理想市场，这有人文的因素。他想，香港是个世界著名的自由贸易区，游客多，是集世界潮流之地，应是领带业最有潜力的市场。

于是，他只身来到香港，带着6000港元，租了一个小厂房，凭着一把尺子、一把剪子和一架缝纫机，自己进行设计、剪裁和缝制，开始其艰难困苦的创业。曾宪梓在泰国时，跟着哥哥学做过几个月的领带，掌握了一些制作技术。所以在香港，他凭着剪刀、尺子、缝纫机这些简单工具，真的做出了质优款新的领带。他每天从早晨6时一直干到深夜2时，制成领带后，又自己去推销，扛着成品挤公共巴士，走街过巷，扯着嗓子叫卖。

有了领带，还要给领带确定一个品牌名称，因为领带没有牌子，不能进入高档商店柜台陈列。

曾宪梓最初起的品牌名称叫"金狮"，并兴致勃勃地将两条"金狮"领带送给他的一位亲戚。可没想到他的那位亲戚拒绝了他的礼物，并不高兴地说："金输、金输，金子全给输啦！"原来，在香港话中，"狮"与"输"读音很相近，而且香港人爱讨个吉利，对"输"字很忌讳。

当晚，曾宪梓彻夜未眠，绞尽脑汁改"金狮"的名字，最后终于想出个好办法：将"金狮"的英文名"Goldlion"由意译改为意译与音译相结合，即"Gold"仍为意译"金"，而"lion"（狮）取音译，为"利来"，即为"金利来"名称。金利来，金与利一齐来，谁听了都高兴！于是，金利来品牌名称诞生了。

接着，曾宪梓又突发奇想，中国人很少用毛笔写英文，我用它写，不就是很特别的字形吗？于是他在纸上用毛笔写出了"Goldlion"字样，再让设计人员整理、编排好，这就是现在"金利来"的英文标志。曾宪梓又用一枚钱币画了一个圆，用三角尺画了个"L"，一个优美的商标图形便构成了。

金利来取得了巨大的成功！

1974年，香港经济出现了大萧条，各种商品纷纷降价出售，而曾宪梓却反其道而行之。他一方面不断改进"金利来"领带的质量，另一方面独树一帜地适当提高价格。结果，生意反而出人意外地好起来，当经济萧条过后，"金利来"更是身价倍增，在香港成了独占鳌头的名牌领带。

可以毫不夸张地说，金利来领带就是成功男人的标志。在消费者心中，成功的男人一定要佩戴金利来领带，而金利来领带也只有成功的男人佩戴才能显示出其高贵。

金利来取得巨大成功的原因，一方面固然是金利来领带在质量、款式设计等方面的确做得非常好；另一方面是因为曾宪梓给他的领带取了很好的名字，还有广告语设计得非常别致。我认为后者是金利来取得巨大成功的主要原因。

金利来的巨大成功又一次表明：在现代社会中，产品好固然很重要，但是有创意的广告宣传又是何等的重要啊！质量好的产品比比皆是，消费者为什么就单单要青睐你的产品呢？所以，要想产品销量好，一定要使自己的产品有与众不同之处。这就需要商家在广告宣传上下苦工夫，给自己的产品找到一个准确而别致的定位，使消费者在众多的同类产品中，一看到自己的产品，就觉得它给人以鹤立鸡群的感觉。唯有这样，你才能成功。

学生游行宣传"飞虎"牌染色布

一提到《大染坊》，我就精神倍增！相信大家都看过，我是反复地看，自己也记不清到底看过多少遍了。尤其是陈寿亭极其巧妙地利用学生爱国游行的时机为大华做广告那一段，真是让人拍案叫绝！

陈寿亭简直是个商界奇才！民国时期，乞丐出身大字不识一个的陈寿亭，竟能成为中国印染界的明星级人物，真是个传奇啊！任何一个看过《大染坊》的人都不可能不为他的才智，他的人格魅力所折服。陈寿亭凭借自己敏锐的商业头脑，从周村的一个小小作坊开始，直到成为中国印染界的大巨头，每个环节无不展示了他的过人头脑。

在陈寿亭的大华染厂刚刚进入青岛之际，青岛染布行业中已有好几个影响力很大的品牌，比如元亨染厂。在这种情况下，大华的进入壁垒很高，要想成功地进入染布行业不是一件易事。但是陈寿亭凭借自己的智慧，不多久就使大华在青岛印染界占据举足轻重的地位。让我们回忆一下那精彩的片段吧！

当时大华印了大批布匹，但就是卖不出去，仓库里堆放着大量的染布。大华不得不停工。烦闷之际，陈寿亭到街上转转，正赶上学生游行。回到厂里，陈寿亭就问卢家驹，街上乱哄哄的，学生们举着"幡"在干什么啊。卢家驹哈哈大笑，给陈寿亭解释了一阵。陈寿亭听后，脑子灵机一动，一个绝妙的念头就这样产生了。

他让厂里的伙计，把库存的40匹窄幅布全拿出来，做成"幡"（就是横幅），让学生们举着满街游行。横幅的前面写着爱国的标语"取消二十一条"、"外争国权，内惩国贼"、"拒绝和约签字"等；横幅的背面写着"飞虎牌染色布不掉色"、"大华染厂支持爱国"、"飞虎就在胶州湾，巴黎合约不能签"等字样。还让厂里的伙计在各个学校门口摆摊给学生们送水、送饭，支持学生们的爱国游行。

学生们举着大华染厂提供的横幅满街游行的时候，元亨染厂的孙明祖看到了，感叹道："这就是陈六子（陈寿亭的别名）的精明之处啊！"

青岛报纸还专门报道了此事。从此之后，大华染厂的爱国形象就在青岛人民的心中打上了烙印。大华也在一夜间闻名青岛印染界。

看到这里，真让人拍案叫绝！陈寿亭可是一个字都不认识啊，竟能利用学生们的爱国游行为自己的染色布做广告，而且做得还那么好，就连对手孙明祖都由衷地感叹。

在进入壁垒很高的情况下，通过巧妙地做广告，使一个默默无闻的染厂一夜间成为印染界的新宠儿，这不是一般人能做到的。

我觉得，任何一个从事商业的人，都应该反复研读《大染坊》，其中所蕴含的商业智慧需要我们一遍又一遍地反复去体会。

可口可乐与百事可乐的竞争

可口可乐与百事可乐是可乐界的两大巨子，可口可乐与百事可乐的竞争也是日渐激烈。

可口可乐在美苏冷战时期曾在美国做过一个"核战以后"的广告片：

世界核战以后，人类被毁灭，唯一的幸存者是美国核潜艇"自由女神"号上的官兵，他们正穿过被污染的海洋，驶向故乡。突然，战斗警报响了，官兵们立即各就岗位。渐渐地，美国大陆的海岸线已经隐约可见。潜艇驶入了旧金山，神秘的电台讯号忽强忽弱，忽有忽无，难以捉摸。潜艇浮出了水面，排列在甲板上的水手们默默地向这个毁灭了的城市致敬。突击队登陆了，他们逼近了神秘电波的发源地——一座超级市场的废墟。睹物思人，指挥官杰克逊少将痛苦地回忆起与女友来此购物的景象，她银铃般的笑声，似乎就在耳边回荡……讯号又出现了！突击队员们冲入废墟，一阵扫射。然而他们惊诧地发现，这里没有敌人，只有一架发报机和一个被窗帘挂住了的易拉罐，每当海风吹动窗帘，易拉罐就撞向发报机，敲打着机键……

没有敌人，也没有朋友，他们真的是仅存的人类了！官兵们感到莫名的失望和孤独。

慢慢地，镜头被推向易拉罐，最后易拉罐充满了屏幕，原来这是一个可口可乐易拉罐。这时，广告语推出：当整个人类毁灭的时候，可口可乐依然存在。

可口可乐"核战之后"的广告片，用战争为自己作了一次气魄宏大的洗礼。百事可乐则用严谨与幽默的方式，大唱自己的"世纪颂"：

一位考古学教授带着一些年轻人参观古迹——这是一个世纪后的事情了。

教授：这恐怕是我们这个时代最大的发现。这个栖居地叫做断层农场，真是一个奇迹！

（一个女孩发现了一个棒球）

女孩：这是什么，教授先生？

教授：这个球形物体是他们在众目睽睽下的场合下，互相飞速投掷的物体。

（一个男孩发现了一把吉他）

……

（女孩B发现了一个百事可乐瓶）

女孩B：教授先生，这是什么？

（教授百思不得其解，旁边的女孩喝着百事可乐）

教授：这是怪物，对此我一无所知。

画外音：百事可乐，新一代的选择！

针对百事可乐"新一代的选择"，可口可乐又推出了"永远的可口可乐"主题。同时，在可口可乐公司收购了哥伦比亚制片厂49%的股份后大踏步迈向了影视圈，他们在影片中宣扬自己的时候，也总没忘记常常丑化宿敌百事可乐。

两位可乐巨子的竞争仍然在继续。

从以上的广告片中，我们可以看出，可口可乐与百事可乐的竞争明显是同类产品竞争的广告。激烈的商品竞争，是市场经济的必然产物，是商品经济所特有的且必然存在的经济现象。因此，一个企业或产品要想生存和发

展，除了自身努力进取、不断完善与创新外，还必须运用相应的策略击败自己的竞争对手，以在市场上处于优势地位。驰骋在商场前沿阵地的"先锋"当然是广告。竞争使得双方都在绞尽脑汁，设想着、策划着能置对方于死地的"杀手锏"。谁的广告做不好，谁没在关键处抓住要害或机会，谁就有可能在关系身家性命的商战中不战自乱。广告的竞争并非坏事，竞争环境造就了广告的智慧，产生出一个个新颖别致的创意。

仔细分析可口可乐与百事可乐竞争的广告片，我们可以得出：竞争广告要对准竞争产品做文章，要清楚认识竞争对手的状况。孙子兵法云"知己知彼，方能百战不殆"嘛！

美国广告大师罗素·瑞夫斯的"USP"理论（"独特销售主张"）具有很强的借鉴作用。有人认为"USP"提出的前提必须是"产品必须与竞争对手有明显的实质性差异"，我认为并不尽然。随着商品经济的飞速发展，商品的同质化越来越强，同类产品的差异性越来越小，而竞争又往往在同类产品中最为激烈，所以，并非必须是实质性差异才能提出"独特销售主张"的。只要"所强调的主张是竞争对手做不到或无法提供的"，双方便都可以找到或制造出属于自己的"USP"，而形成自己产品竞争的制高点。

广告大师威廉·伯恩巴克也在他的ROI（Relevance相关性、Originality原创力、Impact冲击力）创意指南中提出过5点具体要求，其中有两点值得我们注意：（1）有什么竞争利益点可以做广告承诺？有什么支持点？（2）品牌有什么特别的个性？因此，在竞争广告中，针对产品，突出表现对手不具备而自己具有的特点与优势，便能构成强大的冲击力。可口可乐与百事可乐在竞争的广告片中，都很好地体现了这两点。所以，可口可乐与百事可乐这两个可乐巨子长期竞争，实力仍不相上下，都在可乐中占据很大的市场份额。

海尔"真诚到永远"

一提到海尔，骄傲之情油然而生，海尔的确是一个令我们中国值得骄傲的世界品牌。

谁能想到，1984年海尔创立之初，还是一个亏损147万元的小厂，谁能想到正是这个20几年前名不见经传的小厂，会发展成为拥有近百家成员单位的大型企业集团。其产品不仅牢牢地占领了国内市场，还成功地打入国际市场，成为欧美市场俏销的名牌货。

海尔之所以会取得如此大的成功，除管理一流、产品质量过硬外，以切实的承诺取信于每一客户，使海尔"真诚到永远"的形象深入人心，也是其取得成功的关键。

奇迹，的确是奇迹啊。海尔由一个濒临倒闭的小厂，在短短的十五年间，就发展成为国际一流、世界知名的大型企业集团，海尔系列产品也从无到有、由无名到享誉世界。对此，许多研究者已经从过硬的产品质量、一流的管理等方面探讨过海尔成功的原因。毫无疑问，在广告宣传中，通过其近乎完美的售后服务，从兑现其"真诚到永远"的承诺入手，也是其成功的另一方面原因。

《史记·季布栾布列传》曰："得黄金百，不如得季布一诺。"古语又有"一诺千金"，都说的是信守诺言的重要性。广告史"劝说"的艺术，它在对社会公众进行"劝说"的同时，也在向他们许下它所"广而告之"的产品的种种好处，作出重重承诺，因而从一定意义上说，广告又是一种承诺的

艺术。

承诺对广告的重要性是显而易见的。大为·奥格威曾引用英国著名词典学家和作家塞缪尔·约翰逊博士的话说："承诺，大大的承诺，是广告的灵魂。"又说："真正决定消费者购买或不购买的是你的广告的内容，而不是它的形式。你最重要的工作是决定你怎么样来说明你的产品，你承诺些什么好处。"这里，承诺不仅是"广告的灵魂"，还是"真正决定消费者购买或者不购买"的最重要的因素。之所以如此，这是因为广告"劝说"的过程，本身就是其向社会公众承诺的过程。广告能够通过其"广而告之"的"劝说"，打动社会公众，使其潜在的需求变为现实的购买行动，原因在于：

其一，广告承诺切合了受众的客观需要。在广告承诺、广告播映、广告"劝说"（包括广告创意、设计）、受众需要、受众接受、市场营销和购买行为等诸多因素中，受众需要是第一位的。只有当受众确实需要，有潜在消费需求时，广告才容易被受众接受，广告的"劝说"才会发挥作用；相反，如果受众不需要，没有潜在的消费需求，那么，无论广告怎样"劝说"，都无异于对牛弹琴，广告效果不佳就不难想象了。因此，广告就是要瞄准那些有潜在的消费需求的受众进行"劝说"。要让这种"劝说"达到目的，就要让广告承诺有针对性，要切合受众的客观需要。唯有如此，方能真正做到有的放矢，说动受众，让其完全接受"广而告之"的产品或服务。

其二，广告承诺打动了受众的心。古代战争讲究"攻城为下，攻心为上"，十分推崇"不战而屈人之兵"，故有诸葛亮七擒七纵孟获以收其心的佳话。广告承诺亦如此。产品或服务，除了必须拥有过硬的质量、良好的售后服务外，在进行广告宣传时做好广告承诺，让承诺的种种好处好像磁铁一样紧紧地吸引住受众，像利剑一般能穿透受众的心，给其留下深刻印象和长久记忆。

写到这里，大家肯定会问了，既然承诺对于广告来说如此重要，那在广告中到底应该对产品进行怎样的说明，写些什么内容呢？

美国著名的广告大师大卫·奥格威的回答是："讲事实。"他说："只

有很少数的广告包含有为推销产品所需的足够的事实信息。撰稿人中有一种荒唐的传统看法，说消费者对事实不感兴趣。这实在是大错特错了。"

既然"讲事实"是广告的最重要的内容，那么什么才算是"讲事实"呢？

奥格威在《一个广告人的自白》一书中曾做过诠释："雷蒙·罗比凯为斯奎布父子公司（E.R.Squibb&Sons）写过一句名言：'任何产品的物价要素是这种产品生产者的诚实和正直。'它使我想起我父亲的训诫：公司会为自己的完美自吹自擂，女人会自炫其操行。自吹自擂、自炫都应避免，但是完美和操行却应发扬光大。"显然，奥格威的"讲事实"包括三方面的内容：第一，产品或服务自身的优点和长处，犹如公司自身的"完美"或女人的"操行"，是值得宣传的；第二，产品生产者或服务提供者的诚实和正直，认为这是"任何产品的物价要素"，广告业主在进行广告宣传时，应该诚实和正直，不能有任何的虚夸成分；第三，广告宣传应以事实为依据，尽量避免"自吹自擂、自炫"，即避免任何形式的言过其实，更不能以虚假广告欺骗消费者。

海尔的成功正好印证了奥格威的观点。

海尔著名的广告词："海尔，真诚到永远！"这句话在中国可谓家喻户晓，妇孺皆知，但它并不是一句空话，也不是海尔人一时心血来潮凭空臆造出来的宣传口号，而是海尔集团以过硬的产品质量、良好的售后服务和想消费者所想的一片真诚，对消费者的总体承诺。为了兑现这个承诺，海尔人付出了很多、很多。

以售后服务为例。海尔集团已经超越了简单的送货上门、负责安装阶段，其承诺的内容比别的企业更多更精致、更贴近消费者的需求，如保修、包换、送货安装、两天内电话查询消费者的反应等等，并在全国率先提出"海尔国际星级服务"。如1997年夏天，海尔空调在北京一时销量猛增，京城安装力量严重不够，为保证24小时服务到位的承诺，海尔果断地从全国各地调集300多名服务人员包机赴京，实现了对顾客的服务承诺。之后，海尔迅

速在全国建立了1000多个星级服务连锁点，让海尔的星级服务兵以做快捷的途径为用户提供最好的服务。

更令消费者感动的是，许多他们连想都不敢想的事情，海尔都主动考虑到了。

海尔星级服务兵上门服务自带拖鞋，自带矿泉水，绝不扰民。

消费者凡提出特殊要求，海尔从不轻易说"不"，总是尽快满足。

在全国建立10个服务中心，率先为海尔星级服务增添"无搬动"的内容——用户付款后，一切事物均由销售人员代办——这是"购物变成真正享受"的由来。

......

海尔的产品在市场上不以降价为促销手段，而是凭信誉卓尔不群。其经营宗旨是"满足用户潜在的需求"，经营观念是"卖信誉而不是卖产品"，服务观念是"用户永远是对的"。正是凭借这些实实在在的做法，海尔兑现了其对用户的重重承诺，真正把"真诚到永远"做到实处，从而赢得顾客的青睐。

毫无疑问，任何一则广告都免不了对其产品或服务的优点和长处进行"广而告之"，都免不了在"广而告之"时对受众作出种种承诺。但是，这些承诺都是有条件的，即它们必须是以事实为依据，用实力作保证。

广告承诺以事实为依据，就是奥格威说的"讲事实"，亦即对产品或服务的优点和长处进行符合事实的宣传，不能有任何的虚夸。如此，才能经得起实践的考验。此外，广告承诺还必须用实力作保证，也就是说广告业主有实力兑现自己的诺言。

所有这些，海尔都做到了，而且做得非常好，做得近乎完美！

"白加黑"

江苏盖天力制药有限公司在做"白加黑"广告之前，实力并不雄厚。1995年，该公司生产出一种新型的治疗感冒的片剂。为了打开销路，它们推出了一则极具震撼力的电视广告。

当某一色彩艳丽的广告刚一播完，突然间，整个屏幕布满了黑白的"雪花点"。观众都认为是电视台的发射设备出了问题，不禁十分焦急。直到画面适时的出现字幕"感冒了……怎么办……"才明白过来。接着展示出该药片的包装：长方形盒子左半边是白底，右半边为黑底，药品名称"白"字位于白的那一半，"黑"字则在黑底一边，"加"字被分割成两半，左边的"力"在白一边，右边的"口"则位于黑一边。左上角印上广告语："清除感冒，黑白分明。"其承诺为："白天吃白片，不瞌睡；晚上吃黑片，睡得香。"整个广告几乎"无"色彩，体现出清朗、明快的艺术风格。

该广告播出后，引起了观众的高度关注。1995年该产品上市仅半年，营业额就突破1.6亿元，市场占有率达到15%。

这则广告在色彩运用方面出奇制胜。"白加黑"广告之所以不用彩色，只用黑白，一方面固然是与产品名称保持一致，但更重要的则是另一方面：与流行的广告用色潮流背道而驰。广告创作主体了解到黑白广告一般的注目率为46%，而彩色广告的注目率却达到了84.1%。但物极必反，当广告人大都拼命在色彩鲜艳上往前挤，彩色广告铺天盖地时，忽然有一个黑白广告冒

出来，那么最受消费者注意的就必然非它莫属。因为一种东西刺激过多就会令人熟视无睹，只有相对"陌生化"的对象才会引起关注，就是这个道理。所以，在前后左右全是彩色广告的背景下，"白加黑"黑白广告引起万众瞩目，乃至引起轰动效应，就丝毫也不足为怪了。

由此可见，"白加黑"广告之所以不同凡响，就在于它在色彩运用上，能突破某种思维定势，在反潮流中大胆创新，故而取得了出色的成就。这表明，色彩对广告运作的成功有着多么重要的功能。

这一点往往是容易被现代广告人忽略的，应值得引起足够的注意。

红豆衬衫——"此物最相思"

红豆衬衫不仅享誉中国，而且蜚声海外。红豆的名称源自一首中国唐代诗人王维的"红豆"诗，红豆衬衫的广告片也以这首诗为线索展开——情谊暖暖的三口之家。妈妈教女儿背唐诗，女儿摇着小脑袋，口齿清晰地背诵："红豆生南国，春来发几枝，愿君多采撷……"怎么也想不出下一句。这时，父亲拿着盒装的红豆衬衫走过来，续道："此物最相思。"妈妈会意地笑了。

红豆衬衫因这首红豆诗而出名，成为情侣间、亲友间互表相思的赠物。

红豆衬衫的广告片，宣传主题中蕴含着丰富的民族文化，凝结着深厚的民族文化情结。写到这里，孔府家酒的广告不禁在我脑中闪现。

孔府家酒原本名不见经传，销量不济，但到1995年，竟然实现销售收入8.8亿元，居1995年白酒类商品市场占有率全国第一，也是大曲白酒类型商品出口量全国第一。销售形势的巨大转变很大程度上应归功于孔府家酒"叫人想家"广告篇的推出。"叫人想家"篇深受全国消费者喜爱，曾被评为1995年最优秀的电视广告片。虽然曲阜酒厂在其后又推出新广告片，但广大消费者仍对它念念不忘。

"孔府家酒，叫人想家"经典之作，令人回味无穷。

中华上下五千年的历史孕育出中华民族特有的文化。中华文化博大精

深，是我们赖以生存发展的精神土壤。红豆衬衫广告正因其具有鲜明的民族文化氛围，才会深得广大消费者喜爱。

民族文化是一个民族历经历史长河的洗礼而凝聚积淀下来的最为可贵的东西。它融入了一个民族、一个国家的基本情感。它的涵义及其广泛，尤其是对于我们中国这样一个历史悠久的文明古国来说，更是如此。民族文化的历史旅程越长，积淀就越深厚，它影响着人们的价值取向、思维方式、信仰模式和审美趣味，继而渐渐进入中国人的潜意识中。

家国同构是中华文化的基本点之一。中国人看重国，重情重义，以国家为本位，对家国有强烈的眷恋情节。所以，对家国的眷恋、对亲人的思念是中国人极敏锐的心理感受，由此形成了对文化艺术等心理需求的基本动因。

红豆衬衫以相思之情为诉求主题的广告，大大契合了中国人的基本情感。在中国，红豆诗中的"红豆"早已成为美和爱的象征物，成为最美好感情的化身和载体，是"美的象征"和"爱的天使"。红豆衬衫已不是单纯的仅有自然属性的产品，而成为一种有生命、有个性的东西。江泽民总书记1995年在会见红豆集团负责人时，曾赞："红豆名字好。"因为红豆凝结了民族文化情感，是相思和爱的象征。

红豆衬衫早已蜚声东洋，日本某针织协会理事长中岛清一曾说："'红豆'在日本已有相当大的影响，因为日本人很熟悉唐文化，也熟悉红豆诗。"就连在英国，人们也知道红豆是爱的象征，将红豆译为"爱的种子"。红豆以其鲜明的民族文化特色，迅速抢占国际市场，1996年，红豆出口创汇额达1500万美元。

广告是一种特殊的文化现象，它深受民族文化特质的制约。而文化的本质是社会历史的，具有极强的社会渗透力和历史穿透力。广告必须根植于民族文化底蕴的土壤中，然而，现代广告又是生成于近代的工业文明史中，工业文明形成了对视觉刺激和功能节奏的追求，与我们的传统文化正好相背——我们的传统文化充满着含蓄深沉和安稳怀旧的情感。

当今社会的现代化进程，仍然脱离不了"民族文化"的影响，尤其对于

一个具有五千年历史背景的民族来说，其民族情结更为难解。社会在传统与现代中发展，现代广告的发展也一样。传统与现代从来都是辩证统一的，没有传统，现代就无产生的基础和条件，没有现代，传统就无法保存和发展。

在世界广告市场中，越具有民族性的广告，就越是为世界所认可。比如，我们前面曾分析的极具美国民族特色的"万宝路香烟广告"，就是人类广告史上的旷世奇迹。但是在中国，因民族文化的过于含蓄与现代广告的时空限制反差太大，往往出现两难境地——要么因为广告表达过于含蓄让人不明白其中的涵义，要么表达过于直露而显得意境全无。

如何让中国的广告走"民族化"道路而又不陷入"传统的困境"，这首先需要广告人准确把握现代人的心理。随着现代化进程的推进，中国人在价值观、思维方式和审美情趣上都发生了很大变化，与原先趋于单一性、保守性、封闭性的传统特征相去甚远。消费观念亦有较大转变。而如今国内广告在进行诉求时仍旧囿于传统模式，庄重有余，活泼不足，消费者不愿意看。而红豆衬衫广告将传统表现得很好，让人自然而然地融入到那份情感中，没有丝毫做作与矫情。

事实上，每一则脍炙人口的广告莫不融入了人类的基本情感。中国的民族文化经过历朝历代的扬弃与充实，几千年传承下来，已经深深地藏到人们的心理状态中。可以说，"民族"活在每个人的灵魂深处，且民族性中富有共通的人性内容。中国人特有的民族文化是一个取之不尽的宝藏，广告人应善加利用。

那些能牵动人们民族文化情节的广告必会给人以深刻的印象。从某种程度来看，"越是民族的，就越是世界的"！

伯恩巴克"换太太"

　　威廉·伯恩巴克与道尔、戴恩三人合伙在1974年成立了DDB广告公司。公司正式营业不久，纽约奥尔巴克公司的老板奥尔巴克先生拜访伯恩巴克，请他为百货公司代理广告业务。

　　当时，位于纽约古老的34街的奥尔巴克百货公司一直以价格低廉而为人们所熟悉。但是奥尔巴克先生并不仅仅满足于此，他希望伯恩巴克能通过广告改变人们的固有印象，将奥尔巴克百货公司重新塑造成一家品味很高的商店。

　　伯恩巴克接受这一任务后，经过周密的调查，发现顾客之所以将奥尔巴克百货公司看作廉价商店而少于光顾，主要是受传统观念——便宜没好货的影响。于是，伯恩巴克对症下药，为奥尔巴克百货公司确立了鲜明的广告主题——精致的服装，低廉的价格。也就是人们常说的物美价廉，并亲自创作了一系列精美的广告作品。

　　其中，有这样一则平面广告：一张大幅照片占据了版面的很大部分，画面上，一位男子右臂横携一个年轻女子大步朝前迈进，两人都满面笑容，并洋溢出满足而得意的光彩。那女子虽不见全身的正面形象，但其簇新的服饰与特有的神态仍掩饰不住迷人的魅力。在画面的空白部分，是更引人注意的广告文案：

　　标题：慷慨的以旧换新

　　副标题：带来你的太太，只要几块钱……

我们将给你一位新的女人

正文：

为什么你硬是欺骗自己，认为你买不起最新与最好的东西？在奥尔巴克百货公司，你不必为买美丽的东西而付高价。有无数种衣服供你选择——一切全新，一切使你兴奋。

现在就把你的太太带给我们，我们会把她换成可爱的新女人——仅只花几块钱而已。这将是你有生以来最轻松愉快的付款。

奥尔巴克 纽约·纽渥克·洛杉矶

口号：做千百万的生意·赚几分钱的利润

"换太太"广告刊出后，激起了众多消费者的兴趣，许多人纷纷光顾奥尔巴克百货公司，更有消费者给伯恩巴克打来电话，要求他履行承诺，给他们一个新的女人。由此可见此广告已经深入人心。

该广告真是太有创意了！

我总说，创意广告的魅力非凡。大家要问了，究竟什么样的创意才是好的有价值的创意呢？威廉·伯恩巴克的回答是："……广告上最重要的东西就是要有独创性与新奇性。"因为只有这样，才有力量来和今日世界上一切惊天动地的新闻事件以及一切暴乱相抗争，才能牢牢地吸引并抓住读者的眼光，否则，一切都是白费。

伯恩巴克的观点在上面这则广告中得到了鲜明的体现。奥尔巴克百货公司，其固有的形象在消费者心中已经形成某种定式，想要改变何其难也。伯恩巴克敢想敢干，接受广告任务后进行了一番周密的市场调查，为奥尔巴克百货公司重新确立广告主题，在价格低廉的基础上强调其服装的精美。如果仅仅停留在这一层次上，伯恩巴克也就不是伯恩巴克。在如今的广告界中，标榜产品物美价廉的何其多也，但消费者见惯了，心中总不免有些疑虑，许多广告业主内心也可能或多或少感到底气不足。伯恩巴克的过人之处就在于他并没有停留在对物美价廉的正面的直接的宣传上，而是以其独特的构思和

新颖的形式将这一主题极富趣味地传达给消费者，试想，哪一个男人不渴望天天能见到一个神采奕奕、美丽可爱的"新"太太？哪一个消费者不会为这"慷慨的以旧换新"所吸引，进而轻松愉快地掏腰包呢？在此，伯恩巴克极其准确地抓住了消费者的普遍心理，并以极具幽默、极有吸引力的言辞鼓动起众多消费者的消费欲望，其巨大的震撼力和促销业绩是可想而知的。此广告大获成功后，伯恩巴克并没有墨守成规，而是不断开拓，不断创新。

　　独创性与新奇性，是广告创意的基本原则。从广告创作主体的角度而言，更是对广告创作者素质、能力及工作态度的要求。每一个广告从业人员特别是广告创作人员，应具有永不满足、永不停滞的精神，在创作中，既不重复别人，也不重复自己。可以说，缺少独创性、不具备创造精神的人，是根本无缘从事广告行业的。

珠宝店与"戴安娜"

　　伦敦有家珠宝店濒临倒闭。如何摆脱危机？珠宝商为此彻夜难眠。在这危急关头，他抓住了英国王妃戴安娜1985年与查尔斯王子举行婚礼的大好时机。

　　他挖空心思找到了一位酷似戴安娜的模特儿，从服饰、发型到神态、气质，对她做了煞费苦心的模仿训练和包装。

　　一天晚上，老板衣冠楚楚地站在灯火辉煌的珠宝店前，造成一种迎候盛典的气氛。不一会儿，一辆高级卧车缓缓驶来，模特儿从容地从车上走下，嫣然一笑，向被吸引驻足的行人们致意。众人以为戴安娜来了，蜂拥而上；电视台记者急忙打开摄像机，警察急忙维持秩序，老板感激涕零地感谢"王妃"驾临，款款有礼地带领"王妃"参观，店员相继介绍项链、耳环、钻石等贵重首饰，"王妃"称赞不已并挑选了几件。次日，电视台播出了这则以假乱真的新闻录像，按老板旨意，被蒙在鼓里的记者把它拍成了"默片"，没有一句解说词。这引起了全城轰动，也有所惊动的皇家发言人不得不声称绝无此事。然而法律干预却抵不过老板的振振有词：谁也没说嘉宾就是戴安娜。这家珠宝店因此而门庭若市，生意日益兴隆起来。

　　上面这则广告，充分说明了在商业行销过程中，要充分注意新闻策划和新闻推广。

　　在商业行销中，进行精心的新闻策划，巧妙地进行新闻推广，往往能获得比广告传播更好的效果，并且可以节省大量的广告费用。

男性模特穿美特牌丝袜

上个世纪七十年代，美特丝袜刚问世不久，还默默无闻。为了提高他的知名度，决策者煞费苦心。于是，美国观众从美国全国广播公司"今天今晚"节目中，看到了这样的广告：镜头对准一双形象优美穿着长筒丝袜的腿，一个柔美的女性声音告诉观众："下面这广告将向美国妇女证明，美特牌丝袜将使任何形状的腿变得非常美丽。"随着画音，镜头慢慢顺着腿往上移动，观众好奇地看到这个模特穿着短裤、棒球队员汗衫，最后竟发现穿这双丝袜的是个男性——棒球明星乔·纳米斯！他笑眯眯地说："我当然不穿长筒女丝袜了，但如果美特女丝袜能使我的腿变得如此美妙，我想它一定能使你的腿变得更加漂亮。"

这则广告使美特牌丝袜在一夜间家喻户晓，而纳米斯也成为当时最著名的男性广告模特。

从某种意义上来说，广告，就是要为人们构建一座美丽而奇幻的梦园，吸引着人们走近它，留恋它，然后接受它，以达到推销的目的。然而，什么方法才能让人们知道走哪一条路能达到这座神奇的梦园呢？依靠梦园引路人——广告模特，无疑是最为有效的途径之一。他们会用各种各样的方式向你娓娓道出造梦的传说。

一提到广告模特，首先出现在人们脑海中的便是周杰伦、成龙、乔丹等这些国际巨星。明星以其被大众所熟悉、崇拜的天然优势成为广告业主心中

理想的模特儿。

　　现代心理学研究表明，名人是人们心理崇拜或仿效的对象，而且人们有一种尽可能地向其靠拢的欲求，以获得心理上的满足。因此明星广告很容易激发人们的注意和兴趣，使广告的商品产生难以抵御的魅力和说服力，从而减少广告的商业色彩而使受众放下戒备。广告业主们一旦发现了这条金科玉律，便不惜一掷千金。NBA巨星迈克尔·乔丹一年的广告收入近4000万美元；在日本，一个走红影星拍一个广告的出场费高达5.5亿日元；即使不富裕的中国，也有巩俐"回眸一笑百万生"，而他们也确实是"物超所值"。

　　现在，只要你打开电视，就可以看到，几乎每个产品的代言人都是当红影星。广告业主在这方面的投资，的确能收到"物超所值"的回报。

"二战"中的可口可乐

　　"二战"前的可口可乐虽在欧洲国家有售，但是销量微不足道。1941年，日本偷袭珍珠港，美国对日宣战，影响了民用经济的发展，可口可乐的经营陷入了困境，使得董事长伍德鲁夫一筹莫展。

　　正当此际，他的老朋友，麦克阿瑟的上校参谋——班塞的一席话使他豁然开朗。班塞回国述职时在电话中对伍德鲁夫说："好长时间没喝上你那个深红色的'头疼药'了，在菲律宾热得要命的丛林中，真想喝啊！一下飞机，我就喝了两大瓶。可惜我不是骆驼，不然真想灌一肚子带回去慢慢消化。"一语惊醒梦中人，如果美国官兵能够在战场上喝到可口可乐，将是一个多么巨大的市场啊！

　　于是伍德鲁夫果断地策动了一场大规模的宣传攻势，公开宣传可口可乐对前线将士的重要不亚于子弹，并决定将在全世界任何地方为美国三军人员生产5美分一瓶的可口可乐。他深切告诫所有参与宣传推广的人员："一定要把可口可乐与前方将士的战地生活紧紧联系起来，还要写明饮料对胜利的影响。公司的成败在此一举，各位要尽心尽力，使宣传动人，一举成功。"

　　功夫不负有心人。一本名字为《完成最艰苦的战斗任务与休息的重要性》宣传册首先诞生了。宣传册图文并茂，彩色印刷并附有"前方来信"、"战士心愿"。册中形象生动地描绘着："各位可以闭上眼睛想想看，在烈日当空、挥汗如雨的环境中执行作战任务，喉咙干得像着了火，战士们最向往、最需要的是什么？不用说，当然是他们以前经常喝的、清凉如冰的可口

可乐。"这赢得了记者招待会上国会议员、军人家属还有国防部官员的阵阵掌声。国防部不但同意把可口可乐列为军需用品，还支持在军队驻地办饮料生产厂。国防部公开宣布："不论在世界任何一个角落，凡有美军驻扎的地方，务必使每一个战士都能以5美分喝到一瓶可口可乐。这一供应计划需要的全部设备和经费，国防部将给予全力支持。"

在五角大楼的支持下，可口可乐公司在1941年后的不到3年内，就向海外输出了64家生产加工厂。到大战结束时，可口可乐作为"军需用品"的销售量已经达到50亿瓶。

写到这里，我不禁想起了抗战中的上海祥生。上海祥生的成功与可口可乐的成功有异曲同工之妙。

在上个世纪三十年代的上海出租汽车业中，共有大小出租汽车公司48家。祥生是华商中规模最大的出租汽车公司，有汽车220部，代表着中国民族产业与美国人高尔特兴办的云飞出租汽车公司逐鹿上海滩。

1931年的"九一八事变"拉开了日军侵华战争的序幕。在民族危亡的紧迫局势下，民族资产阶级也加入了抗日的洪流。1931年9月12日，北平各界反日救国大会通电全国，提出"对日实行不合作主义"主张。上海也掀起了对日经济绝交、查禁封闭日货、拒收日钞的爱国运动。

"四万万同胞请拨打40000号"，就在这乱世之时，祥生出租汽车公司打出了这句饱含民族感情的广告口号，一时间，在上海滩的十里洋场上，祥生黄色的出租汽车几乎成了爱国主义的象征。许多具有爱国激情的社会上层人士及许多民族资本家因此纷纷拨打祥生公司的电话号码。使得祥生出租汽车公司在大量民族工业濒临倒闭、经济大萧条的时期立于不败之地，并且营业额猛超"出租车第一"的云飞公司，一时传为佳话。

《孙子兵法》说："因变而生者，谓之神也。"对于一个创新者而言，

变化是健康而正常的，变化中往往蕴藏着无数的机会，关键在于如何敏锐地发现变化并予以及时地运用。具体到广告运动，外部世界的变化对于广告策划与决策更是至关重要。外部世界的变化无时无刻不在，小至一次偶然事件，大到一个社会变动，任何一个变化其间都隐藏着无数的商机。

然而，偶然事件与社会变动，在规模与影响方面存在着巨大的差异。偶然事件，谓之时机，主要是指那类在有限区域发生的、布局历史必然性的突发事件，它对社会经济、政治、文化生活所构成的冲击微乎其微。而社会变动则不然，它往往指大面积发生，涉及社会各个层面，而且对人们的心理、社会各方面格局构成长时间的冲击、震动的历史事件。它的发生就有强大的历史必然性，不是凭人们的主观意志就能加以避免、防范的，如战争、社会动乱，我们谓之为"时代"影响。

时代影响广、深、远的特征决定了它在广告策划上的利用价值。广告策划如同海上行船，如遇时代之巨风，或调整战略，来个"好风凭借力，送我上青云"；或墨守成规，落个舟毁人亡的下场。如战争这样极大的破坏性之后必然有上好的利用因素。可口可乐与中国的祥生出租汽车公司就是利用时代为其销售服务的例子。

1939年爆发的第二次世界大战，使全世界数十个国家卷入战争的狂澜，世界经济遭到极大破坏。除了生产钢铁、武器等少数行业的一些工厂外，大量的企业濒临倒闭。美国虽远离战争本土，也无法逃脱此厄运。可口可乐在战前对法国等几个欧洲国家已有微量的海外出售。"二战"爆发时，海外出口大量萎缩，国内的生产厂家有三分之一濒临倒闭。在这样的社会环境中，不知多少自谓"英雄志士"的人要大发"生不逢时"的感慨了。然而他们忘记了一点——创新的机会是无所不在的。一些决策者往往以"不合时宜"为由否决创新的存在。其实，这是一种怨天尤人、悲观被动的思考方式。创新需要一种洞察力，需要一种胆识，能够发现变化、机会和新的现实，发现已被大多数人确信为客观事实的事物与实际上已经成为新的客观事实的事物两者之间的不协调，并加以协调发挥。"二战"期间，伍德鲁夫所发现的这两

个不协调的现实就是美军被源源不断地输送到世界各地（实际上已经变成新的客观事实的事物）和在外的美军无法喝到可口可乐（大多数人确信为客观事实的事物）。如何解决这一不协调，并配合公司发展呢？——借助国防部的支持向全世界的美军官兵输送5美分一瓶的可口可乐饮料。争取过程，并不是一帆风顺的。伍德鲁夫遇到了从董事会到国防部官员的重重阻力，然而凭借自己的判断和果断，他终于完成了这一对于可口可乐发展具有重要意义的成功战略，从中也显示出伍德鲁夫机智、果敢、坚韧的人格魅力。

　　广告对时代的利用，可以具体分为对时代现实需要的利用和对时代心理需要的利用两个方面。可口可乐从驻外美军炎热的生活环境出发，运用低价提供可口可乐，满足美国官兵现实生活中的生理需要，这是广告对时代现实需要进行利用的一种方式。而中国20世纪30年代祥生汽车出租公司"四万万同胞请拨打40000号"的广告创意，则属于广告对时代利用的第二个方面——对时代心理需要的运用。30年代的上海，能够坐上出租车的华人以民族资本家、白领阶层为主。1937年卢沟桥的枪声拉开了全国人民抗日救亡运动的序幕，以民族资产阶级为主的中坚力量在民族矛盾的激化下也开始了抵制日货、拒收日钞的抵抗活动。特别是"八一三"事变之后，上海的民族救亡运动达到高潮，民族资本家、白领阶层也积极加入了救亡的洪流。反日的民族情绪成了当时上海社会心理的一个重要特征。在那个烽烟四起的年代，反日情绪的高涨，同时也意味着民族情节深；民族情结加深的结果往往是对一切外来民族的敌视心理。一个难得的商业契机展现在祥生出租汽车公司的眼前。在上海的出租汽车行业中，祥生公司的规模、营业量排整体第二，仅次于由美国人高尔特开办的云飞出租汽车公司。利用民族情结的加重，祥生拟出了"四万万同胞请拨打40000号"，将公司的民族性质与云飞完全对立，使得以民族资本家、白领阶层为主的消费大众迅速向祥生转移。另外，社会心理还具有一种同化作用，使得那些本无强烈民族情感的人们也处于一种与社会保持一致的心理而选择了祥生。

　　可口可乐和祥生出租车都通过对时代的利用取得了良好的广告效果，但

我认为二者之间仍存在着客观环境、层次方面的差异。在客观环境方面，首先，美国"二战"时远离战争本土，可口可乐不受战争的直接威胁，大有"攻可进、退可守"之优势；而祥生处于民不自保的环境中，其对时代的利用自然只能停留在广告口号的创意层面，无法进入战略高度；其次，可口可乐的随军计划得到国家政府的大力支持，国防部将其列为军需品，自然保证了此次宣传计划的规模及影响的深度与广度，而祥生仅限于民族资本家的个别行为，所以难以产生规模效应。

从广告层次上看，可口可乐自1886年创建以来，从未放松过对产品的宣传，已经形成一套整体战略。"二战"的随军计划不过是一个有目的、有步骤的策划系统，为公司的总体目标、战略服务。而祥生在中国广告业本身落后的情况下，不可能有意识地发展系统战略，对时代的利用仅限于创意浅层次。

利用时代，从中制造宣传契机，这是有勇有谋的广告智慧；勇敢接受变化的存在，并主动予以把握、利用，则是更高的人生智慧。

保洁系列洗发用品

保洁公司（P&D）被誉为"日用消费品大王"，它各类产品行销全球，每年均创造出惊人的销售业绩，为此，它所支付的广告费用也是相当可观。多年来，保洁公司是世界上最大的广告业主，1990年其广告支出即达22.845亿美元。

20世纪90年代，保洁公司以强大的广告攻势打开了中国洗发水市场的大门，到90年代末，保洁已经占据了这一市场的半壁江山。值得我们注意的是：在开拓市场、占领市场的过程中，保洁成功地运用了多品牌战略，先后推出海飞丝、飘柔、潘婷等多种品牌。

广告中，三种品牌均有不同的个性表现：海飞丝——头屑去无踪，秀发更出众；飘柔——亮丽、自然、光泽；潘婷——拥有健康，当然亮泽。最初，消费者产生疑惑：一家公司同一类型产品推出三种品牌，不是兄弟厮杀吗？但这正是保洁的精明之处，正是靠着这种多品牌战略，加上不俗的广告表现及促销新手段助威，保洁获得了空前的销售业绩。

保洁的成功在于，它通过广泛周密的市场调查，进行科学的市场细分，集中全力、适时推出几种不同定位的产品，来满足不同消费群体的不同需求。保洁赋予同一类型产品以不同的品牌个性，使每一品牌都在不同需求的消费者心中留下深刻印象，而在整体上树立了统一的企业形象，并给人以实力雄厚、值得信赖的感觉。

我们已经知道，海飞丝、飘柔、潘婷都来自于一个家庭即保洁公司，三

种品牌一投放市场，便引起中国消费者的广泛关注。首先是因为表现不俗的电视广告片，一反当年各洗发水广告的单调模式，将秀发的柔顺亮丽拍摄得出神入化，使亿万观众叹为观止，而层出不穷的广告新片竟让大家着了迷。北京国际广告研发所进行的"北京人最喜欢和最讨厌的电视广告"调查结果表明，北京人最喜欢的8个电视广告中，保洁公司占4个，飘柔位居榜首，潘婷为第三名，海飞丝排第七。可见，此三种品牌均在消费者心目中留下了深刻的印象。不仅如此，据1995年初进行的消费者调查显示，洗发水中，海飞丝、飘柔、潘婷分别在消费者的实际购买力、理想品牌和购买计划中占据着前三名的位置，也就是说，这三种洗发水品牌定位清晰，人们没有因为它们是同一类型产品洗发水和来自同一个家庭——保洁而将它们混淆，而是记住了它们不同的个性，为头屑烦恼的人会去找海飞丝，希望头发光亮柔顺的会用飘柔，因头发"营养不良"而致枯黄分叉的则会寻找到潘婷。

保洁的多品牌战略并不是把同一类型产品简单地贴上几种商标，而是根据消费者对产品的相异需求心理追求同类产品不同品牌之间的细微差别，使每个品牌均拥有鲜明个性，都有自己的发展空间，占据不同的细分市场，不会产生重叠。

与多品牌战略相对立的是单一品牌战略，也称统一品牌战略。同一品牌指的是一种产品一个品牌，甚至统一集团的不同产品也是一个品牌。事实上，大部分企业都实行单一品牌战略，如我们所熟知的索尼、松下、长虹、海尔等，保洁的竞争对手力士也实行统一品牌战略。统一品牌战略能使企业较少宣传成本，品牌易于被顾客接受，有利于统一企业形象的建立。力士拥有香皂、洗发水、沐浴露等多种产品，但它们共用一个名字——力士，并且在产品的包装上具有一致性，广告片则无一例外地选用国际影星为其品牌形象，这就使力士向消费者传递信息标准化了，一旦消费者接受其中一种产品，受用后感到满意，消费者就会很容易接受力士的其他产品，力士公司能够最大限度地节约广告成本，从而获得规模经济效益。大部分跨国企业都运用统一品牌战略，一方面是出于"全球战略"的考虑，希望能够在世界市场

上实现"大统一";另一方面,当公司新产品出现时,能够利用成功品牌的知名度和美誉度,从而以较低的营销成本"搭便车"销售。

但是,单一品牌也非万全之策。一种品牌树立起来后,很容易使人形成固定印象,不利于品牌的延伸。比如一家长期生产空调的企业突然退出同品牌的彩电,就会使消费者一时无法接受。在中国,创维意味着彩电,海尔意味着冰箱,这都在消费者脑海中形成了固定印象。假设某一天,创维开始生产冰箱,那厂家将耗掉多少广告费使消费者认同"创维"冰箱呢?我们不妨来看看金利来的例子。大家都知道"金利来,男人的世界"这句广告语。1994年,金利来推出"女装系列"广告,让人惊诧万分,人们怀疑金利来是否还是"男人的世界"。其实,人们购买的不仅是金利来产品,更是一种男人的象征、一个心理上的附加值。无法想象一种东西能同时象征两种迥然不同的世界,其广告效果可想而知,一年后,女装系列广告从电视上消失。

正因为统一品牌战略的不足之处,保洁才选择了适合自己发展的多品牌战略,试想,若只推出海飞丝一个品牌的洗发水,就只有那些想去头皮屑的人才会购买,保洁在洗发水市场上就只能占有极其有限的份额。倘若以海飞丝一个品牌开发出不同特征的洗发水,则又显得混乱不堪,不易给人以稳定的品牌形象。倒不如划出几个品牌来分别占领不同的市场,让每一个个性鲜明的产品去满足不同消费群体的需要。

多品牌战略由于品牌多,造成竞争对手的包围态势,有利于提高产品的竞争力,延长每个产品的寿命。统一品牌战略是一对一的战略,不免显得单薄,而多品牌可以多对一,给人以实力雄厚的感觉。

许多人认为,多品牌战略容易引起兄弟间的自相残杀,但是保洁认为,最好的方法就是不断向自己挑战,与其让竞争对手开发出新产品来分自己的市场,倒不如自己攻击自己,让本企业各种品牌的产品分别占领市场,以巩固自己总体的领导地位。

除了保洁公司将多品牌战略发挥得淋漓尽致之外,可口可乐公司也可以说是个典范。在中国,可口可乐公司旗下的品牌有可口可乐、樱桃可乐、雪

碧、芬达等数十种。每一品牌在饮料市场上均占有可观的比例。这同样是可口可乐公司在向自己挑战，自行瓜分市场，对其他竞争对手形成军团作战式的阵容。

　　然而，多品牌战略也非十全十美。一种产品，多种品牌，经营不好，易使人产生混乱感。以容声冰箱、科龙空调为例。当容声冰箱稳居全国销量第一的位置后，公司又进行空调的生产，然而不再以"容声"冠名，而树立了又一个品牌——"科龙"，经过一年的广告宣传，消费者记住了科龙，但大多数的消费者都以为容声、科龙是两个不同企业的品牌。如此一来，广告费出现浪费，企业形象的统一性遭到破坏。直到1994年，公司意识到问题所在，才将广告语"容声科龙是一家"加在每则广告片的末尾。保洁公司在每则广告片的结尾，也会有保洁的标志及"广州保洁"的口号出现，即是在强调这些不同品牌的产品都是属于保洁一家。

　　多品牌的建立，无疑要耗费大量的广告费用。当年，资金雄厚的保洁推出各种品牌时，也不是蜂拥而上，而是重视时机的选择与安排，先后推出各品牌，然后将诉求、表现不同的广告片滚动式播出，以使各品牌在消费者心目中有准确的定位。

　　同一品牌与多品牌战略仅仅是企业用于推销产品的两种不同手段而已。如何来选择运用，要视产品本身的特征以及同类产品的市场竞争态势而定。

　　在市场竞争异常激烈的今天，发展一个新品牌需要投入大量广告费用，且广告周期长，是高风险的营销行为。一般说来，只有实力雄厚、品牌推销经验丰富的企业才可选择多品牌战略。社会在求同存异、异中求同的过程中不断发展，商品的发展也一样。不管是统一品牌战略或者是多品牌战略，只要能够促进产品的销售，满足企业的良好发展态势，就是好的战略。当然，除了领导大局的战略外，不俗的广告表现及得力的促销手段，这些战术也是必不可少的。

小霸王学习机"拍手篇"

一提到小霸王学习机，80后肯定有一种十分亲切的感觉，因为小霸王学习机伴随着80后乃至90后的成长。

电视画面上一群可爱的孩子每人面前一台"小霸王"电脑学习机，他们边做"拍手"游戏边念着"拍手"儿歌。整齐、稚嫩的童音极富节奏感而又充满生命活力地念着：

你拍一，我拍一，新一代的学习机。

你拍二，我拍二，学习游戏在一块儿。

你拍三，我拍三，学习起来真简单。

你拍四，我拍四，包你三天会打字。

你拍五，我拍五，为了将来打基础。

你拍六，我拍六，小霸王出了"486"。

你拍七，我拍七，新一代的学习机。

你拍八，我拍八，学习游戏顶呱呱。

你拍九，我拍九，21世纪在招手。

在某种程度上可以说，广告就是把握感觉的艺术。现代社会的发展，人们越来越注重自身的因素，尤其是感觉。良好的感觉已成为许多人追求的目标，而在社会整体的意义上，"跟着感觉走"也已经逐渐形成一种明确的价值取向。在这样的社会文化背景下，商品所能带来的感觉成为不少广告诉求的重点，附有情感与感召力的感情诉求广告便找到了大行其道的

环境。这种重在抓住感觉的诉求方式，以挖掘或赋予商品某种价值观及情感为突破口，使消费者产生同样的感受，引发消费者的认同，进而产生购买行为。

人的情感是最丰富的，也是最容易激发的。广告的最终目的是促进销售。要能有效地激发消费者的购买欲望并进一步将欲望付诸实践，广告带给消费者的感情刺激非常重要。消费者购买行为的产生，除了对商品的使用价值的需求外，相当程度上取决于个人情感，取决于消费者对商品的喜爱程度。"小霸王"学习机的儿童歌的广告正是着力于消费者的心态，以温馨的情感树立商品的亲切感，在某种程度上，尽可能地减少商业味，把丝丝情感融入无情商业之中，从而被消费者所接受。

我们再进一步分析小霸王学习机的目标市场——家庭。家庭，是拥有众多美好感觉的地方，它是广告诉诸情感的极好场合。然而，家庭中各个成员的角色又不是一样的，因此，广告的感情诉求也就要有差异性。在家庭中，小霸王学习机的目标消费者是孩子，孩子是每个家庭的核心、未来与希望，所以"小霸王"必须考虑广告的感觉效果，要从孩子的特点出发。尽管最后掏腰包的还是大人，但这个广告的感情诉求却不能以大人为出发点，而应主要放在孩子身上。

看来，小霸王学习机只要略加考虑，就可以解决自己应该"说什么"的问题了。然而，怎样"说"出广告主题，如何将广告主题弹无虚发地打进家庭成员（当然主要是孩子）心中，"小霸王"在找到与主题相适应的形式方面，依然颇动了一番脑筋。它别出心裁地制造了一种和平、幸福、快乐的氛围，让一群聪明可爱的孩子做广告主角，做着现今几乎每个成人在儿时都做过的拍手游戏，唱着拍手儿歌。这种极富情趣、为人熟知的场面，不但"煽动"了电视机前孩子们的心，也唤起了电视机前大人们的美好回忆。这种"学习游戏在一块"的场面设计与节奏明快的儿歌广告词，一下子缩短了广告与受众的心理距离，在广告与人之间很自然地产生一种融洽、亲和与认同。

在广告的情感诉求运用时，有很多广告只注意了表达情感而无暇顾及商品，影响了广告传递商品信息的效果；而又有很多广告在理性诉求运用中，在向受众灌输信息时却语言呆板、口气生硬，加上插进很多术语，使理性广告不是内容太长就是患"硬化症"。小霸王学习机的"拍手"广告篇，灌输的信息同样很多，从一拍到九，陈述了"小霸王"的功能及新型、简单、易学等特点，内容不可谓不长，这是它理性诉求的一面。然而，"小霸王"妙在用了贴近生活的表达情感方式，将理性诉求内容包容进来，将理性诉求同样做得亲切动人。它使用通俗易懂的大众语言，陈述简洁明快，用儿童拍手欢迎、普通人也能接受的儿歌短句和歌词将理性劝说"软化"，从而有效地传递了商品信息，而且其中"包你三天会打字"、"为了将来打基础"和"21世纪在招手"更是富有鼓动性，它抓住了天下父母望子成龙的心态，儿童游戏画面又对孩子很有吸引力，这样，"小霸王"只用两条广告片，从一拍到九，就叫响了"小霸王"这个品牌。

美国著名广告大师大卫·奥格威说过："当我关上门来写广告时的心境是这样的：我总是假设我在一个餐会上坐在一位女士旁边，而她要求我告诉她应该买哪种商品，她在哪里能买到它。所以我就把对她要说的话写下来。如果可能，我就设法使得它们有趣、具有吸引力并有亲切感。"小霸王学习机正是循着奥格威的思路，摸准了广告成功的入口处，走进普通人的生活。虽然"小霸王"只是电脑家族中一个小字辈，但它也是高科技产品，而"高科技"这一概念太复杂，几句话说不清楚，而"小霸王"却聪明地运用了简截了当、浅显易懂的语言来诉说一个复杂的概念，并伴随着"包你三天会"的承诺、"为了将来打基础"的暗示和"21世纪在招手"的诱惑，将那些即将成为21世纪主人的"小皇帝"们的父母鼓动得坐不住了，谁愿意自己的孩子落伍？可见，这个"招手"的感召是极亲切有力的。

如果单独用语言来传播商品信息，要让人们一下子记住它是较困难的，但是，如果赋予语言一定的生活气息，再配上合适的节奏与韵律，那么记忆将会变得容易很多。"小霸王"正是在这个原理上运用语言表现形式的，它

将广告创意通过有韵律的歌词表现出来。一般来说，广告歌词应有这样几个基本点：

（1）韵律和节奏以及歌词要能给人留下强烈印象；

（2）必须清晰明了地传达产品或劳务信息；

（3）便于听众记忆；

（4）有与众不同的个性；

（5）老少皆宜。

"小霸王"广告儿歌的特点正在于歌词浅显明白，句子琅琅上口又为大众所熟悉，加上反复多次的相同语言，很容易给人留下深刻记忆。如果一首广告歌谣能给儿童留下深刻印象，那么孩子会在大人们面前唱，会在小朋友们面前唱，继而扩大影响面。这种广告的语言表达效果具有易记易流传的长处。因此不少广告语言都通过童谣或民歌或顺口溜、打油诗这样一些贴近生活的形式而走进消费者。有一种洗衣机的广告词就是这样的："阿妹今日笑嘻嘻，嫁妆买齐'四大机'，问她喜欢哪一件，五羊双缸洗衣机。"这个顺口溜十分便利地叙述了一个生活小故事，人情味极浓，没什么商业气息，受众便在轻松、亲切的氛围中记住了一个品牌——五羊双缸洗衣机。还有浙江"四明牌"水帘式漆雾净化机的广告也写成一首简明的打油诗："优质名牌不敢当，净化漆雾愿帮忙，寄予天下喷企业，欲求知音过钱塘。"这里没有艰涩难懂的专业术语，也没有唱片重复的吹嘘与标榜，有的只是谦和亲切的介绍，伴以通俗明快易懂易记的词语，极容易融洽上篇与消费者的感情。而在这种广告生活化的语言传递方式上，"小霸王"就更是"有口皆碑"了。

随着市场的发展变化，以消费者为中心的观念深刻改变了广告的运作，其一便是站在消费者立场上来确定广告的表现，强调广告应该说消费者关心的东西，而不是生产者引以为自豪的东西，突出能够为消费者带来的各种利益与好处。因此，广告由"强攻"转向了"智取"，注重和讲究广告的心理效果，尽可能地去适合消费者的口味，迎合消费者的愿望。情感化、生活化

的广告，成为广告表现的趋势。"小霸王"学习机广告正是采取了这种攻心为上的广告战略，将推销术语变成令人神往的画面和打动人心的亲切语言，"在商而不言商"，以贴近生活的方式与内容来打动消费者，让商品顺着自己架起的与消费者心灵相通的桥梁，走进千家万户。"小霸王"广告的影响力和这种学习机的销售力，都说明了这一切。

索尼与雀巢的命名策略

　　索尼公司创建于1945年，原名东京通讯工业株式会社。1953年，首次赴欧美考察的公司创办人之一的盛田昭夫，发现公司的名字太冗长，读起来也太拗口，不适宜印在产品上。回国后，盛田昭夫与公司另一创办人井深大共同商讨重新给公司命名的问题。盛田昭夫认为，公司的新名字必须在世界各地都能辨认，人们用任何语言都能同样拼读，同时，名字的字母要少，最多不能超过四五个字。他们二人尝试了几十次，查阅了各种字典，终于在拉丁文中发现了"SONUS"一词，意思为"声音"。当时，日本借用英语中俚语和绰号比较普遍，"SONNY"或者"SONUY BOY"十分流行，意思是"聪明的小孩"。最后，他们在"SONUS"和"SONNY"当中，选择了后者。但后来他们发现"SONNY"一词在受外来语影响极大的日本国内，很容易引起麻烦。因为"SONNY"在日语中会被读成"SOHNNEE"，意思是"损"，而一般人比较忌讳此字。于是，他们将"SONNY"中去掉一个"N"字，使其变成"SONY"。这样，"SONY"这个简洁、好听、易记的词就变成了东京通讯工业株式会社及其产品的新名称，并在1958年1月确立下来，沿用至今，成为世界名牌商标。

　　索尼的命名过程让我联想到了雀巢咖啡的命名过程。

　　雀巢公司原是一家以生产婴儿用奶粉为主的瑞士企业。1866年，当该公

司生产的婴儿奶粉首次在英国、法国、德国上市时，公司取名为盎格鲁·瑞士炼乳公司。由于公司名称没有个性，故其产品上市后反应平平。

此后，公司管理层改变策略，在已经上市的亨利·雀巢奶粉旁点缀一个鸟巢，并以鸟巢为商标，让人看到此商标，就想到温暖舒适的雀巢，想到婴儿食品。此商标一推出，即在消费者心目中留下了深刻印象，雀巢奶粉亦逐渐走红市场。随后，公司更名为雀巢奶品公司，并不断开发新产品，其中最著名、最成功的是雀巢咖啡（Nescafe）。该产品于1937年开发成功，次年在瑞士试销成功，1939年打开美国、英国、法国市场。经过六十多年的发展，以雀巢咖啡为主的雀巢公司，已经在65个国家拥有工厂和经营网点，成为世界上最大的食品工业企业之一，以雀巢咖啡为主的雀巢系列品牌也成为世界上最著名的品牌之一。

人们常说："名不正则言不顺，言不顺则事不成。"的确，一个好的产品命名对其顺利进行广告宣传，加深消费者的印象，进而成功开发并占领市场，都将产生非常重要的影响。在上述两个成功的命名案例中，索尼公司的命名策略，雀巢咖啡的名称由来，都是这方面的经典案例。

那么，产品命名应该遵循一些什么原则呢？

产品命名必须有个性，并具有唯此一家的排他性，决不能跟着别人亦步亦趋或者人云亦云。我们知道，产品名称是其属性、形象和信誉的标志，同时也是消费者了解、认识产品的重要窗口和途径。因此，在给产品命名的过程中，一定要首先考虑其名称是否具有产品独特属性、形象和信誉的表现，是否具有与其他产品相区别的个性特征，是否有利于消费者对产品的了解和认可。相反，如果产品命名不经过深思熟虑，处处显得普通、平常，缺乏个性，那么其结果可想而知：或在市场表现平平，或永远退出市场。索尼公司改名前的默默无闻、雀巢公司婴儿奶粉首度上市时表现得令人失望，无不说明了这一点。

与产品命名必须具有个性相联系，产品命名还必须具有唯此一家的排他

性，即必须具有创新性。万宝路、可口可乐、IBM、雀巢咖啡、P&G、索尼、柯达、富士、娃哈哈等世界著名品牌，无不与其他品牌相区别，是创新的典范。因此，在产品命名的过程中，唯有创新，才能不与其他品牌相雷同或相近似，也不能人云亦云，亦步亦趋。那种不讲究创新、产品命名随意的做法，断难命出具有世界影响的产品名称。因此，如果没有严肃、认真的精神，不愿意在产品命名过程中"众里寻他千百度"，不愿意为产品命名而"衣带渐宽终不悔，为伊消得人憔悴"，那么，就不会有"蓦然回首，那人却在灯火阑珊处"的惊喜，也不会诞生世界名牌。盛田昭夫和井深大在给索尼命名过程中所经历的绞尽脑汁、呕心沥血，是值得我们学习和借鉴的。

　　产品命名必须清晰、明白，不能模糊不清或者含混不明。我们知道，任何产品都有一定属性和特征，只有当这些属性或特征表现出来，才能被广大消费者所了解，并长久地记住。而要做到这一点，最有效的途径就是通过产品命名将其特征或属性表现出来。因此，在大多数情况下，最佳产品命名方式应该是清晰、明白地表现产品的特征或属性的，如"佳洁士"、"舒肤佳"、"飘柔"、"舒而美"、"美加净"等等。相反，如果产品命名模糊不清或含混不明，不能很好地表现产品的属性或特征，虽不能说一定不好，但其效果显然不如前者。

　　著名的《时代》杂志，是美国创办的第一家新闻周刊，已经获得巨大成功。按常理，再创办一家同类型的杂志同它竞争，无异于以卵击石，自取灭亡。但事实上，《新闻周刊》创立后，在同《时代》的竞争中不仅未落下风，反而后来居上，在每年出售的广告页数上超过了它。究其原因，关键在于《新闻周刊》的命名清晰、明白，能让读者了然于心；而《时代》则有些让人难以捉摸，更有甚者，认为其名称与《时间》等杂志类似，容易让人误解为它是一种报道钟表业的商业杂志名称。与《时代》相同的还有《幸福》杂志，该杂志由于名称不清，很难让人想到它的读者对象是以证券经纪人、商人或赌徒为主，倒是《商业周刊》的名字比它要好得多。

　　与此相联系，一些学者还探讨了一些毫无意义的杜撰产品名称取得成功

的原因。他们认为，第一家公司将新产品或新的观念送进顾客的心里就会成为名牌产品，不管它的名字叫什么。如可口可乐是制造可乐饮料的第一家公司，柯达是生产廉价胶卷的第一家公司，施乐是制造普通纸复印机的第一家公司。尽管他们的上述研究结果不无道理，但把毫无意义的杜撰产品名称的成功，归结为第一家公司将新产品或者新观念送进顾客的心里，就会成为名牌产品，未免太过绝对，也过于简单。实际上，他们没有注意到，一种新产品从刚上市到成为名牌产品，过程极为漫长，决定其成功与否的因素，除了产品命名外，还有很多很多，诸如广告营销策略是否得当，广告投入是否充足等等。

总之，产品命名应该尽量做到简洁、平易、流畅，并便于人们记忆，且公司名称与产品名称应该相一致。

当然，产品命名应该遵循的原则还有许多，以上几点是就其主要方面而言的。产品生产者应予以高度的注意。

第四章

了解销售学兵法

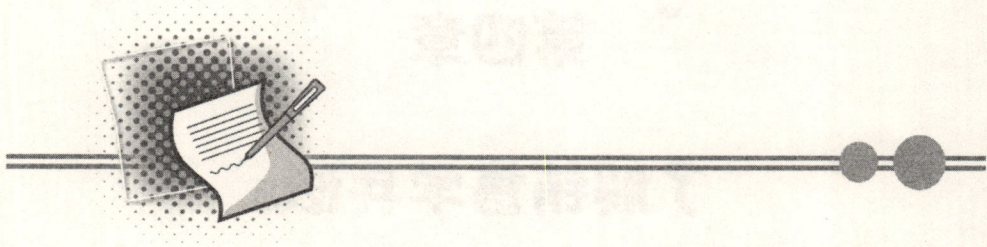

商场如战场，商战如兵战。在现在这个竞争激烈的商品经济大潮中，要想赚钱，光凭好的质量不够，光凭好的服务态度还是不够，还必须使用一些"诡计"。

本章将结合《孙子兵法》、《三十六计》以及古代兵家作战的战略，并结合古今中外最具代表性的小故事，向大家展示市场销售中的"兵法"。

欲擒故纵

欲擒故纵，"擒"即"捉"，"纵"即"放"。欲擒故纵是兵法三十六计的第十六计。原文为："逼则反兵，走则减势。紧随勿迫，累其气力，消其斗志，散而后擒，兵不血刃。需，有孚，光。"

欲擒故纵中的"擒"和"纵"，军事上，"擒"是方法，"纵"（使其降伏）是目的。古人有"穷寇莫追"的说法。实际上，不是不追，而是看怎样去追。把敌人逼急了，它只得集中全力，拼命反扑。对拼命抵抗的敌人不如暂时放松一步，使敌人丧失警惕，斗志松懈，然后再伺机而动，使其降伏或歼灭敌人。

诸葛亮"七擒七纵"降伏孟获

诸葛亮七擒孟获的故事，就是军事史上一个"欲擒故纵"的绝妙战例。蜀汉建立之后，定下北伐大计。当时西南夷酋长孟获率十万大军侵犯蜀国。诸葛亮为了解决北伐的后顾之忧，决定亲自率兵先平孟获。蜀军主力到达泸水（今金沙江）附近，诱敌出战，事先在山谷中埋下伏兵，孟获被诱入伏击圈内，兵败被擒。

按说，擒拿敌军主帅的目的已经达到，敌军一时也不会有很强战斗力

了，乘胜追击，自可大破敌军。但是诸葛亮考虑到孟获在西南夷中威望很高，影响很大，如果让他心悦诚服，主动请降，就能使南方真正稳定。不然的话，南方蛮夷各个部落仍不会停止侵扰，后方难以安定。诸葛亮决定对孟获采取"攻心"战，断然释放孟获。孟获表示下次定能击败你，诸葛亮笑而不答。孟获回营，拖走所有船只，据守泸水南岸，阻止蜀军渡河。诸葛亮乘敌不备，从敌人不设防的下流偷渡过河，并袭击了孟获的粮仓。孟获暴怒，要严惩将士，激起将士的反抗，于是相约投降，趁孟获不备，将孟获绑赴蜀营。诸葛亮见孟获仍不服，再次释放。以后孟获又施了许多计策，都被诸葛亮识破，四次被擒，四次被释放。最后一次，诸葛亮火烧孟获的藤甲兵，第七次生擒孟获，然后又第七次把他释放回去。诸葛亮的举动，终于感动了孟获，他真诚地感谢诸葛亮七次不杀之恩，誓不再反。从此，蜀国西南安定，诸葛亮才得以举兵北伐。

孙子兵法说："将欲取之，必先与之。"欲擒故纵之招法本意是指，想要捉住他，故意先放开他，已达到进一步控制的目的。

此法用之于销售活动，往往能诱发顾客的购买欲望，以达到销售的目的。

日本人片方善治说过："所谓推销，就是寻找那些需要商品而又有购买能力的人。推销没有什么秘籍，就是想方设法使消费者对商品发生兴趣。让本无兴趣的人对商品发生兴趣，进而诱使人们兴趣大增，以至于最后掏钱购买。这就是推销。"

名画被毁

有一次，在比利时的一家画廊里，一位美国商人正和一位印度人讨价还价。那位印度人手里有一批画，每幅画要价在10美元到100美元之间，而唯独

美国人看中的三幅画，印度人却每幅要价250美元。

对印度人这种"敲竹杠"的做法，美国画商很不满意，不愿意成交，并不断地指责印度人的画师多么得庸劣，岂料印度人怒气冲冲，摘下那三幅画中的一幅，立即将其付之一炬。

眼看着自己喜爱的画被烧毁，美国人心里十分痛惜，又问印度人剩下的每幅画要多少钱，印度人仍然坚持要250美元。美国人仍不愿意买下，这位印度人又将其中的一幅烧毁。

酷爱字画的美国人终于沉不住气了，他祈求印度人不要再烧毁最后一幅画，他要买下。但这位印度人却说："先生，这最后一幅，得要价750美元，因为要把前两幅的价钱加进来。当然，你要是不要，那我就只好把它也烧掉了。"

美国人情急之下，最后只好以750美元的高价，将这幅画买了下来。

这个印度人的成功，就在于他看准了美国人的弱点，欲擒故纵，烧毁两幅画，从而诱发顾客的痛惜心理和购买欲望，达到预期目的。

纵与擒是市场竞争中的对立统一体，在特定情境下，无纵则无擒，有纵则有擒。如果熟谙其相反相成、相生相克之理，应用于市场，必会在营销中张弛有度，擒纵有法。

买卖双方在讨价还价过程中，可将对方极为关注必欲获取的利益目标姑且放置一边，缓而图之，那么，达到目标是极有可能的。

对于行使此招之销售方，必须有远大的眼光，过人的耐性，斤斤计较、点点见利者是绝对做不到的。有时如果故意紧逼，只会使竞争对手舍此而去。因此，营销者通常表现为：故意做出"不在乎成交"的姿态，往往会给顾客制造"禁果分外香"的效应。

投其所好

"投其所好"语出《庄子·庚桑楚》："是故非以其所好笼之而可得者，无有也。"

美国人玫琳·凯曾说："顾客需要什么就给予什么，是我多年来始终坚持的经营之道。我能有今天这样的规模，是消费者给了我信心和支持，是我的合作伙伴给了我力量和动力。过去，现在以及将来，我不会忘记：顾客就是我的衣食父母。"

以人之"需"为己之"利"，以人之"好"为己之"求"。"投其所好"其实就是要摸透顾客或竞争对手的心理，顺着他们的爱好，讲他们喜欢的人和事，做他们想做的事，和他们产生思想感情的共鸣，然后一笑百"钱"生。

下面我们看一则小故事。

英国伦敦苏豪区彼科街有一家酒店，店主是威廉·格鲁比夫妇。虽然本小利微，赚钱不多，但格鲁比夫妇仍然生活得很快乐。因为，他们两个很有同情心，待人和睦，朋友很多。有时人们来并不买东西，只是聊天，或者倒倒苦水，或者说些开心的事。

有一天，店里来了4位客人，巧得很，这4人都是左撇子。左撇子碰到一起，自然会谈与左手有关的事情。无一例外，他们都大念苦经，说左撇子如何如何不方便，被人另眼相看不说，还受到世人"冷落"，因为所有的物品

都是按右撇子的需要设计的，左撇子用什么都觉得不顺手。

左撇子们的谈话，使格卢彼夫妇深受触动，他们想："这些人太不幸了，生活中竟有这么多不方便，为什么没有人考虑他们的需要呢？如果自己经营一家专门卖左撇子用品的商店，不是对别人有益，对自己也有利吗？"不过，开这种商店的前景如何，格鲁比夫妇心里根本就没有底，因为他们不知道，在人群中左撇子到底有多少，需不需要这种专门性的商品，为此，他们做了深入的社会调查，以便了解人们中用左手工作的有多少，想方设法听到他们的心声。

他们从美国心理学家拜尼克逊博士的研究结论得知，全人类中估计有34%的人是用左手工作的，不过有许多人从小就被迫矫正了。博士认为矫正是不足取的。格鲁比还从日本学者研究的结果中了解到，中、老年人改用左手是一种健康长寿之道。因为惯用右手的人，支配右手的左脑血管比右脑发达，从而使60%的脑溢血发生在右半脑。如果有意识改用左手，会大有益处，并且对右眼和右耳朵起到保健作用。

格鲁比经过一段时间的调查研究，决心开设一间"左撇子用品商店"。这是伦敦独一无二的特种商店。他们在商店陈列的左撇子用的商品几乎不亚于名流商店，商品一应俱全，从花卉剪、开罐器、指甲剪，到高尔夫球杆、手气枪等等，都是供左撇子用的。他们还在商店里宣传拜尼克逊博士和日本学者的有关见解。结果，经过一段时间的经营，果然取得成功，生意越来越兴隆，近年营业额每年达数亿英镑。格鲁比夫妇也因此步入巨商之列。

投其所好，首先应当是要打动顾客。从广义上来说，做任何生意都必须投其所好，如果别人不需要，就算有把稻草做成金条的本事，也难以让人接受。

投其所好主要是针对特殊群体的特殊需要。所以，投其所好的要义是细分市场，满足不同顾客的不同需要，以特殊的商品和服务赢得顾客的

青睐。

　　投其所好也适用于商业谈判中。做生意总免不了要谈判。在商业谈判中，商家们多有一种认同谈判术。所谓认同谈判术，即如果谈判对手之间有着同样的经历和爱好，则双方的思想感情极易产生共鸣，从而消除双方隔阂，尽快签订合同，达成协议。

反道而行

　　刘永行曾经说："经商没有固定的模式，任何所谓的经验和传统都是可以改变的，因为创新的时代一切皆有可能。这个市场上没有常胜将军，也不会有不变的戒律。我们所做的，就是要在改变中突破，在创新中发展，除此之外没有别的选择。"

　　破常规而创新，反传统而出奇。反道而行的精义是以新奇求变。面对千差万别的顾客，瞬息万变的市场，营销活动只是循规蹈矩，墨守成规，被动地适应市场，难有大的作为，如能敢于创新，反其道而行之，以奇制胜，主动地适应市场，则能吸引顾客，生意兴隆，财源广进。

　　下面我们看一则小故事。

　　在日本热海市的同类旅馆中，新赤尾旅店的建筑面积位居第五，而客房名列第三。该旅馆每年接待观光游客15万人，营业额为29亿日元，利润3亿日元。

　　这个业绩，固然不能与日本的一些"超一流"企业相提并论，但是，新赤尾旅店那与众不同，甚至"反道而行"的经营方针与指导思想，却是有口皆碑。

　　那么，新赤尾的"反道"，究竟"反道"在哪里呢？

　　如果研究一下，就会发现"赤尾"老板赤尾藏之助在许多方面，都突破了经营观光旅店的常识并竖起了自己的旗帜。其中较为突出的，有如以下几

个方面。

第一，尽量延长游客每天的住宿时间。传统的观念认为，缩短每天每位游客的住宿时间，可以充分提高客房的使用率，取得较佳的经济效益。但赤尾藏之助却反其道而行之，他宣布——凡是住进新赤尾旅馆的游客，每日进房时间为早上8点钟，退房时间为次日上午10点钟。这样，游客花24小时住宿费，便可享受26小时的服务。并且，如果游客提出要求，退房时间还可延长至下午1点钟，不需多付钱。这样做的结果，吸引了大批游客住进新赤尾旅馆，使该旅馆不管是在淡季还是在旺季，生意都很兴隆。

第二，适当控制住宿人数，优先向全家旅行的游客服务。一般的旅馆老板认为，旅馆客房全部满员，过道、客厅、歌厅人来人往，一派繁荣，表示生意兴隆，可以吸引游客。所以，各家观光旅店，不愿意为人数较多的团体游客服务，而把人数较少的全家外出旅游的游客放在次要地位。为此，许多旅店常常不惜折价招徕团体游客，以保证客房的高住宿率。对此，赤尾藏之助并不尽以为然。

他认为，旅馆经常被游客住满，固然不坏，但也未必就是最好，他的观点是，游客们到风景区观光旅游，是为了敬请享受优美的自然景色和旅馆安逸舒适的生活。如果旅馆内时时刻刻到处人声鼎沸，势必破坏那种宁静、安逸的气氛，影响游客的兴致。而团体游客人数较多，往往一出一入就是一大帮。由于他们之间彼此熟悉了解，无拘无束，说起话来声大气粗，无论进餐还是娱乐，往往都嬉笑打闹、喧哗不已。正是他们最容易破坏旅馆的气氛，并且，为他们服务，旅馆往往还必须折价。

因此，新赤尾旅店并不像其他旅馆一样，千方百计吸引集体游客，它即使接待，也尽量控制人数。反之，对于全家旅行，特别是新婚旅行的游客，与团体游客不同，他们喜欢静静地交谈，优先的享受。贯彻优待家庭游客思想的结果，是新赤尾旅店始终保持一种优雅、静谧的气氛，反过来又为旅馆吸引了更多游客。

第三，为顾客提供一些免费服务。通常，观光旅游的经营者都认为，游

客们既然外出游览观光，一定不会在乎几个钱的。因而，凡是住进旅馆，不论游客做什么，都要收费。对这种经营思想，赤尾藏之助大为怀疑。他的做法有种不同。在新赤尾旅店，游客们可以免费享受到一些服务。比如，游客们的早餐咖啡，以及洗温泉澡后享用的橘子水等，都是不用掏腰包的。至于娱乐设施和器材，游客们能免费享受的项目就更多了，像玩麻将和打乒乓球，都不向游客们索取费用。有人问赤尾藏之助："你们免费提供打乒乓球，如果孩子们和初学者损坏了器材怎么办？"他毫不迟疑地回答："如果把乒乓球台放在又脏又乱的地方，人们当然会不加爱惜；但如果放在装饰一新的漂亮场所，并且还免费使用，那种情况是不会出现的。"新赤尾旅馆免费提供的一些服务项目，虽然微不足道，但却给人们留下了良好的印象，有利于旅馆招徕更多的游客。

正是由于新赤尾藏之助能打破常规，在经营上采用了反道而行的奇特招法，新赤尾旅馆不仅能同任何对手竞争，而且一直充满生机，稳步发展。

反道而行的营销活动，要打破传统的固有思维方法，避免重蹈传统方式的旧辙。打破常规、标新立异、与众不同，往往能令人耳目一新，使销售取得成功。

出奇制胜

《史记·田单列传》曰："兵以正合，以奇胜；善之者，出奇无穷。""出奇制胜" 即由此演变而来。

出奇制胜是兵家克敌制胜的一大法宝。一般说来，常规的战法为正，变化的战法为奇。出奇制胜的主要内容有：一奇时，即利用反常的天时；二奇地，即选择反常的地利；三奇计，即谋划反常的计策。

田单大摆火牛阵

田单是齐王的远房宗亲。燕国派大将乐毅讨伐齐国，攻下齐国的都城临淄，田单带领家人逃到即墨城。不久燕军又围攻即墨城，即墨守将与燕军交战，死在阵上。大家便拥立田单做了将军，继续抗燕。这时，燕昭王死了，他的儿子燕惠王即位。田单施展反间计，派人到燕国都城散布言论说："乐毅与新王不和，他所以不攻下莒和即墨这两座城池，是因为自己想当齐王。"燕惠王本来就忌恨乐毅，听到这些话，就更加怀疑了，便命一位既无才又无能的将军骑劫代替乐毅，继续攻打即墨城，并召乐毅回都城。田单认为反攻的时机成熟了，于是从城中挑选一千头牛，在牛身上披上五彩斑斓的被子，在牛角上缚上锐利的尖刀，在牛尾束上浸透油脂的芦苇。夜里，田单

命人先在城墙上凿了几十个洞，然后将牛群赶出城外。一千名士兵一起点燃牛尾上的芦苇。那些牛因为尾巴灼痛难忍，便拼命狂奔，向燕军驻地直冲过去。五千齐国精兵紧随其后，大声呐喊，冲向燕军。燕军从睡梦中惊醒，只见外面火光冲天，喊杀声震天。一群头有尖刀、身披彩被的"怪物"飞奔而来，碰上它们的，非死即伤。燕军乱成一团，纷纷夺路逃窜，主将骑劫当场被齐军杀死。田单乘胜挥师追击，一直打到齐燕两国原来的边境上，收复了被燕军占领的全部城池和土地。

在市场营销中，出奇制胜的要诀是用于开拓市场，敢做别人意想不到的事情，敢于走别人没有走过的道路，从而达到自己欲达到的市场目标。

海尔首席执行官张瑞敏先生说："我们从来不怕竞争，不管对手来自国内还是国外。我相信海尔虽然起步迟，只要勇于创新，坚持到底，照样能超越别人。我们就是要走别人没有走过的路，敢于做别人想不到的事，不这样，中国企业永远不会有自己的名牌。"

下面我们看一则小故事。

一般的店铺都是选个好地点，再选个黄道吉日开业，以求大展宏图，万事顺利。然而让人匪夷所思的是，在日本神户偏偏有人要选有"鬼"作怪、别人望而却步的地方，而且还选定别人最忌讳的日子开业。这个人就是当过火灾保险公司经理的久保田一平。

某日，有个人前来对他说："有栋可做店铺的房屋，价钱非常便宜，大约是时下价格的1/3，你有意买吗？"

神户市有很多人知道这栋房屋，但是没有一人敢买。因为这栋房屋曾经发生过命案，听说鬼魂时常出现，十分阴森恐怖。

然而久保田却有些心动了，他情不自禁地在内心喊道："我还有充沛的热情和活力，在人浮于事的今天，把它廉价买下后，动些脑筋，开给点，利用鬼魂出没的谣言好好宣传一番，那么一定有利可图的。"

他有了把鬼屋改造成店铺的希望和信心之后，不久就毫不犹豫地拿出退休金，把这栋房屋以廉价买下。当他买下后，一些人包括亲戚、朋友，都嘲笑他是一个无药可救的大傻瓜。

然而他毫不介意。"世界上哪里有鬼？他们虽然嘲笑我，但是相信世界上有鬼的人才可笑！等着瞧吧，我要开一家饮食店，没有多久，就会成为一个财主！到那个时候，笑我的人到底会有什么样的表情？"

人家嘲笑他，他就以这样美好的远景来安慰自己。而另一方面，他默默地在准备开饮食店，选定11月13日星期五开业。这天正是日本航空公司发生大空难的周年纪念，也是被全国人民视为一年当中最不吉利的日子。这一天一般人都是尽量不出门的。

开张那一天，这位不信鬼的先生就利用众人信鬼神的心理大肆宣传。他邀请了数百名亲友来观礼，又邀请了5名道士前来念经，大做捉妖、驱鬼的法道。

由于很多人未曾见过这种有迷信味道的古代仪式，因此立刻吸引了成千上万的行人驻足观看。被招徕的人士更是印象深刻，感到新鲜而有趣。

这一招引起社会人士的好奇，大家纷纷都前来一睹这个曾经闹过鬼的饮食店的庐山真面目。就这样，他热热闹闹地开始做起生意，每天不知有多少人前来观光。

几年后，久保田真的成了一个大财主，在神户市拥有16家分店。

大富翁鲍格说："如果肯动脑筋，无论出于何种境地，任何时地，都是有大钱可赚的。"

出奇制胜的核心是创造性思维，需要摒弃惯性思维定式，突破常规、常法和常识，敢为人先。

出奇，但不能脱离实际，出奇的实质是用一种与众不同的适应市场潜在需求的新潮方式招徕顾客，所以应用此招必须洞悉市场的潜在需求。

无中生有

"无中生有"语出《老子》："天下万物生于有，有生于无。"演绎到后世，成了把无说成有，凭空捏造的意思。

美国的里蒙·斯通曾说："销售是否成功，决定于商家，而不是顾客。不管我们推销什么，自己必须先对商品产生兴趣，才能信心十足地介绍给顾客。有兴趣，也就乐于努力付出，不以为厌、不觉得吃力，把不可能的变成可能，这样说服力也就在无形中提高。"

在营销中，本法之要义，在于人为地制造一些"假"象，由"虚"变实，以"假"求真，使顾客真假难辨，给予认同，从而打开市场，畅其销路。

我们看下面一则小故事。

在商战营销中，运用"无中生有"之招法最有代表性的是一位美国籍的意大利人——吉诺·鲍洛奇。对豆芽一窍不通的他，也不喜欢中国食品，但是，他不但变成了"豆芽大王"，也成了世界最大的中国食品供应商。他的成功，是与他对"无中生有"之招法的娴熟运用密不可分的。

他所在的公司经销果品，一次由于工作失误，18箱香蕉在冷冻厂受损，骤然间香蕉皮由黄绿色变成了黄黑色，万幸的是，香蕉仍然可口，味道没有太大的变化。他来不及通知老板，就在店门口摆满了香蕉，然后便开始吆喝：

"快来买啊，刚到的'阿根廷香蕉'！"

"快来尝啊，多好的'阿根廷香蕉'！"

其实，阿根廷根本就不生产香蕉，可是并不是所有的人都有这种经济、地理常识，更多的人倒觉得这个名字蛮有味道的，听起来很高贵、气派，又是进口香蕉。一个个顺着他的叫卖声围拢过来，不到一会儿功夫，就挤满了一大片，争着瞧"阿根廷香蕉"到底与一般香蕉有什么不同。吉诺·鲍洛奇被众人围在当中，真可谓风雨不透、水泄不通。

鲍洛奇就是这样利用自己的聪明才智巧施小计，仅用3个小时的时间就把18箱香蕉倾售一空。从此，老板更加佩服他的行销天才，同时也更加器重他。

在第二次世界大战炮火正浓之际，美国市场上大部分商品的供应都很紧张，而蔬菜、果品就更别提了。此时鲍洛奇已经从大学法律系毕业，从事法律工作，在当时被公认为是最有前途的行业。但是他毅然放弃了法律专业，瞄准时机，果断地选定做蔬菜生意。可至于具体怎么做，他心里还没个谱。他考虑了几个行动方案，经过一番斟酌后，又统统否定掉。偶然间，他听说住在明尼苏达州的日本侨民以人工方法生产培植豆芽，在市场上很受欢迎。因为当时正值战乱，市场一片混乱，交通也很不方便，有些地方根本买不到新鲜蔬菜，于是鲍洛奇就从此做起了豆芽生意。

豆芽明明是他雇用几个日本侨民加工生产的，而对中国文化、民俗风情略通一二的他却别有用心地声称这是中国人生产的中国食品，并给它取了一个漂亮的名字——"芙蓉"。这可真是彻头彻尾的"无中生有"。被他冠之以"芙蓉"的豆芽菜深受消费者的喜爱，在市场上畅销不衰。

通过上述故事我们可以得出，在销售中，要善于利用"有"与"无"的转化把对手搞懵，造成一系列假象，使对手判断失误，从而达到以小的代价换取大的胜利的效果。

此招在运用过程中，对"无"要做好足够的铺垫，才能让"有"起作

用，以达成营销目的。

营销竞争，以无示有是诳计，但诳不可持久，用假象来迷惑竞争对手，关键要虚虚实实且虚中有实，若是完完全全的无中生有，则不可能保持很长的时间，易被人识破。故一个"生"字乃本计要旨，舍此则本计不能成行。

声东击西

《淮南子·兵略训》："故用兵之道，示之以柔而迎之以刚，示之以弱而乘之以强，为之以歙而应之以张，将欲西而示之以东，……"唐·杜佑《通典·兵六》说："声言击东，其实击西。""敌志乱萃，不虞，利其不自主而取之。""声东击西"即声张击东而实击西，制造假象，迷惑敌人，当敌人形成错觉之时，攻打的却是敌人另一个没有防备的地方，从而一举获胜。

班超大败莎车国

东汉时期，班超出使西域，目的是团结西域诸国共同对抗匈奴。为了使西域诸国便于共同对抗匈奴，必须先打通南北通道。地处大漠西缘的莎车国，煽动周边小国，归附匈奴，反对汉朝。班超决定首先平定莎车。莎车国王北向龟兹求援，龟兹王亲率五万人马，援救莎车。班超联合于阗等国，兵力只有二万五千人，敌众我寡，难以力克，必须智取。班超遂定声东击西之计，迷惑敌人。他派人在军中散布对班超的不满言论，制造打不赢龟兹，有撤退的迹象，并且特别让莎车俘虏听得一清二楚。这天黄昏，班超命于阗大军向东撤退，自己率部向西撤退，表面上显得慌乱，故意放俘虏脱逃。俘

虏逃回莎车营中，急忙报告汉军慌忙撤退的消息。龟兹王大喜，误认班超惧怕自己而慌忙逃窜，想趁此机会，追杀班超。他立刻下令兵分两路，追击逃敌。他亲自率一万精兵向西追杀班超。班超胸有成竹，趁夜幕笼罩大漠，撤退仅十里地，部队即就地隐蔽。龟兹王求胜心切，率领追兵从班超隐蔽处飞驰而过，班超立即集合部队，与事先约定的东路于阗人马，迅速回师杀向莎车。班超的部队如从天而降，莎车猝不及防，迅速瓦解。莎车王惊魂未定，逃走不及，只得请降。龟兹王气势汹汹，追走一夜，未见班超部队踪影，又听得莎车已被平定，人马伤亡稍重的报告，大势已去，只有收拾残部，悻悻返回龟兹。

　　班超就很好地运用了"声东击西"的计策。营销中运用此法往往能达到避开竞争对手之锋芒，以最小的投入而达到自己之目的。

　　松下清之助曾说过："空有超凡的技术和独特的产品，并不足以维持企业的生存，因为这也许不能再已经形成的市场中占有位置。经销商品，不仅要知道产品好在哪里，也不需直到怎样把商品卖出去，这样说服不了顾客换个方式说，这里卖不好，换个地方卖。"

　　我们来看下面一个小故事。

　　有一年，日本京都窑业公司的稻盛和夫只身前往美国。他此行的目的，并不是要开拓美国市场，而是为了打进日本本土的市场。

　　当时日本市场上美国制品占有大半的市场，大的电器公司只信任美国的制品，根本不采用日本厂商自己生产的东西。

　　面对这种局面，稻盛灵机一动，既然日本市场有如铜墙铁壁般难以打入，不如以高招取胜。高招就是使京都窑业公司的制品变成美国产品。

　　他们的做法是使美国的电机工厂使用京都公司的产品，然后再输入日本，以引起日本厂商的注意。届时，再来开拓日本市场就容易多了。

　　而美国厂商不同于日本的厂商，他们不拘泥于传统，崇尚合理与自由，

不管卖方是谁，只要产品精良，经得起他们的测试，就可以采用。

话虽如此，想在美国行销产品也不是一件容易的事。稻盛从西海岸到东海岸，一家一家地拜访，访遍所有电视、电子制造厂商，一再遭到失败，但稻盛并不气馁，终于在拜访数十家之后碰到德克萨斯州的路缅公司。

这个公司为了生产阿波罗火箭的电阻器，正在寻找耐高温的材料，经过非常严格的测试后，京都的产品终于击败西德和美国知名大工厂的制品而获得采用。

这是一个转折点，也正是稻盛所希望的。京都公司的产品获得路缅公司的好评而被采用后，许多美国的大厂商也陆续与他们接触，采用了他们的产品。这一切终于使稻盛如愿以偿，将产品输出到美国，打响了知名度，从而获得日本厂商的信赖和承认，很快打进和占领了日本本土市场。产品欲进日本，却先去美国，稻盛的一记高招，使京都产品成功地打入了铜墙铁壁般的日本市场，这正是"声东击西"之招法的最佳运用。

声东击西招法的要义在于利用对方困惑之机，制定取胜之策。即欲其西，袭其东；忽东忽西，若打若离；欲进而形似退，欲退而形似进。

本招用作商战的公关谋略可以推演为：示之以柔而迎之以刚，是指以弱而乘之以强，示之以合而迎之以张，趁对手举棋不定之时，一举取之。

营销者运用此计，或制造谣言，混淆视听，增加对方顾虑，迷惑其意志；或故布疑阵，使对方力量分散，削弱其防卫。欲生产某种产品，却放声说转产，但自己的意图和行动却要绝对保密，只要运用得当，必然能取得良好的效果。

反弹琵琶

反弹琵琶图为莫高窟伎乐图中《西方净土变》的一部分。反弹琵琶图写伎乐天伴随着仙乐翩翩起舞，举足旋身，使出了"反弹琵琶"绝技时的刹那间动势。表现伎乐天神态悠闲雍容、落落大方，手持琵琶、半裸着上身翩翩翻飞，天衣裙裾如游龙惊凤，摇曳生姿，项饰臂钏则在飞动中叮当作响，别饶清韵。突然，她一举足一顿地，一个出胯旋身使出了"反弹琵琶"的绝技——于是，整个天国为之惊羡不已，时间也不再流逝。人物造型丰腴饱满，线描写实明快、流畅飞动，一气呵成，天衣飘飖，有"吴带当风"的韵致，体现了唐代佛教绘画民族化的特色。反弹琵琶后来喻指突破常规的思维和行为；从反面看问题，与常规事物对着干。

而营销创新一个基本的原则，就是不循旧路，不走别人走过的路，有一种不同的新思路、新东西。别人都已经想到的事情再去想不会有什么结果，别人都已经做到的事情，从另一个角度去做兴许会发现新的市场。

在销售学中，"反弹琵琶"是指商家不循常规，反向求异，以异取胜的谋略。商家的思维和眼光，不能只盯在眼前的市场，不能只想到平常的供求变化，不能只运用一般的销售方法，你想运作，去开拓市场、扩大销售。

我们来看下面一则小故事。

1992年，浙江温州的小伙子吴成义，把数十辆三轮车带进了合肥。那独特的造型，扎眼的色彩，古朴的长管气喇叭，一下吸引了不少人的眼光，以

至于许多人短途赶路不"打的"而是"打"三轮，外地来旅游的更喜欢坐着三轮观风光。连姑娘、小伙约会也上了三轮，前面三轮师傅慢悠悠地踏，坐在后面的恋人则不受干扰地卿卿我我，别有一番情趣。

吴成义说："在温州做什么买卖竞争都厉害，包括踏三轮。特别是旅游城市，办个三轮执照，难！我们来合肥时，这还没兴三轮，办照容易，生意好做。不过现在当地人也学着干起这营生，没准有一天我们还得换地盘。"

记得50年代后期，一家新闻单位发了条在当时颇有影响的消息：上海最后一辆黄包车进了博物馆。没想到，现在三轮又从博物馆跑到竞争激烈的市场，且有点"三轮不让的士"的味道。一位的哥说，自从三轮车火起来后，可不敢乱开价，价高了，人家扭头叫三轮去了。听说合肥一家自行车厂也看上了这块市场，正在设计既保留传统，又符合现代人味道的新型三轮。

运用反弹琵琶这一招要跳出传统思维框架，运用逆向思维，掌握消费者的"跨越心理"，适时投放"跨越产品"，适应、引导和改变消费者的偏好，以适取时，以旧取齐，以新取实。运用此法，不可固定、过量。

运用这一招法关键在于有创新理念，善于发现事物反面所隐藏的商机或市场。因循守旧、安于现状者不能用此招，若用也不会得到好结果。

单刀赴会

《三国志·吴书·鲁肃传》："肃邀羽相见，各驻兵马百步上，但请将军单刀赴会。"单刀：一把刀，指一个人。原指关羽只带一口刀和少数随从赴荆州宴会，后泛指一个人冒险赴约，有赞扬赴会者的智略和胆识之意。

关羽单刀赴会

周瑜被诸葛亮气死后，刘备为了与吴国重新修好，答应孙权等他攻占西川后就把荆州交给吴国。

这时刘备已经很强大了，他的军队很快就攻占了西川。刘备在西川建立了蜀国，派关羽和他儿子关平驻守在荆州。

孙权听说刘备占领了西川，派大使到蜀国向刘备要荆州。刘备听了诸葛亮的计谋，写了一封信交给吴国的大使，让他到荆州去找关羽。

吴国的大使拿着信来到荆州，却被关羽拒绝了。关羽说："这么重要的事，我怎么能相信一封信呢？"然后就把大使赶回了吴国。

孙权大怒："刘备分明就是在捉弄我。"鲁肃出了一个主意：请关羽到吴国来吃饭，趁机把他抓起来，逼迫关羽交出荆州，不然的话就杀死他。

关羽接到邀请信后，笑着说："我才不怕他们，我一个人去，看他们敢

把我怎么样？

第二天，关羽乘船来到吴国。鲁肃早已经布置好了军队，只要关羽不答应，马上就把他抓起来。

在酒席上，鲁肃笑嘻嘻地提出归还荆州的事，关羽就说："我今天是来喝酒的，国家的大事我们不谈！"但鲁肃还是一个劲儿地提起荆州。

过了一会儿，关羽站起来拉住鲁肃说："我有点醉了，荆州的事以后再商量吧。"说完就拉着鲁肃向江边走去。

吴国士兵投鼠忌器怕误伤鲁肃，因此迟迟不敢对关羽动手。只能眼睁睁地看着关羽拉着鲁肃走出去。关羽一直把鲁肃拉到江边才放开手。等吴国军队来追赶时，关羽的船已经开出很远了。

这就是历史上有名的关云长单刀赴会。

商战中，有时需要对某一方面进行重点突破，才能打破僵局。如果死抱住面面俱到、全面进攻的话，往往难以达到理想的效果。聪明的商家在此时宁愿放弃一些阵地和浅表市场，而采取单刀赴会，深入纵深的方法，用单一产品、重点产品开辟一片新天地。

在销售学中，"单刀赴会"是指以全部力量汇聚一处，全力突破而长驱直入。在销售学中施用"单刀赴会"之策，是指商家有意对销售的产品"砍枝去叶"，集中向销售单一产品或零件发展，形成主力销售产品，以高效率、大批量、低成本大幅度提高市场占有率，获得最大经济效益。

我们看下面一则小故事。

世界"尿布大王"尼西奇公司的发迹史是使用"单刀赴会"招法成功的实例。设在日本九州福冈县的尼西奇公司，1921年创业以来，经营状况一直不好。第二次世界大战结束时，这个公司只有230多人，生产雨衣、游泳帽、玩具、尿布等产品，销量不大，企业经营很不稳定。

战后的日本，经过经济复兴，国民经济开始好转，人民的生活水平日益

提高，生活方式也逐渐发生变化。又一次，尼西奇的董事长多川博在考虑公司经营方向的时候，看到一份日本人口普查的报告，得知日本每年大约250万个婴儿出生。他想，现在人生活方式都在变化，如果每个婴儿用两块尿布，一年就需要500万块，这是一个相当大的市场。如果把眼光放到国外，市场就更大了，而生产尿布正是尼西奇公司的专长。于是，多川博决心放弃尿布以外的产品，把尼西奇变成专门生产行销尿布的公司，集中精力，创立品牌。

多川博作出这一决策后，尼西奇公司为了满足战后日本生育高峰而带来的对婴儿尿布的需求，集中精力大力发展婴儿尿布的市场，不断研制新材料，开发新样式，在激烈的竞争中站稳了脚跟。其他服装公司虽然也生产尿布，但没有尼西奇公司做得专业，因此在市场竞争中纷纷败北。尼西奇公司成为日本最大的尿布公司，占有了2/3的尿布市场。

尼西奇的经营者认为，中小企业的人力、物力、财力、技术都有限，如果什么都想卖，到头来势必什么也卖不成。只有扬长避短，另辟蹊径，走专业化才有出路。婴儿尿布虽然是个小商品，却是民众生活中不可或缺的东西。只要根据消费者的需要开发产品，任何小商品都可以变成获利良好的畅销货，尼西奇公司走的正是这条路。它沿着专业化方向发展，经过几十年努力，尼西奇公司的婴儿尿布现在已经是蜚声国际的商品。日本几乎所有的大百货公司、超级市场、婴儿用品商店里，都摆设着尼西奇公司的产品。

尽管尼西奇公司现在只有员工700多人，资本额也才只有1亿日元，但是，它的年营业额高达70亿日元。这个资本、人员都很有限的公司，不仅是日本的"尿布大王"，而且是世界上最大的尿布专业公司。在欧洲、美洲、前苏联、大洋洲及非洲市场上，都出售大量尼西奇公司生产的尿布，而且每年的销售量以20%的速度增长。

使用"单刀赴会"的要点是"单"，正因为其"单"，所以一些势单力薄的小企业能凝聚有限的人力、物力、财力，形成相对优势，往往可以收到爆发式的成效。与其分散有限的精力，倒不如凝聚力量与一点，经营单一的

主力产品，以密集式的发展策略，建立起巩固的市场经营壁垒，收到针尖压力的效力。宁精勿杂，宁专勿多，应该是中小企业在市场竞争的夹缝中求生存的良策之一。

"单刀赴会，长驱直入"，在决策时除了应考虑产品专业化外，还应考虑零件专业化和技术专业化等。随着生产专业化和协作生产的发展，一些专业化中小企业已经成为大企业的零件加工基地和地区经济的支柱。

擒贼擒王

擒贼擒王，语出唐代诗人杜甫《前出塞》："挽弓当挽强，用箭当用长。射人先射马，擒贼先擒王。"民间有"打蛇要打七寸"的说法，也是这个意思，蛇无头不行，打了蛇头，这条蛇也就完了。

此计用于军事，是指打垮敌军主力，擒拿敌军首领，使敌军彻底瓦解的谋略。擒贼擒王，就是捕杀敌军首领或者摧毁敌人的首脑机关，使敌方陷于混乱，便于彻底击溃之。指挥员不能满足于小的胜利，要通观全局，扩大战果，以得全胜。如果错过时机，放走了敌军主力和敌方首领，就好比放虎归山，后患无穷。

御史中丞大败尹子奇

唐朝安史之乱时，安禄山气焰嚣张，连连大捷，安禄山之子安庆绪派勇将尹子奇率十万劲旅进攻睢阳。御史中丞张巡驻守睢阳，见敌军来势汹汹，决定据城固守。敌兵二十余次攻城，均被击退。尹子奇见士兵已经疲惫，只得鸣金收兵。晚上，敌兵刚刚准备休息，忽听城头战鼓隆隆，喊声震天，尹子奇急令部队准备与冲出城来的唐军激战。而张巡"只打雷不下雨"，不时擂鼓，像要杀出城来，可是一直紧闭城门，没有出战。尹子奇的部队被折腾

了整夜，没有得到休息，将士们疲乏已极，眼睛都睁不开，倒在地上就呼呼大睡。这时，城中一声炮响，突然之间，张巡率领守兵冲杀出来。敌兵从梦中惊醒，惊慌失措，乱作一团。张巡一鼓作气，接连斩杀五十余名敌将，五千余名士兵，敌军大乱。张巡急令部队擒拿敌军首领尹子奇，部队一直冲到敌军帅旗之下。张巡从未见过尹子奇，根本不认识，现在他又混在乱军之中，更加难以辨认。张巡心生一计，让士兵用秸秆削尖作箭，射向敌军。敌军中不少人中箭，他们以为这下玩了，没有命了。但是发现，自己中的是秸秆箭，心中大喜，以为张巡军中已没有箭了。他们争先恐后向尹子奇报告这个好消息。张巡见状，立刻辨认出了敌军首领尹子奇，急令神箭手、部将南霁云向尹子奇放箭。正中尹子奇左眼，这回可是真箭，只见尹子奇鲜血淋漓，抱头鼠窜，仓皇逃命。敌军一片混乱，大败而逃。

商家在参与市场竞争或开拓新市场过程中，最关键的一点是要善于抓住要害。所谓"擒贼先擒王"，把"王"抓到手，其他的"贼"自然作鸟兽散，这样你便可毕其功于一役，一举攻下所要占领的市场。而许多商家之所以要在开拓市场参加竞争中失利，其原因往往是不懂"擒贼先擒王"的道理。

擒贼擒王又叫打蛇打头，即在市场销售中，抓关键、抓重点。主要堡垒攻下了，整个阵地也就属于你的了。这就如同挖一座金矿一样，如果不找到矿脉，而乱挖一气，显然是很难取得理想效果的。

我们看下面一则小故事。

现在索尼公司的彩色电视机早已饮誉全球，但是20世纪70年代中期，在美国它还是一种名不见经传，无人问津的"杂牌货"。

卯木肇先生担任索尼公司国外部部长的时候，有一次，当他风尘仆仆地来到美国芝加哥时，发现索尼彩电竟在当地寄卖商店里睡大觉，蒙尘垢面，几乎无人问津。

在日本国内畅销的优质品为什么一到美国就落得如此冷落的下场呢？卯

木肇先生日日夜夜思考这一问题。

公司前任国外部部长曾经多次在芝加哥市报纸刊登广告，削价销售索尼电视机。然而，即使一再削价，销路仍然不畅。而削价更使商品形象变得丑陋、低贱，愈加无人问津。

面对如此难看的局面，卯木肇先生苦苦思索，几乎一筹莫展。

一天，他偶然经过一处牧场。当夕阳西下时，鸟飞归林，一位稚嫩的儿童牵着一条健壮的大公牛进牛栏。公牛的脖子上系着一个铃铛，叮当叮当地响着，一大群牛跟在这头公牛后面，温顺地鱼贯而入。卯木肇先生看着看着，突然大叫了一声"有了"。

原来，他触景生情，灵感突发，悟出了一条推销彩电的办法：眼前这一群庞然大物规规矩矩地被一个不满三尺的牧童驯服，是因为牧童牵着一只"带头牛"，索尼彩电要是能找到一家"带头牛"商店率先销售，不是很快就会打开销路吗？这正是打开美国市场的关键。

经过研究，卯木肇先生选定当地最大的电器销售商马希利尔公司为主攻对象。第二天上班时，他兴冲冲地赶到马希利尔公司求见总经理。名片经传达人递进去之后很久才退回来，回答是"经理不在"。

虽然三番五次遭到拒绝，但卯木肇先生没有灰心，反而觉得充满信心。他回到驻地后，立即召集30多位工作人员，规定每人每天拨打5次电话，向马希利尔公司寻购索尼彩电。接连不断的求购电话，搞得马希利尔公司的职员晕头转向，误将索尼彩电列入"待交货名单"。

卯木肇先生再一次见到经理时，经理大为恼火："你搞得什么鬼？制造舆论，干扰我公司的正常工作，太不像话了！"

卯木肇先生不慌不忙，待经理气消了以后，大谈索尼彩电的优点，说它是日本国内最畅销的商品之一。他诚恳地说："我三番五次求见您，一方面是为本公司利益，但同时也考虑到贵公司的利益。在日本畅销的索尼彩电，一定会成为马希利尔公司的摇钱树的。"

卯木肇先生每一次发言，都站在经理立场上，处处为马希利尔公司利益

着想，合情合理，态度诚恳，终于使这位经理动了心，勉强同意代销两台彩电试试，但条件十分苛刻，如果一周之内卖不出去，请搬回去。

卯木肇先生满怀信心，回驻地后立即选派两名能干的年轻英俊的推销员送两台彩电去马希利尔公司，并告诉他们：这两台彩电是百万美元订货的开始，要他们送后留在柜台上，与马希利尔公司店员并肩推销。

临走时，卯木肇先生还要求他们与店员搞好关系，休息时轮流请店员到附近咖啡馆喝咖啡，如果一周之内这两台彩电卖不出去，他俩就不要再返回公司了……

当天下午四点钟，两个年轻人回来，报告2台彩电已经售出，马希利尔公司又定了两台，卯木肇先生非常高兴。

至此，索尼彩电终于挤进了芝加哥市"带头牛"商店，当时正值12月初，是美国市场家用电器销售旺季，经过一个圣诞节，一个月内竟卖出了700多台。

马希利尔公司大获利市。那位经理立即对索尼彩电刮目相看，亲自登门拜访卯木肇先生，并当即决定Sony彩电为该公司年度主要销售产品，联袂在芝加哥市各大报刊刊登巨幅广告，以提高产品知名度。

有马希利尔公司这头"带头牛"开路，芝加哥地区100多家商店跟在后面纷纷要求经销索尼彩电。不到3年，索尼彩电在芝加哥地区市场占有率达到3%。

正是芝加哥这条"带头牛"的带领，索尼彩电在美国其他城市的局面也打开了。

对"擒贼擒王"的"擒"，要善于做广义的解释，比如"拉拢"、"合作"、"收买"、"打击"、"降伏"等等。

擒贼擒王的"擒"，用在开拓市场中，指的是找到开门的钥匙，如与"带头牛"的合作就是一种有效方式，一把有效的钥匙。

该招用在市场竞争中则是找准主攻方向，有条件有能力地直接向"王者"挑战，战胜了"王"也就战胜了其他竞争者。

攻其不备

孙武说："兵者，诡道也。故能而示之不能，用而示之不用，近而示之远，远而示之近，利而诱之，乱而取之，实而备之，强而避之，怒而站之，卑而骄之，佚而劳之，亲而离之。攻其不备，出其不意。此兵家之胜，不可先传也。"

"攻其不备"，原指出兵攻击对方不防备的地方，后亦指行动出乎人的意料。

孙策采用孙静计大败王朗

公元一九六年，孙策派水军攻打钱塘江南岸的固陵，屡攻不下。他的部下孙静向他献计："王朗在固陵防守很坚固，不宜正面死攻。离这里几十里的查渎有条路，可以迂回包抄固陵。你给我一支人马，我从查渎那边围攻，给他来个'攻其无备，出其不意'，肯定能取胜！"孙策一听有理，就派兵给他，依计而行。同时，下令军队弄来数百个大缸，盛满水，给人以准备长期作战的感觉。到了夜晚，还命令军队多点灯让敌方以为孙策的主力还在原地。当孙静的部队突然出现在固陵附近的高迁屯时，王朗大吃一惊，赶忙派周昕率队迎战。然而周昕不是孙策的对手，很快战败。周昕一死，不久固陵

也就陷落，会稽一带便被孙策占领了。

在对方毫无心理、物质种种准备的状态下，给予迅速攻击，为战略的一种。

"攻其不备"的核心在于"奇"，关键是"创"。它是利用对方惯性思维的弱点，捕捉对方行为的空隙，以突破人们思维的常规、常法和常识，反常用兵，出奇制胜。在营销活动中，它还是一种避实击虚的制胜谋略，尤其在敌强我弱的情况下，攻击对手意想不到的薄弱环节，就可以以弱胜强，以少胜多，占据市场，赢得顾客。

我们来看下面这一则小故事。

美国可口可乐公司是世界上最大的饮料公司，它的董事长葛施达先生是具有奇特经营思想的人。人们评论他："善攻其无备，出其不意。"1981年他刚上任，便出人意料地做了两件事：一是把可口可乐的业务扩展到中国国内，在北京制造及贩卖可口可乐，打开了广大的中国市场；另一件事是在美国收购了一家与饮料风牛马不相及的大公司。这两件事，都令人注目而且令人惊愕不已。尤其是收购电影公司，他自己解释："一定要使每一个观众在看哥伦比亚影片的时候喝可口可乐。"

在葛施达走马上任之前，美国企业界许多人，便已经预料思想开明、赋予挑战精神的他，将会使可口可乐公司原来经营的多角化经营，做得更为积极，但是谁都没有料到他竟然扩大到电影业。葛施达解释："许多人问我，为什么要插手经营一向多变、风险巨大的电影行业？我的回答十分简单，我们不将哥伦比亚看成是一家电影公司，我们认为它从事的是娱乐事业。"由于葛斯达一连串的"攻其不备"使该公司拓展了更加广阔的市场，呈现出蓬勃生机。

我们再看下面一则小故事。

　　1975年，印度商人莫汉·梅真尼在美国攻其不备，迅速掀起了一场牛仔裤革命，打破了多年来牛仔裤主要是男人一统天下的局面，从而设计制造了供女人穿的牛仔裤，打下了半壁江山。这个局面的打破，梅真尼使用了两招。

　　第一招是，他一反常态把美国传统的、多为农场工人和城市工人穿的工作裤，改为高级的、供上流社会名媛淑女穿的时装裤。经设计师别出心裁，设计裁剪制成的这种新型紧身牛仔裤，穿在妇女身上，使他们娇躯的曲线美更加突出，更显得婀娜健美，青春活泼，合乎女人爱美的天性。结果牛仔裤登大家闺秀之堂，入小家碧玉之室，成为名媛淑女豪门贵妇喜爱的时装。

　　第二招是品牌。商品社会里，商品能否畅销，与品牌大有关系。意大利电影明星索菲亚·罗兰的名字"索菲亚"之所以被用来做一种香水的品牌，就是因为她是国际电影巨星。用她的名字做品牌的科蒂化妆品公司出产的香水，也就成为同类产品中的名牌香水之一。梅真尼专门为美国妇女设计缝制的牛仔裤，用纽约市一位名叫罗莉亚·范德比尔特的名女人的姓"范德比尔特"女用牛仔裤广做宣传，开启牛仔裤在美国电视广告之先河。

　　在市场营销中最高明的策略，是对手一时还了解不到的策略；最高明的行动，是对手没有意料到的行动。

　　攻其不备的前提是要出其不意。对方若意料，必有所防备，就无不备所攻。在营销活动中你见人见，你能人能，就难收到制胜于人的效果。

调虎离山

调虎离山，是兵家常用的一个计策。此计用在军事上，是一种调动敌人的谋略。它的核心在一"调"字。虎，指敌方，山，指敌方占据的有利地势。如果敌方占据了有利地势，并且兵力众多，防范严密，此时，我方不可硬攻。正确的方法是设计相诱，把敌人引出坚固的据点，或者把敌人诱入对我军有利的地区，这样做才可以取胜。

常言道：龙游浅水遭虾戏，虎卧平阳被犬欺。说的是叱咤风云的巨龙，出了深潭大渊便无法施展本领，连虾蟹都斗不过；而威振山林的百兽之王，离了大山森林，便威风尽失，连犬羊之类的小家伙也奈何不得。反过来，虾蟹入龙潭斗龙，犬羊入虎穴擒虎，纵使攻得进去，也只是白白送死。

孙策调"虎"离山大败刘勋

东汉末年，军阀并起，各霸一方。孙坚之子孙策，年仅十七岁，年少有为，继承父志，势力逐渐强大。公元199年，孙策欲向北推进，准备夺取江北卢江郡。卢江郡南有长江之险，北有淮水阻隔，易守难攻。

占据卢江的军阀刘勋势力强大，野心勃勃。孙策知道，如果硬攻，取胜的机会很小。他和众将商议，定出了一条调虎离山的妙计。针对军阀刘勋极

其贪财的弱点，孙策派人给刘勋送去一份厚礼，并在信中把刘勋大肆吹捧一番。信中说刘勋功名远播，令人仰慕，并表示要与刘勋交好。孙策还以弱者的身份向刘勋求救。他说，上缭经常派兵侵扰我们，我们力弱，不能远征，请求将军发兵降服上缭，我们感激不尽。刘勋见孙策极力讨好他，万分得意。上缭一带，十分富庶，刘勋早想夺取，今见孙策软弱无能，免去了后顾之忧，决定发兵上缭。部将刘晔极力劝阻，刘勋哪里听得进去？他已经被孙策的厚礼、甜言迷惑住了。

孙策时刻监视刘勋的行动，见刘勋亲自率领几万兵马去攻上缭，城内空虚，心中大喜，说：“老虎已被我调出山了，我们赶快去占据它的老窝吧！”于是立即率领人马，水陆并进，袭击卢江，几乎没遇到顽强的抵抗，就十分顺利地控制了卢江。刘勋猛攻上缭，一直不能取胜。突然得报，孙策已取卢江，情知中计，后悔已经来不及了，只得灰溜溜地投奔曹操。

司马懿夺取魏国军政大权

三国魏少帝时，皇族曹爽为大将军，司马懿为太尉，曹爽无论资格、能力都远远比不上司马懿，他担心司马懿迟早会篡夺曹氏江山，就让魏少帝提升司马懿为太傅，实际上是剥夺了他的兵权。司马懿十分清楚曹爽的意图，为了不让曹爽进一步加害于他，他干脆装病不入朝。曹爽又派亲信李胜去探听虚实，司马懿故意装疯卖傻。仆人侍候他喝粥，他不能用手接，而是直接把嘴放到碗边喝，只见粥顺着碗边流下来，把他的衣物全打湿了。李胜见此情景，觉得司马懿病得不轻，回去全告诉了曹爽，曹爽大松了一口气。

公元249年1月，“病”中的司马懿乘机派人提醒魏少帝去祭祖，少帝果然领着他的王族及亲信全部出城去祭祖。司马懿听报少帝一行刚出皇城，见“虎”已调出，立即披甲带枪，同他的两个儿子，率领兵马抢占了城门和兵

库，并假传丘太后的诏令，撤了曹爽的军职。曹爽一行得知城里情况，一时慌了阵脚，同时，他们都是些吃喝玩乐之辈，经司马懿轮番的利诱与威逼，曹爽只得缴械投降。后来，司马懿以"谋反罪"，杀了曹爽一干人，如此，魏国的军、政大权尽归于司马懿一族人的手上。

在现代经商活动中，当自己和对手共同争夺一块市场时，如果用协商的方法不能解决，就可以考虑攻击对手的另外一个市场，以分散对手竞争的精力，使其首尾难以兼顾，迫使对手做出让步，以达到自己成功的目的。

我们来看下面一则小故事。

我国沿海某市有两家最大的房地产开发企业，两家公司势均力敌，都有一个懂得经营和管理的业务经理，几乎垄断了全市的房地产经营。面对巨大的商业利润和广阔的房地产市场，两家公司都想挤垮对方，因此颇有些水火不容之势。甲公司背靠政府支持，根深叶茂，经营渠道、营销市场一致被认为是最有潜力的；乙公司虽然起步较晚，但公司内部重视人才管理，职员年富力强，富有责任心和进取心，因而公司的业绩也蒸蒸日上。随着业务和市场的不断扩大，甲公司又在另外一个城市办了一个分公司，据行家分析，这个城市更富有开发价值。就在人们纷纷为甲公司的飞速发展而惊叹不已时，乙公司的经理室却正在筹划着一个伟大的计划。不久，人们听到了关于乙公司即将转行的传闻，同时甲公司内部也有许多人纷纷议论，都说："未来的房地产业即将出现本公司'大一统'的局面！我们的经理可以放心地到另外一个城市发展了。"果不其然，不多久，甲公司的经理调往外地经营了。可是出乎人们意料的是乙公司非但没有转行搞其他项目，而且加大了对房地产销售的力度，在短短的半年内，就在与甲公司平分秋色的基础上，销售额提高了四成。一流的宣传，加之一流的服务使乙公司在本地房地产业中一枝独秀。乙公司何以在短短的半年内奇迹般地占据上风呢？原来，乙公司真正担忧的不是甲公司本身，而是甲公司那个能干的经理，就在甲公司即将到异地

拓展市场之时，乙公司故意放出了一个要退出房地产业的烟幕弹，令甲公司放松了警惕，再加上甲公司确实需要一个懂经营之道的人到新环境掌舵，所以调走了他们的经理，殊不知正中乙公司的下怀。甲公司之所以发展到今天的规模，他们的经理是最大的功臣，相反，乙公司散布新市场非甲公司的经理去不可的言论，使甲公司中计，乙公司打了一场漂亮的反击战。

　　通过以上小故事我们可以看出，乙公司妙用调虎离山之计，破解了对手的优势，令对手鞭长莫及，然后趁其空虚之际，迅速攻击，改变了对方力量的对比，达到了预定的目的，取得了全面地的胜利。商家学会全面地分析估量对手，运用计谋击败对手是成功中一个不可或缺的因素。

　　在激烈的市场竞争中，商家要掌握主动权，重要的一点在于能调动竞争对手而不被其所调动。

　　在面对强大的竞争对手时，更要善于利用各种手段，调"虎"离"山"，使对手处于弱势或劣势之中，从而使自己取得"天时、地利、人和"的有利条件，以较小的代价，乘势而入，夺取市场。

　　使用此法要运筹帷幄，周密策划，万无一失。稳妥行事，切莫粗心大意，调虎不成被虎咬。

远交近攻

"远交近攻"语出《战国策·秦策》：范雎曰："王不如远交而近攻，得寸，则王之寸；得尺，亦王之尺也。"这是范雎说服秦王的一句名言。

远交近攻，是分化瓦解敌方联盟，各个击破，结交远离自己的国家而先攻打邻国的战略性谋略。

当实现军事目标的企图受到地理条件的限制难以达到时，应先攻取就近的敌人，而不能越过近处的敌去打远离自己的敌人。为了防止敌方结盟，要千方百计去分化敌人，各个击破。消灭了近敌之后，"远交"的国家又成为新的攻击对象了。"远交"的目的，实际上是为了避免树敌过多而采用的外交诱骗。

秦始皇统一中国

众所周知，秦始皇就是运用"远交近攻"的策略统一了六国。

战国末期，七雄争霸。秦国经商鞅变法之后，势力发展最快。秦昭王开始图谋吞并六国，独霸中原。公元前270年，秦昭王准备兴兵伐齐。范雎此时向秦昭王献上"远交近攻"之策，阻止秦国攻齐。他说："齐国势力强大，离秦国又很远，攻打齐国，部队要经过韩、魏两国。军队派少了，难以

取胜；多派军队，打胜了也无法占有齐国土地。不如先攻打邻国韩、魏，逐步推进。"为了防止齐国与韩、魏结盟，秦昭王派使者主动与齐国结盟。其后四十余年，秦始皇继续坚持"远交近攻"之策，远交齐楚，首先攻下韩、魏，然后又从两翼进兵，攻破赵、燕，统一北方；攻破楚国，平定南方；最后把齐国也收拾了。秦始皇征战十年，终于实现了统一中国的愿望。

元朝一统中原

成吉思汗统一蒙古后，他又有了更大的目标。跟他东南相邻的是金（国），西南相邻的是西夏（国），更远的就是南宋国。此时，对蒙古构成威胁的只有金。于是，成吉思汗一方面用武力胁迫西夏与其议和，解除了西部的骚扰；一方面，派人远去南宋通好，答应与南宋共同进攻金。南宋虽然迫于金的压力，没有联蒙打金，但对蒙古攻打金而采取了中立的态度。金连连败退，以致迁都于开封。

成吉思汗见金被打退，回手进攻西夏，1227年6月，西夏被迫投降而灭亡。西夏灭亡前夕，成吉思汗病死。

1229年，成吉思汗的儿子窝阔台即大汗位，也采取了"远交近攻"的战略，他派使者到南宋，联合南宋南北夹击金国，1233年攻克开封。为了表示对南宋的友好，窝阔台还修饰了孔庙。1234年1月，金哀宗自杀身亡，金灭亡。

1235年6月，蒙古国见扩张道路上的障碍已基本清除，于是翻脸大举进攻南宋，攻克南京。1279年，元军攻占圭山（广东新会一带），宋大臣陆秀夫背着小皇帝跳海自杀，南宋灭亡。元统一了中国。

远交近攻之计，在军事上就是交结远离本国的国家而攻打邻近本国的国

家，其实质是制造和利用矛盾，分化瓦解敌方联盟，进而各个击破。

在市场营销中可以引申为：为了使形式对自己有利，应集中力量攻占邻近的市场，对远处的市场和对手要交谊联合，建立良好的合作关系，以利于各个击破，占据市场优势。

通用汽车公司与日本汽车公司在争夺美国市场中，通用公司总裁史密斯运用的就是"远交近攻"之法。

面对来势汹汹的日本汽车进口，史密斯明白，目前日本汽车的优势远远高于美国，而按目前的国情考虑，通用公司根本无法在短期内降低劳动成本。因此，他决定"远交"，直接从日本人手中购买汽车，同时又与丰田公司联营，既获得丰田汽车生产技术，又能得到廉价汽车。另一方面，史密斯又紧锣密鼓地进行汽车新技术的研究与开发。为了尽快取得日本人无法与之相比较的优势，通用公司购买了休斯公司，在田纳西州置地，修建规模庞大的汽车生产基地，决心建造出能与日本汽车一比高低的汽车。这是他的近攻。

史密斯这招"远交近攻"之法，在短短三年内立竿见影，使通用公司走出了亏损的低谷，取得了50亿美元的赢利。

新加坡饮料大王杨至耀取得成功，也是运用了"远交近攻"之法。

新加坡乃弹丸之地，市场有限，但各类饮料厂家林立，竞争激烈。杨氏公司认为，要想在新加坡立于不败之地，必须"远交"国外市场，将公司发展为跨国集团，以更强大的实力"近攻"新加坡国内的对手，并把其作为杨氏公司发展的战略手段。杨至耀认为东方市场的代表是中国，而西方市场的代表是美国，于是杨氏公司决定结盟中国和美国的企业发展国外市场，在中国，他发现可口可乐、雀巢咖啡已经占领了相当大的一部分中国市场，于是独树一帜，在广州白云经营豆奶产品，试产试销一举成功。在美国他发现其

他东方食品进入美国市场很难，问题在于经营的平等权利得不到认可，于是他出5000万美元重金买下了美国重庆食品公司的商标，使杨氏公司的产品大摇大摆地进入了美国各大超级市场，美国重庆公司也成为杨氏公司的经营伙伴。杨氏公司结盟东方市场和西方市场后，迅速成长为业务遍及全球的跨国集团，而有些眼光短浅或动作较慢的新加坡同行只能望"杨"兴叹，蛰居下游了。

　　商家营销时，为了使形势对自己有利，可以暂时对远处的竞争对手采取联合、合作等方式建立友好关系，从长计议，着眼于未来，使企业保持良好的发展态势。其好处在于文武并施，刚柔并济，双管齐下，使近处的对手顾此失彼，难于应付。

　　"远交近攻"，既要有竞争意识，又要有合作意识。只有时刻保持竞争意识，居安思危，才能后来居上；只有彼此合作，形成一个适宜的社会经济环境，才能有利于各自的生存和发展。只有"远交"搞得好，才能实现"近攻"的目标。

后发制人

《荀子·议兵》："后之发，先之至，此用兵之要术也。"

著名的秦晋淝水之战，就是双方强弱不同，弱者先让一步，因而战胜的。

东晋赢得淝水之战

前秦的军队紧逼淝水而布阵，东晋的军队无法渡过。谢玄派使者对阳平公符融说："您孤军深入，然而却紧逼淝水部署军阵，这是长久相持的策略，不是想迅速交战的办法。如果能移动兵阵稍微后撤，让晋朝的军队得以渡河，以决胜负，不也是很好的事情吗！"前秦众将领都说："我众敌寡，不如遏制他们，使他们不能上岸，这样可以万无一失。"符坚说："只带领兵众稍微后撤一点，让他们渡河渡到一半，我们再出动铁甲骑兵奋起攻杀，没有不胜的道理！"符融也认为可以，于是就挥舞战旗，指挥兵众后退。

谢玄、谢石等率领军队渡过河攻击他们。符融驰马巡视军阵，本来想率领后退的兵众，结果战马倒地，符融被东晋的士兵杀掉，前秦的军队于是就崩溃了。谢玄等乘胜追击，一直追到青冈，前秦的军队大败，自相践踏而死的人，遮蔽山野堵塞山川。逃跑的人听到刮风的声音和鹤的鸣叫声，都以为

是东晋的军队将要来到，昼夜不敢停歇，慌不择路，风餐露宿，冻饿交加，死亡的人十有七八。

所谓后发制人，是指等待对方动手之后，选准时机加以反击，制服对方，夺取最后胜利。

在营销中，睿智的商家面对强大的竞争对手的市场攻势，冷静观察，运筹帷幄，引而不发，待寻到对手的破绽和失误后，集中力量在其破绽和失误上狠插一刀，致敌于死命，竞争取胜自然掌握在自己的手中了。

20世纪90年代，日本本田公司与铃木公司进行了一场市场竞争，最后本田公司获取胜利，即得益于采取后发制人的战略。

当时，本田公司为了实现生产多元化的战略目标，抽调部分资金、设备及技术人员研究开发汽车项目。铃木公司获取这个消息后，便起了图谋日本摩托车生产大王之桂冠的野心，想把本田公司彻底挤出摩托车制造领域。于是，铃木公司大量增加投资，扩大生产规模，增加产品品种，对外则不断宣传其扩展规划，大造铃木公司将是摩托车生产领域未来盟主的舆论，并公然宣布其产品一律优惠出售，向本田公司进行明目张胆的挑战。

铃木公司的咄咄逼人之势自然激怒了本田公司的广大职员，一致要求立即进行反击，压压铃木公司的嚣张气焰。但本田公司的决策层经过认真分析，认为铃木公司的实力远不及本田公司，一定会急于速战速决，与其过早反击，倒不如待其新添置的生产线全部安装投产后，再予以打击，这样一来，铃木公司即使想撤退用于扩大生产的人力、物力及资金也无能为力了，届时便可彻底击垮铃木公司。于是，本田公司表面上对铃木公司之举无动于衷，暗地里却留下了部分原先准备用于开发轿车的资金和物力，增加对摩托车生产的投资，对外则继续宣传本田公司将致力发展轿车生产，以麻痹铃木公司。铃木公司果然上当，把所有的资金全部追加到摩托车的生产商上，顿时产量大增。数月后，本田公司看到时机已经成熟，便对铃木公司的挑战进

行了彻底、有力的还击，宣布本田摩托车一律让利大酬宾。其中，助动车削价50%，以仅相当于高价自行车的价格出售。

结果，铃木公司大败，产品严重库存积压，以至于在相当长的一段时期内都未能恢复元气。本田公司取得胜利，正是得益于后发制人的招法。

商家后发制人的关键是有高度的牢牢把握市场发展趋势的预见力。后发的行动是有计划有目的的，胸有成竹，一切在自己预料和掌握之中。所以，发于后，要想在前，备于先。

用"后发制人"进行市场争夺，一是可以大大降低市场风险，二是能做到以最小的经济代价获取最大的经济利益，在营销方式上，有经验、教训可供借鉴，可以少走弯路。

四面包围

孙子在《谋略》中提出："故用兵之法，十则围之，五则攻之，倍则分之。"

二战中的名将麦克阿瑟将军说："出其不意对敌军施以包围，切断敌人的补给线，是在战争中最具决定性的作战行动。"

查理斯·H·塔威尔曾说："世界经济发展到目前这个阶段，仅凭刻苦耐劳的美德和往前直冲的热忱，已经不足以拥有竞争的生机。要保持不败，就必须时时刻刻谋求发展；要突破别人的垄断包围，就必须冲出来，寻求更大的空间，并寻机包围住别人的市场。"

在营销中采用四面包围之法，使竞争对手成为瓮中之鳖，无法施展，从而达到控制整个市场之目的。

我们来看下面一则小故事。

济世堂和万寿药店是天津两家老字号的药店。本来，两家店虽然在一条街上，但是井水不犯河水，各做各的买卖，倒也相安无事。不想在20世纪30年代初，万寿药店老板的长子刘可发，取得了药店的经营权，成了新老板。他看不惯先前那种保守的经营之道，从价格、品种等方面对济世药店展开了全面的攻势，志在挤垮"济世堂"成为独一无二的药店。

刘老板毕竟是生意人之子，经商上确实有一套，出手几招就给"济世堂"以严重打击。在他的强大攻势下，"济世堂"经营每况愈下，虽然也采

取了一些措施，但已经无法挽回败局，终于宣告停业。刘老板大获全胜，自然趾高气扬，打算大干一场。

然而"济世堂"在远离"万寿"的一条街上重新开业了，但铺面已比原来的门面逊色许多。原来大药店的气派已经荡然无存了。消息传到"万寿"刘老板的耳朵里，他不禁喜形于色："'济世堂'，你已经被我挤垮了，再也别想与我抗衡了。"

又过了些日子，"济世堂"有一家分号开业了。自然依然是小铺面，也仍然远远地躲着"万寿"。有人把这一消息告诉刘老板："老板，'济世堂'又开了一家分号，我看看买卖不错，没准是想东山再起，我们不能不防啊！"

刘老板却不以为然："怕什么，那种小药店开得再多又有什么用，药店需要的是信誉，大药店才能让顾客放心大胆地买药。我看他们是在一个地方混不下去了，不得已而为之，不用怕。"

以后的一段时间，"济世堂"又开了几家药店，而"万寿"的生意也不错，而这相安无事，昔日的争夺恩怨，似乎已经过去。不想3年以后，"济世堂"出人意料地宣布，在当年出走的地方，即老店旧址重新开业。他们从买主手中又买回了店址的产权，经过一番维修、装饰，重新开业了。"万寿"的刘老板听到这个消息，惊骇不已，他没想到被自己挤垮的"济世堂"还会卷土重来。他想组织力量，再像当年那样发动一次商战，趁"济世堂"立足不稳，把它再一次挤垮。可是他很快发现，这已经是不可能的了。因为"济世堂"在几年中，已经开发了一批分号，形成了一个完整的体系，采取统一的经营方针，集中进货，分散售货，自然销量要大得多。他也惊异地发现"万寿"已经在"济世堂"的包围之中，在它的周围，布满了"济世堂"的分店。

"济世堂"总店恢复以后，买卖十分红火，加上分号的销售，每年盈利不少。而"万寿"的经营，则因"济世堂"的冲击而有所下降。

　　商海包围战的目的，就是迫使竞争对手不得不同时保卫他们的前线、两翼和后方，从而分散竞争对手的实力，使其资源不能集中，目标市场不稳定，直至被逐出某些目标市场或全部目标市场。

　　无论在商场上还是战场上，保卫策略的成功与否，全视用于包围对手的力量及资源而定。如果力量不济或资源不足的话，对手很容易凭其资源优势反击。

以逸待劳

《孙子·军争》曰：“以近待远，以佚待劳，以饱待饥，此治力者也。”

兵书云：“凡先处战地而待敌者逸，后处战地而趋战者劳。故善战者，致人而不致于人。”兵书论敌，此为论势，则其旨非择地以待敌；面在以简驭繁，以不变应变，以小变应大变，以不动应动以小动应大动，以枢应环也。

以逸待劳是指在作战时采取守势，养精蓄锐，待敌军疲劳时出击取胜。

冯异用计攻占枸邑

西汉末年，陇甘军阀隗嚣脱离刘秀，去投靠在四川称帝的公孙述。刘秀大怒，派兵去攻打隗嚣，结果反被隗嚣打败。

刘秀再派征西大将军冯异，前去占领枸邑。隗嚣得到消息，命令部将行巡立刻去枸邑抢占有利地形。冯异的部将们知道后，都劝冯异不要和行巡大军作战。冯异斩钉截铁地说：“我们必须抢占枸邑‘以逸待劳’。”冯异命令部队急行军，抢在行巡之前，占领了枸邑。冯异严密封锁消息，紧闭城门，偃旗息鼓，让将士们休整。行巡的部队急匆匆地刚赶到城下，城楼上突然鼓声大作，亮出了冯异的帅旗。行巡的军队毫无防备，吓得四下逃窜。冯

异大开城门，领兵冲出城来，大败敌军。

兵家运用此计取胜的不胜枚举。再如：管仲寓军令于内政，实而备之；孙膑于马陵道伏击庞涓；李牧守雁门，久而不战，而实备之，战而大破匈奴。

"以逸待劳"，在军事上就是让自己的军队养精蓄锐，以等候从远方赶来的敌军，以达到消灭敌人的目的。

在营销中运用"以逸待劳"之计，在于不和竞争对手进行正面较量，而是养精蓄锐，扬长避短，发展自己的特色，使竞争对手由强变弱，由优势变为劣势。

我们来看下面一则小故事。

在美国汽车工业全面起飞时期，各大公司纷纷推出色彩明快的新型汽车，满足消费者的不同需求，因而销路大畅。唯独黑色的福特车保持不变，显得严肃而呆板，因为销售急剧下降，公司出现了不景气的现象。

面对各方面要求福特开发花色汽车的建议，福特总是坚决顶回去："福特车只有黑色的。我看不出黑色有什么不好，至少比其他严肃耐旧些。"公司逐渐陷入了困境，福特公司裁员，部分设备停工，公司内外人心浮动。连福特夫人也大惑不解，沉不住气了。福特却笑着说："这是我的袖里乾坤，先不告诉你，等办妥了再说。"

有人建议说，至少我们应该有新车在市场上销售，不至于让人说我们快倒闭了呀。福特诡异地一笑："让他们说去吧，谣言越多对我们越有利。"人们感到很奇怪，问公司是不是在设计新车？是不是跟别人一样，会有各种颜色的新车？福特回答说："不是正在设计，是已经定型了！也不是跟别人一样，而是我们自己的，而且我们的新车一定比别人的都便宜！"这就是福特一生中最得意的"杰作"之一——购买废船拆后炼钢，从而大大降低了钢铁的成本，为即将推出的A型车奠定了胜利的基础。

1927年5月，福特突然宣布生产T型车的工厂全部停工，这是公司成立24年来第一次停止新车的出厂，市面所卖的都是存货，消息一出，举世震惊，猜测纷起。除了几个主管外，谁也摸不清福特打的是什么算盘。让人奇怪的是，工厂停工后工人并没有被解雇，每天仍然上班。这一情况引起新闻界的极大乐趣，报纸上经常刊登有关福特的新闻，助长了人们的好奇心。两个月后，福特终于透露，新的A型汽车将于12月面市。这比宣传工厂停工引起更大的震动。年底，色彩华丽、典雅轻便而价格低廉的福特牌A型车终于在人们的翘首等待中源源上市，果然盛况空前。它形成了福特公司第二次起飞的辉煌局面。

福特公司由于T型车的开发，早已确立了它在美国汽车工业中的地位。这次面对各公司以色彩、外形为武器发起的挑战，福特并没有应战，而是养精蓄锐，扬长避短，抓住质量、价格这两个关键做充分准备，一旦成熟，就是对手们由强变弱，由优势变为劣势了，这就是老福特的"锦囊妙计"——以逸待劳，后发制人。

在激烈的市场竞争中，明智的商家绝不会意气用事，争一时之高下。特别是面对强大的市场竞争对手，更要注意避其锐气，以待其竭。

任何一种产品，都有其生命周期，因此，当堆放在市场上推出一种新的产品时，就不要急于推出自己的产品与其较量，要等到对方产品的周期曲线开始下降之时，乘其颓势，一鼓作气，逐出市场，从而达到以逸待劳，后发制人之目的。

商家在选择项目时，决不可轻举妄动，而应以"逸"制"劳"，在静观市场变化中抓住"劳"点，趁虚而入，后来居上。

浑水摸鱼

浑水摸鱼原意是在混浊的水中，鱼晕头转向，乘机摸鱼，可以得到意外的好处。此计用于军事，是指当敌人混乱无主时，乘机夺取胜利的谋略。在混浊的水中，鱼儿辨不清方向，在复杂的战争中，弱小的一方经常会动摇不定，这里就有可乘之机。更多的时候，这个可乘之机不能只靠等待，而应主动去制造这种可乘之机。一方主动去把水搅浑，一切情况开始复杂起来，然后可借机行事。

浑水摸鱼是三十六计中的一计，常被兵家运用制敌。

刘备智取南郡

曹操在赤壁大战中惨遭大败，为了防止孙权北进，曹操派大将曹仁驻守南郡（今湖北公安县）。这时，孙权、刘备都在打南郡的主意。周瑜因赤壁大战，气势如虹，下令进兵，攻取南郡。刘备也把部队调到油江口驻扎，眼睛死死地盯住南郡。周瑜说："为了攻打南郡，我东吴花多大的代价，南郡垂手可得。刘备休想做夺取南郡的美梦！"刘备为了稳住周瑜，首先派人到周瑜营中祝贺。周瑜心想，我一定要见见刘备，看他有何打算。

第二天，周瑜亲自到刘备营中回谢，在酒席之中，周瑜单刀直入问刘备

驻扎油江口，是不是要取南郡。刘备说："听说都督要攻打南郡，特来相助。如果都督不取，那我就去占领。"周瑜大笑，说："南郡指日可下，如何不取？"刘备说："都督不可轻敌，曹仁勇不可挡，能不能攻下南郡，话还不敢说。"周瑜一贯骄傲自负，听刘备这么一说，很不高兴，他脱口而出："我若攻不下南郡，就听任豫州（即刘备）去取。"刘备盼的就是这句话，马上说："都督说得好，子敬（即鲁肃）、孔明都在场作证。我先让你去取南郡，如果取不下，我就去取。你可千万不能反悔啊。"周瑜一笑，哪里会把刘备放在心上。

周瑜走后，诸葛亮建议按兵不动，让周瑜先去与曹兵厮杀。瑜发兵，首先攻下彝陵（今湖北宜昌），然后乘胜攻打南郡，却中了曹仁诱敌之计，自己中箭而返。曹仁见周瑜中了毒箭受伤，非常高兴，每日派人到周瑜营前叫战。周瑜只是坚守营门，不肯出战。一天，曹仁亲自带领大军，前来挑战。周瑜带领数百骑兵冲出营门大战曹军。开战不多时，忽听周瑜大叫一声，口吐鲜血，坠于马下，被众将救回营中，原来这是周瑜定下的欺骗敌人的计谋，一时传出周瑜箭疮大发而死的消息。周瑜营中奏起哀乐，士兵们都戴了孝，曹仁闻讯，大喜过望，决定趁周瑜刚死，东吴没有准备的时机前去劫营，割下周瑜的首级，到曹操那里去领赏。当天晚上，曹仁亲率大军去劫营，城中只留下陈矫带少数士兵护城。曹仁大军趁着黑夜冲进周瑜大营，只见营中寂静无声，空无一人。曹仁情知中计，急忙退兵，但是已经来不及了。只听一声炮响，周瑜率兵从四面八方杀出。曹仁好不容易从包围中冲出，准备返回南郡，又遇东吴伏兵阻截，只得往北逃去。周瑜大胜曹仁，立即率兵直奔南郡。

等周瑜率部赶到南郡，只见南郡城头布满旌旗。原来赵云已奉诸葛亮之命，乘周瑜、曹仁激战正酣之时，轻易地攻取了南郡。诸葛亮利用搜得的兵符，又连夜派人冒充曹仁救援，轻易地诈取了荆州、襄阳。周瑜这一回自知上了诸葛亮的大当，气得昏了过去。

水清则无鱼，水浑易摸鱼。浑水摸鱼即乱中取胜之意。

在市场竞争中，众多商家都想从市场这个"鱼塘"里摸到大"鱼"，但并非每个商家都能如愿以偿。慧黠的商家往往故意制造市场混乱，把"鱼塘"搅浑，然后凭自己的睿智聪慧，悄悄地把"鱼"摸去，大获其利。

许多成功的企业家，在面对严峻的商战时，也采取浑水摸鱼的办法，至今仍有许多被传为佳话。

20世纪初，美国有一家生产轮胎的公司叫圣力公司，因为它在东南亚的市场份额很小，因此总是积极地寻找时机，想让它的"圣力"牌轮胎一举占领东南亚市场。最后，圣力公司把目光盯向新加坡。

当时圣力牌轮胎刚进入新加坡市场，首先面临的是由陈嘉庚先生所开设的"明日"牌轮胎厂的挑战。但由于陈嘉庚先生的"明日"牌轮胎生产起步较晚，且当时从资金、技术上都比圣力公司差许多，尤其在生产成本上，"明日"轮胎比"圣力"高近1倍，所以种种因素都致使"明日"公司非常不利，新加坡的轮胎业危在旦夕。

圣力牌轮胎厂在新加坡市场推出的"圣力"牌轮胎，每只只售价20新元，而且允许零售商们延期3个月交款。而当时陈嘉庚先生公司生产的"明日"牌轮胎，每只却售价50新元，其竞争的劣势显而易见。况且圣力牌轮胎结实、耐用，在欧美市场上都相当有名，而"明日"轮胎别说在国际市场上鲜为人知，就是在国内知道它的人也不多。在这种情况下，"圣力"公司又采取了多种市场营销手段，其目的就是蚕食掉新加坡的民族工业，最终占据新加坡和整个东南亚的轮胎市场。

在这个紧急关头，为了"明日"轮胎厂的生存，更为了新加坡民族工业的未来，陈嘉庚先生将世界各地属于他名下公司的资金都抽调回来，誓与"圣力"在新加坡土地上展开一场为了维护民族工业生产的商战。

然而陈嘉庚先生深深地知道，单凭个人的力量，与一个世界著名的大公司进行正面商战，失败的可能性是很大的。因此，他与部下详细制定了商战

的两个准备条件：第一，联合新加坡的商会及行会，进行爱国教育，鼓励人们使用民族产品，抵制外国货，形成民族统一战线；第二，搞垮"圣力"公司在新加坡的企业形象，从根本上扭转局面，最终把"圣力"赶出新加坡。

由于陈嘉庚先生的威望，抵制美国货的民族统一战线很快形成。人们都被陈先生强烈的爱国主义精神所感动，都表示要支持"明日"公司。

同时，陈先生要求"明日"公司员工加班加点扩大生产量，其中质量好的轮胎打上"明日"商标，仍以50新元出售；而质量差的则打上"圣力"的标记，以10新元的价格投放市场。

市场信息反馈非常及时。消费者都认为"明日"的价格虽高，但质量有保证；而"圣力"出售的却是价低质差的劣等货。况且"圣力"公司的售价忽高忽低，摇摆不定，引起了新加坡众多批发商的疑虑，对价格纷繁复杂的"圣力"轮胎不敢进货。

陈新生之所以敢这样做，是因为他了解到"圣力"轮胎厂蔑视新加坡，没有将"圣力"牌轮胎向新加坡的任何商标局注册，待他们发现"明日"公司仿冒生产"圣力"轮胎时，也就无权提出保护商标的诉讼了。

最后，"圣力"公司不得不撤走新加坡分公司，喝下这杯自酿的苦酒，从此再也没有在亚洲市场上出现过。

陈先生攻占市场的战略的确值得人们去深入的研究。这种浑水摸鱼法，看似有违于商业道德，但从另一个方面即保卫自己的民族工业来说，却是值得称颂的。

只要在法律许可的范围内，为了在营利活动中取胜，去主动地"搅浑"市场，从中"渔利"，也未尝不可。

搅浑水的目的，是让对方迷惑而不是自乱阵脚，反之则会摸鱼不成还要损失渔具，偷鸡不成反蚀米了。

围魏救赵

围魏救赵，是三十六计中相当精彩的一种智谋，它的精彩之处在于，以逆向思维的方式，以表面看来舍近求远的方法，绕开问题的表面现象，从事物的本源上去解决问题，从而取得一招制胜的神奇效果。

庞涓围魏救赵

公元前354年，魏惠王欲报复失去中山的旧恨，便派大将庞涓前去攻打。这中山原本是东周时期魏国北邻的小国，后被魏国收服，后来赵国乘魏国国丧之际，伺机将中山强占了，魏将庞涓认为中山不过弹丸之地，距离赵国又很近，不如直接攻打赵国都城邯郸，既解旧恨又一举双得。魏王听从了庞涓的安排，欣欣然似霸业从此开始，即拨五百战车以庞涓为将，直奔赵国围了赵国都城邯郸。赵王急难中只好求救于齐国，并许诺解围后以中山相赠。齐威王应允，令田忌为将，并起用从魏国救得的孙膑为军师领兵出发。这孙膑曾与庞涓是同学，对用兵之法谙熟精通。魏王用重金将他聘得，当时庞涓也正事奉魏国。

且说田忌与孙膑率兵进入魏赵交界之地时，田忌想直逼赵国邯郸，孙膑制止说："解乱丝结绳，不可以握拳去打，排解争斗，不能参与搏击，平息

纠纷要抓住要害，乘虚取势，双方因受到制约才能自然分开。现在魏国精兵倾国而出，若我直攻魏国。那庞涓必回师解救，这样一来邯郸之围定会自解。我们再于中途伏击庞涓归路，其军必败。"田忌依计而行。果然，魏军离开邯郸，归路中又陷伏击与齐战于桂陵，魏部卒长途疲惫，溃不成军，庞涓勉强收拾残部，退回大梁，齐师大胜，赵国之围遂解。这便是历史上有名的"围魏救赵"的故事。

这个典故是指采用包抄敌人的后方来迫使它撤兵的战术。

围魏救赵，引申到在市场营销中指，对来势汹汹、实力强大的对手不进行正面角逐，避其锋芒，攻其不备注意之处，使其分散实力，最后达到战胜对手的目的。

我们来看下面一则小故事。

在20世纪30年代，由中国广大的爱国人士及民族企业家创办的一家生产橡胶的公司叫做利华公司。在那时，橡胶等较复杂的产品一般都由大国控制着。他们依靠国际贸易中的不平等地位及初级原料与加工原料之间的"剪刀差"攫取丰厚的利润。所以在国际市场上，他们一直保持着垄断地位。

利华公司的成立引起了国际橡胶垄断组织的恐慌。随后，他们决心不惜采取任何措施挤垮利华公司。美国的杜邦公司就是其中的一个。

为了使萌芽状态的中国橡胶工业胎死腹中，杜邦公司决定不惜一切代价在中国市场上搞削价竞争，以把利华公司挤掉。

这时的利华公司，在各个方面都没有丝毫的优势，所以如果在国内与杜邦公司进行削价竞争，结果只会在杜邦的攻势下因居高不下的成本而不战自败。因此，削价不能必免，但绝对不能在中国。只有从国外入手，使杜邦意识到利华公司的决心和勇气，才有可能战胜杜邦。于是，从国外市场反击的策略产生了。

利华公司决心在日本市场上和杜邦公司一决雌雄，与杜邦公司展开竞

争，同时声明，利华公司给予不高于杜邦橡胶的价格出售公司产品。

这项建议得到了王任中先生的同意，日本"三井"公司也决定代销橡胶。这一招果然灵验，原来在日本橡胶业占统治地位的杜邦公司的橡胶产品也不得不随之降价，扰乱了该公司在日本市场的阵脚。

因为杜邦在中国进行降价竞争时，本身也是赔本的，但为了尽快扩大市场占有率，从而达到挤垮利华的目的，他们不惜短期内进行倾销。但杜邦公司当初根本没有想到利华公司会在其经营了多年的老巢——日本的市场上首先展开攻势，而非在中国本土。

利华公司的策略的确击中了杜邦公司的要害。杜邦终于也明白了，要战胜利华公司，尤其在中国的土地上，这是根本不可能的。

尽管经过几次较量，但利华公司并未被杜邦公司挤垮，反而在竞争中使利华公司日趋壮大。因此，杜邦只得和利华讲和，同时郑重声明，今后绝对不再中国市场上搞降价竞销，同时杜邦同意做利华公司在日本的代理商，并付给利华35万银元做保证。

利华运用"围魏救赵"之法，使杜邦被牵着鼻子到处转，小小的利华终于得手，在竞争中取胜。

"围魏救赵"之法的精妙所在，是不要就事论事，头痛医头，脚痛医脚，而是要致力于找准抓死对手的薄弱处，而这一薄弱处又是能牵动对方全局之处，唯有如此，才能扭转局面，占据优势。

在激烈的市场竞争中，运用此法，对于掌握主动，叩开市场大门有重要的作用。任何强大的竞争对手，任何坚硬的市场大门，都有其相对的弱点，有其空虚的薄弱之处，只要避其锋芒之所向，攻其薄弱之所在，就能"救赵"于水火之中，解除强大对手的攻击，直至战胜强大的对手。

釜底抽薪

　　釜底抽薪，语出北齐魏收《为侯景叛移梁朝文》："抽薪止沸，剪草除根。"古人还说："故以汤止沸，沸乃不止，诚知其本，则去火而已矣。"这个比喻很浅显，道理却说得十分清楚。

　　釜底抽薪是兵家经常运用的法宝之一。

周亚夫平定"七国之乱"

　　公元前154年，吴王刘濞野心勃勃，他串通楚汉等七个诸侯国，联合发兵叛乱。他们首先攻打忠于汉朝的梁国。汉景帝派周亚夫率三十万大军平叛。这时，梁国派人向朝廷求援，说刘濞大军攻打梁国，他们已损失数万人马，已经抵挡不住了，请朝廷急速发兵救援。汉景帝命令周亚夫发兵去梁国解危。周亚夫说，刘濞率领的吴楚大军，素来强悍，如今士气正旺。我与他们正面交锋，一时恐怕难以取胜。汉景帝问周亚夫准备用什么计谋击退敌军，周亚夫说，他们出兵征讨，粮草供应特别困难，我们如能断其粮道，敌军定会不战自退。

　　荥阳是扼守东西二路的要冲，必须抢先控制。周亚夫派重兵控制荥阳后，分两路袭击敌军后方：派一支部队袭击吴、楚供应线，断其粮道；自己

亲自率领大军袭击敌军后方重镇冒邑。

　　周亚夫占据冒邑，下令加固营寨，准备坚守。刘濞闻报大惊，想不到周亚夫根本不与自己正面交锋，却迅速抄了自己的后路。他立即下令部队迅速往冒邑前进，攻下冒邑，打通粮道。刘濞数十万大军气势汹汹，扑向冒邑。周亚夫避其锋芒，坚守城池，拒不出战。敌军数次攻城，都被城上的乱箭射回。刘濞无计可施，数十万大军驻扎城外，粮草已经断绝。双方对峙了几天，周亚夫见敌军已数天饥饿，士气衰弱，已经毫无战斗力了。他见时机已到，调集部队，突然发起猛攻。精疲力竭、软弱无力的叛军不战自乱。叛军大败，刘濞落荒而逃，在东越被杀。

曹操夜袭乌巢

　　东汉末年，军阀混战，河北袁绍乘势崛起。公元199年，袁绍率领十万大军攻打许昌。当时，曹操据守官渡（今河南中牟北），兵力只有二万多人。两军离河对峙。袁绍仗着人马众多，派兵攻打白马。曹操表面上放弃白马，命令主力开向延津渡口，摆开渡河架势。袁绍怕后方受敌，迅速率主力西进，阻挡曹军渡河。谁知曹操虚晃一枪之后，突派精锐回袭白马，斩杀颜良，初战告捷。

　　由于两军相持了很长时间，双方粮草供给成了关键。袁绍从河北调集了一万多车粮草，屯集在大本营以北四十里的乌巢。曹操探听乌巢并无重兵防守，决定偷袭乌巢，断其供应。他亲自率五千精兵打着袁绍的旗号，衔枚疾走，夜袭乌巢，乌巢袁军还没有弄清真相，曹军已经包围了粮仓。一把大火点燃，顿时浓烟四起。曹军乘势消灭了守粮袁军，袁军的一万车粮草，顿时化为灰烬。袁绍大军闻讯，惊恐万状。供应断绝，军心浮动，袁绍一时没了主意。曹操此时发动全线进攻，袁军士兵已经丧失战斗力，十万大军四散溃

逃。袁军大败，袁绍带领八百亲兵，艰难地杀出重围，回到河北，从此一蹶不振。

釜底抽薪原意是从锅底下抽去燃烧的柴火，使水停止沸腾，比喻从根本上解决问题。

在市场竞争中，面对强大的对手，使用釜底抽薪之招法，从对方关键之处、要害部位发起进攻，遏制和削弱对方强大的力量源泉从而改变力量对比，以此来拓展自己的市场。

希腊船王击败世界上最大的石油公司

众所周知，沙特阿拉伯享有大自然赐予的得天独厚的宝贵财富——石油。1953年，世界石油总产量为6.5万吨，而沙特阿拉伯就占了4000万吨。

西方实业家嗅到了这块巨大的蛋糕，争先恐后地来到了这阳光炙人的国度，意在争取沙特石油的开采权和运输权。但阿美石油公司和沙特国王早就定有明确的垄断石油开采的合同：每采1吨石油给沙特相当数目的特许开采费，石油采出后，由阿美公司的船队运往世界各地。阿美公司的这堵高墙，严密地保护着它的特权，使那些冒险家扫兴而去。

然而，希腊船王奥纳西斯在设法搞到合同复制件后，经过仔细研究，发现合同并没有排斥沙特阿拉伯拥有自己的船队来从事石油运输。

这不是阿美石油公司严密防守的高墙缝隙吗？而且正是奥纳西斯完全有能力钻进去的可乘之机。

石油不运出沙特阿拉伯就不能获得它应有的市场价值。因此，只要设法垄断沙特阿拉伯石油的海运权，形式就会对阿美公司大为不利，其势力就会大大削弱，从而可以迫使它转让出部分股份，奥纳西斯就可以实现他直接插

手沙特阿拉伯石油业的夙愿了。

于是，奥纳西斯对沙特阿拉伯的王宫作了一次"闪电式"的访问，和年迈的国王作了长时间的密谈，最后说服国王自己买船运输石油。

几个月后，奥纳西斯和沙特阿拉伯国王签订了震惊世界石油业的《吉达协定》。协定规定：

成立"沙特阿拉伯船运有限公司"，该公司拥有50万吨的油船队，全部挂沙特阿拉伯国旗。该公司拥有从沙特阿拉伯油田开采的石油的运输垄断权，该公司的股东是沙特阿拉伯国王和奥纳西斯。

协定的签订宣告了奥纳西斯的成功。这个协定一旦全部施行，沙特阿拉伯和奥纳西斯各自想得到的都将得到，阿美石油公司却从根本之处遭到致命的打击。锅底燃烧正旺的柴被抽走了，锅里的水还能开吗？

奥纳西斯在沙特阿拉伯以"釜底抽薪"之法击败世界上最大的石油公司——阿美公司。

运用"釜底抽薪"之法的关键是要弄清竞争对手的"薪"，即制约或影响对方力量的根本所在或要害部位。

运用此法还必须具备"抽"的功力，否则"抽薪"不成，反被火烧，岂不是惹"火"上身。

打草惊蛇

打草惊蛇，语出段成式《酉阳杂俎》：唐代王鲁为当涂县令，搜刮民财，贪污受贿。有一次，县民控告他的部下主簿贪赃。他见到状子，十分惊骇，情不自禁地在状子上批了八个字："汝虽打草，吾已惊蛇。"打草惊蛇，作为谋略，是指敌方兵力没有暴露，行踪诡秘，意向不明时，切切不可轻敌冒进，应当查清敌方主力配置、运动状况再说。

打草惊蛇之计，一则指对于隐蔽的敌人，己方不得轻举妄动，以免敌方发现我军意图而采取主动；二则指用佯攻助攻等方法"打草"，引蛇出洞，中我埋伏，聚而歼之。

秦穆公袭郑

公元前627年，秦穆公发兵攻打郑国，他打算和安插在郑国的奸细里应外合，夺取郑国都城。大夫蹇叔以为秦国离郑国路途遥远，兴师动众长途跋涉，郑国肯定会作好迎战准备。秦穆公不听，派孟明视等三帅率部出征。蹇叔在部队出发时，痛哭流涕地警告说，恐怕你们这次袭郑不成，反会遭到晋国的埋伏，只有到崤山去给士兵收尸了。果然不出蹇叔所料，郑国得到了秦国袭郑的情报，逼走了秦国安插的奸细，作好了迎敌准备。秦军见袭郑不

成，只得回师，但部队长途跋涉，十分疲惫。部队经过崤山时，仍然不作防备。他们以为秦国曾对晋国刚死不久的晋文公有恩，晋国不会攻打秦军。哪里知道，晋国早在崤山险峰峡谷中埋伏了重兵。一个炎热的中午，秦军发现晋军小股部队，孟明视十分恼怒，下令追击。追到山隘险要处，晋军突然不见踪影。孟明视一见此地山高路窄，草深林密，情知不妙。这时鼓声震天，杀声四起，晋军伏兵蜂拥而上，大败秦军，生擒孟明视等三帅。秦军不察敌情，轻举妄动，"打草惊蛇"终于遭到惨败。

当然，军事上有时也可故意"打草惊蛇"而诱敌暴露，从而取得战斗的胜利。

李自成围困开封

李自成起义部队逐步壮大，所向披靡，公元1642年，围困开封。崇祯连忙调集各路兵马，援救开封。李自成部已完成了对开封的包围部署。敌人二十五万兵马和一万辆炮车增援开封，集中在离开封西南四十五里的朱仙镇。李自成为了不让援军与开封守敌合为一股，在开封和朱仙镇分别布置了两个包围圈，把敌军分割开来。又在南方交通线上挖一条长达百里、宽为一丈六尺的大壕沟，一断敌军粮道，二断敌军退路。敌军各路兵马，貌合神离，心怀鬼胎，互不买账。李自成兵分两路，一路突袭朱仙镇南部的虎大威的部队，造成"打草惊蛇"的作用，一路牵制力量最强的左良玉部队。击溃虎大威部后，左良玉果然因被围困得难以脱身，人马损失过半，拼命往西南突围。李自成故意放开一条路，让败军溃逃。哪知，左良玉退了几十里地又遇截击，面临李自成挖好的大壕沟，马过不去，士兵只得弃马渡沟，仓皇逃命。这时等在此地的伏兵迅速出击，敌军人仰马翻，尸填沟堑，全军覆没。

在营销中运用"打草惊蛇"之招法，不仅可以使商家了解和掌握竞争对手对市场的反应，减小市场风险，而且可以使营销决策更加合理化，从而把握好市场动态。

茅台跻身世界名酒之列

贵州的茅台酒在国内久负盛名，其名扬世界的方法在于妙用"打草惊蛇"之法。

在19世纪末的一次巴拿马世界名酒展评会上，送来展评的茅台酒因包装简陋而无人问津，我国酒商心中很不是滋味。当一大群品酒名家经过身旁时，这位中国酒商灵机一动，装作不小心将一瓶茅台酒摔破在地，顿时酒香四溢，满场皆惊，齐声称赞道："好酒！好酒！"茅台酒一举夺得世界金奖，跻身世界名酒之列。

在商战中，"打草"是要惊出"蛇"来，从而达到吸引注意、扩大影响的目的。使用打草惊蛇之法，商品销售现场是"草丛"，潜在市场就好比"蛇"，商家的商品就是打"蛇"的"竹竿"。打草惊蛇，洞悉市场反应，如果顾客对这种产品由衷的称赞，就可不失时机地投入生产。在促销中运用打草惊蛇之法，往往能以小的代价和投入，激发市场，吸引顾客的眼球，从而达到事半功倍成功开拓市场的效果。

打草惊蛇的目的在于控制住"蛇"，所以运筹帷幄、稳操胜券是打草惊蛇之前提，没有十二分的把握而去打草惊蛇，被蛇所伤，就得不偿失，有违用招的本意了。

鹬蚌相争，渔翁得利

西汉学者刘向的《战国策·燕策二》曰："蚌方出曝，而鹬啄其肉，蚌合而黚其喙。鹬曰：'今日不雨，明日不雨，即有死蚌。'蚌亦谓鹬曰：'今日不出，明日不出，即有死鹬。'两者不肯相舍，渔者得而并禽之。"即"鹬蚌相争，渔翁得利"，比喻双方争执不下，两败俱伤，让第三者占了便宜。

刘向在《战国策·燕策二》还讲了战国时期的一个故事：赵国准备与燕国开战，燕国就派了一位名叫苏代的外交官去赵国斡旋，这个苏代了不起，他对赵惠王举出鹬蚌争斗的例子，说咱们燕国与您的赵国如果发生战争，必然两败俱伤，秦国这个"渔翁"就会乘机吞并我们燕赵，赵惠王听了觉得很有道理，就放弃了战争计划。

"鹬蚌相争，渔翁得利。"在营销活动中，要善于利用客户之间的矛盾，促使其彼此争斗，等到两败俱伤之时，就可以轻而易举地将其置于控制之中，达到自己的营销目的。

某科研所想建一座办公楼，他们很希望把工程承包给具有国家二级企业称号的第二建筑工程公司，因为这个工程公司的技术力量很雄厚，又有丰富的建筑经验，同时设备先进，管理严格。但是同第二建筑工程公司的领导直

接谈判了几次，工程造价总也降不下来，科研所的领导为此伤透了脑筋。

怎样才能促使建筑公司主动降低承包价格呢？他们决定采用"鹬蚌相争"的计策。

一天，他们找到一个要价很低的乡镇企业办的工程队，请其同时参加与第二建筑工程公司的谈判，有意让两个工程承包单位的领导坐到同一个谈判桌上来。当第二建筑工程公司的领导得知乡镇企业的工程队要价很低，并且已快要成交时，非常着急，担心就要到手的生意被人抢走，就当场同乡镇企业工程队展开了价格战斗，气氛十分激烈。第二建筑工程公司的要价被逼得一让再让，当让到科研所认为比较满意的时候，便突然宣布工程承包给第二建筑工程公司。这样，科研所的办公楼不仅节省了一笔很大的开支，还保证了建筑质量。

随着现代商战的日趋激烈，"坐收渔利"并非都是单纯"坐观"、"坐等"。根据事物发展变化的规律，适时采取"坐收渔利"的策略，就不能"静观"，而应该制造点什么，为其中加点"油"添点"火"，以达到最佳的效果。

运用此招法要善于利用竞争对手相互间的矛盾为前提，在他们的矛盾中找到突破口，同时也要沉得住气，要有"游离"于矛盾之外的"大将风度"，要能够耐心等待，把握时机。

运用此招法，要慎之又慎，绝对不能走漏风声，否则对手相互之间既不"争"也不"斗"，联合起来共同对付你，不仅不能坐收渔利，而且还将引火烧身。

走为上策

　　"三十六计，走为上计"，这是三十六计中最为经典的一计。这句话出自《南齐书·王敬则传》："檀公三十六策，走为上计。"指战争中看到形势对自己极为不利时就逃走。现多用于做事时如果形势不利没有成功的希望，就选择退却、逃避的态度。

　　其实，我国战争史上，有很多"走为上"计运用得十分精彩的例子。

城濮之战

　　春秋初期，楚国日益强盛，楚将子玉率师攻晋。楚国还胁迫陈、蔡、郑、许四个小国出兵，配合楚军作战。此时晋文公刚攻下依附楚国的曹国，明知晋楚之战迟早不可避免。子玉率部浩浩荡荡向曹国进发，晋文公闻讯，分析了形势。他对这次战争的胜败没有把握，楚强晋弱，其势汹汹，他决定暂时后退，避其锋芒，于是对外假意说道："当年我被迫逃亡，楚国先君对我以礼相待。我曾与他有约定，将来如我返回晋国，愿意两国修好。如果迫不得已，两国交兵，我定先退避三舍。现在，子玉伐我，我当实行诺言，先退三舍（古时一舍为三十里）。"他撤退九十里，已到晋国边界城濮，仗着临黄河，靠太行山，足以御敌。他已事先派人往秦国和齐国求助。子玉率部

追到城濮，晋文公早已严阵以待。晋文公已探知楚国左、中、右三军，以右军最薄弱，右军前头为陈、蔡士兵，他们本是被胁迫而来，并无斗志。子玉命令左右军先进，中军继之。楚右军直扑晋军，晋军忽然又撤退，陈、蔡军的将官以为晋军惧怕，又要逃跑，就紧追不舍。忽然晋军中杀出一支军队，驾车的马都蒙上老虎皮。陈、蔡军的战马以为是真虎，吓得乱蹦乱跳，转头就跑，骑兵哪里控制得住，楚右军大败。晋文公派士兵假扮陈、蔡军士，向子玉报捷："右师已胜，元帅赶快进兵。"子玉登车一望，晋军后方烟尘蔽天，他大笑道："晋军不堪一击。"其实，这是晋军诱敌之计，他们在马后绑上树枝，来往奔跑，故意弄得烟尘蔽日，制造假象。子玉急命左军并力前进。晋军上军故意打着帅旗，往后撤退。楚左军又陷于晋国伏击圈，又遭歼灭。等子玉率中军赶到，晋军三军合力，已把子玉团团围住。子玉这才发现，右军、左军都已被歼，自己已陷重围，急令突围。虽然他在猛将成大心的护卫下，逃得性命，但部队丧亡惨重，只得悻悻回国。

这个故事中晋文公的几次撤退，都不是消极逃跑，而是主动退却，寻找或制造战机。所以，"走"，是上策。再说一个城濮大战之前，楚国吞并周围小国日益强盛的故事。

师叔七次佯装败退

楚庄王为了扩张势力，发兵攻打庸国。由于庸国奋力抵抗，楚军一时难以推进。庸国在一次战斗中还俘虏了楚将杨窗。但由于庸国疏忽，三天后，杨窗竟从庸国逃了回来。杨窗报告了庸国的情况，说道："庸国人人奋战，如果我们不调集主力大军，恐怕难以取胜。"楚将师叔建议用佯装败退之计，以骄庸军。于是师叔带兵进攻，开战不久，楚军佯装难以招架，败下阵

来，向后撤退。像这样一连几次，楚军节节败退。庸军七战七捷，不由得骄傲起来，不把楚军放在眼里。军心麻痹，斗志渐渐松懈，戒备渐渐失去了。这时，楚应王率领增援部队赶来，师叔说，"我军已七次佯装败退，庸人已十分骄傲，现在正是发动总攻的大好时机。"楚庄王下令兵分两路进攻庸国。庸国将士正陶醉在胜利之中，怎么也不会想到楚军突然杀回，仓促应战，抵挡不住。楚军一举消灭了庸国。师叔七次佯装败退，是为了制造战机，一举歼敌。

走为上，指敌我力量悬殊的不利形势下，采取有计划地主动撤退，避开强敌，寻找战机，以退为进。这在谋略中也应是上策。

走为上计，即"打得赢就打，打不赢就跑"。此计看似简单，却是三十六计中最为高明的一计。当自己完全处于劣势之时，"走"是最佳选择。"走"不是临场消极败走，而是有计划地主动撤退；不是一走到底，而是以退为进，寻找或制造战机，以图东山再起。在现代市场竞争中，不可一味攻击，必要时也得掌握撤退的办法。

我们来看下面一则小故事。

1965年，日本地价正是隆盛的时机，一向以购买不动产为主的西武集团突然停止标购，令许多人议论纷纷。

西武集团总裁堤义明此举是有其道理的，因为他获得情报，政府不会放任地价狂涨，一定会采取抑制行动，如果贪图一时的利益，将来就必须付出更大的代价，后来事实证明，他的这个决定是正确的。

当时，一些大企业、大公司眼看地价不断狂涨，纷纷加入战场，就连一些中小企业也都深怕赶不上这趟车。结果这些商战者全部掉到无底深渊，有的倒闭，有的则被庞大的负担压得喘不过气来。

堤义明从保龄球界的撤退，也是迅速而彻底的。

将保龄球这种娱乐引入日本的是堤义明，以品川为中心，设立第一个一

连串大规模的保龄球中心。后来此种娱乐形成一股潮流，后进的团体便争先恐后地加入，纷纷设立保龄球场，此时堤义明却下令收场，连建筑物都拆了。

一般员工都认为，现在才是赚钱的开始。然而，堤义明已经预见其将来竞争的激烈，势必造成经营困难，不如趁早抽身。实践证明，堤义明的撤退时明智的。

所谓"走"者，有被动主动之分，被动是迫于无奈，主动是充满信心。被迫逃亡，并非怯懦的表现；主动退却，也非英雄末路。这里所指的走，是因为环境已处于不利，设法转往别地另起炉灶，谋求东山再起之意。

商场竞争中，谁都没有"常胜"把握。面对市场与对手的瞬息万变，不机警不能应付，不变通无以达权，所争取的并非暂时得失，而是最后的胜利。所以，"不走"并非英雄，"走"也并非懦夫。

从营销的观点来看，"走"这一计的目的是避开不利于自己的市场，积极地攻占开发新的市场，而不是消极地退出市场。

趁火打劫

明代吴承恩《西游记》第十六回："正是财动人心，他也不救火，他也不叫水，拿着那袈裟，趁火打劫，拽回云步，经转山洞而去。"

趁火打劫的原意是：趁人家家里失火，一片混乱，无暇自顾的时候，去抢人家的财物。乘人之危捞一把，这可是不道德的行为。此计用在军事上指的是：当敌方遇到麻烦或危难的时候，就要乘此机会进兵出击，制服对手。《孙子·始计篇》云："乱而取之。"唐朝杜牧解释孙子此句说："敌有昏乱，可以乘而取之。"就是讲的这个道理。我国古代历史上运用此计破敌者不胜枚举。

越王勾践大破吴国

春秋时期，吴国和越国相互争霸，战事频繁。经过长期战争，越国终因不敌吴国，只得俯首称臣。越王勾践被扣在吴国，失去行动自由。勾践立志复国，十年生聚，十年教训，卧薪尝胆。他表面上对吴王夫差百般逢迎，终于骗得夫差的信任，被放回越国。回国之后，勾践依然臣服吴国，年年进献财宝，麻痹夫差，而在国内则采取了一系列富国强兵的措施。越国几年后实力大大加强，人丁兴旺，物资丰足，人心稳定。吴王夫差却被胜利冲昏了头脑，被勾践的假象迷惑，不把越国放在眼里。他骄纵凶残，拒绝纳谏，杀了一代名将

忠臣伍子胥，重用奸臣，堵塞言路。生活淫靡奢侈，大兴土木，搞得民穷财尽。公元前473年，吴国颗粒难收，民怨沸腾。越王勾践选中吴王夫差北上和中原诸侯在黄池会盟的时机，大举进兵吴国，吴国国内空虚，无力还击，很快就被越国击破灭亡。勾践的胜利，正是乘敌之危，就势取胜的典型战例。

多尔衮趁乱攻占北京

努尔哈赤、皇太极都早有入主中原的打算，只是直到去世都未能如愿。顺治即位时，年龄太小，只有七岁，朝廷的权力都集中在摄政王多尔衮身上。多尔衮对中原早就有攻占之意，想在他手上建立功业，以遂父兄未完成的入主中原的遗愿。他时刻虎视眈眈地注视着明朝的一举一动。

明朝末年，政治腐败，民生凋敝。崇祯皇帝宵衣旰食，倒想振兴大明。可是他猜疑成性，贤臣良将根本不能在朝廷立足，他一连更换了十几个宰相，又杀了明将袁崇焕，他的周围都是些奸邪小人，明朝崩溃大局已定。公元1644年，李自成率农民起义军一举攻占京城，建立了大顺王朝。可惜农民进京之后，立足未稳，首领们渐渐腐化堕落。明朝名将吴三桂的爱妾陈圆圆也被起义军将领掳去。吴三桂本是势利小人，惯于见风使舵。他看到明朝大势已去，李自成自立为大顺皇帝，本想投奔李自成巩固自己的实力。而李自成胜利之后，滋长了骄傲情绪，没把吴三桂看在眼里，抄了他的家，扣押了他的父亲，掳了他的爱妾。本来就朝三暮四的吴三桂，"冲冠一怒为红颜"，终于投靠满清，借清兵势力消灭李自成。多尔衮闻讯，欣喜若狂，认为时机成熟，可以实现多年的愿望了。这时中原内部战火纷飞，李自成江山未定，于是多尔衮迅速联合吴三桂的部队，进入山海关，只用了几天的时间，就打到京城，赶走了李自成。多尔衮志得意满登上金銮宝殿，奠定了满清占领中原的基础。

　　20世纪50年代末，香港经济开始进入快速发展阶段，然而破旧的厂房、棚屋、居民住宅，与高耸的英姿大厦显得很不协调。

　　在渣甸山的半山腰，有3个人朝着山下指指点点，为首的中年人是郭得胜，他左右两边分别站着冯景禧和李兆基。这三个人后来被称为香港地产界的"三剑客"。

　　1963年，"三剑客"注册成立了一家"新鸿基企业有限公司"，郭得胜被推选为董事会主席。"新鸿基"规模不大，实际资本300万港元。

　　1965年，香港发生银行挤兑风潮，英资利用危机，大举吞并华资银行。一波未平，一波又起。1967年，内地的"文化大革命"正进入高潮。北京红卫兵一把火烧了英国驻华使馆，又引发了香港"左"派把大字报贴到了港督府大门墙上，遭到英方暴力镇压。一时"中共即将用武力收复香港"的谣言四起，触发了移民大潮，香港地产业一落千丈。这对于有远见有胆识的人来说，却是一个千载难逢的机遇。

　　当香港众多富豪办理移民之际，"三剑客"却趁火打劫，逆流而上，不动声色地套回现金，大量吸纳廉价楼宇和地皮。

　　1968年，局势趋稳，地价回升，工商业又开始繁荣。70年代，地产开始出现高潮，"新鸿基"趁机将所建楼宇大批出售，在地价上大赚了一笔。由于实行分期付款，一时间雄霸了楼宇市场。

　　"三剑客"运用趁火打劫的经营绝招，在香港地产界创造了奇迹。

　　在营销中，运用此招法的要点是寻找竞争对手的漏洞、不足和薄弱环节，并抓住不放，实施有效攻击。

　　运用此招法的关键在于对"火"（市场趋势或者对手情势）有快速、及时、准确无误地分析和判断，否则"打劫"不成反而引火烧身。

　　运用此招的又一关键在于"趁"，这就需要出手快。时不待我、时不再来，一旦失去"火"旺之际，也就难"趁"了。

狐假虎威

"狐假虎威"，就是指狐狸假借了老虎的威风吓走了百兽。狐假虎威的故事，想必大家都非常熟悉。

有一天，一只老虎正在深山老林里转悠，突然发现了一只狐狸，便迅速抓住了它，心想今天的午餐又可以美美地享受一顿了。

狐狸生性狡猾，它知道今天被老虎逮住以后，前景一定不妙，于是就编出一个谎言，对老虎说："我是天帝派到山林中来当百兽之王的，你要是吃了我，天帝是不会饶恕你的。"

老虎对狐狸的话将信将疑，便问："你当百兽之王，有何证据？"狐狸赶紧说："你如果不相信我的话，可以随我到山林中去走一走，我让你亲眼看看百兽对我望而生畏的样子。"

老虎想这倒也是个办法，于是就让狐狸在前面带路，自己尾随其后，一同向山林的深处走去。

森林中的野兔、山羊、花鹿、黑熊等各种兽类远远地看见老虎来了，一个个都吓得魂飞魄散，纷纷夺路逃命。

转了一圈之后，狐狸洋洋得意地对老虎说道："现在你该看到了吧？森林中的百兽，有谁敢不怕我？"

老虎并不知道百兽害怕的正是它自己，反而因此相信了狐狸的谎言。狐狸不仅躲过了被吃的厄运，而且还在百兽面前大抖了一回威风。

百兽之中，狐狸本为弱者，借的是老虎之威便盛于强者。

在市场竞争中，运用狐假虎威之法，名不见经传的小企业就可以通过借势借力，实现宣传自己产品或企业的目的。此法不同于商业广告行为，而是经过精心策划，因此更能制造轰动效应。"狐假虎威"是一种精明的营销招法，具有投入少、见效快、收益大的效果，甚至有起死回生之奇效。

我们来看下面一则小故事。

1992年12月20日，著名的《纽约商报》刊出了新任总统克林顿夫人希拉里手举健力宝开怀畅饮的彩色照片，站在克林顿夫人旁边的是美国第二夫人戈尔夫人，与照片同时刊发的是介绍健力宝的文章。

对任何一种饮料来说，这都不愧为一次很大的成功。当天，健力宝强大的宣传攻势震撼了纽约，反响强烈。公司的电话铃声不断，各地的祝贺、赞誉接踵而来，富有魅力的市场把绣球抛向了它。许多美国人诧异地问："健力宝是怎样将饮料送到克林顿夫人手中的，并能让她笑眯眯地举起来？""美国第一夫人手中的健力宝会给社会带来什么？"

其实，这些照片并非克林顿"登基"后拍摄的，早在10月1日就拍摄好了。当时，克林顿还没有入主白宫，希拉里也只是"准总统"夫人，但他们随着竞选的顺利进展而声誉鹊起，他们的名字和形象已经受到全世界注目。那天晚上，克林顿助选大会在纽约湾的一条豪华游船上举行，4点30分，离会议召开还有2个小时，健力宝美国有限公司经理林奇曙和工作人员早早赶到码头，他们带来了健力宝和摄像机，准备拍一场绝妙的"外交广告"。他们通过了严密的检查，然后在游船上详细勘察了克林顿夫人将要经过的路线，预测她可能滞留的位置，选择了最佳的拍摄角度。一切准备就绪。6点30分，克林顿夫人和戈尔夫人在大批保安人员的簇拥下登上了游艇。

不出所料，两位夫人径直来到游艇的客厅会见当地的社会名流和有关客人。当她与站在纽约市政府代表旁边的"健力宝"人握手时，健力宝美国有限公司的小姐不失时机地用托盘捧上几罐健力宝。纽约市政府的美国朋友向

两位夫人介绍了健力宝是中国著名的健康饮品，林其曙及时向两位夫人敬上一杯。就在两位夫人笑盈盈地举杯引用健力宝的时候，早已守候多时的摄影师急忙频频按下了快门。于是，健力宝与克林顿夫人在一起的情景被载入健力宝历史的档案。当晚，两位身着旗袍、披着绶带的漂亮小姐，不断将健力宝送到热情洋溢的宾客手中，"中国魔水"在高举着火炬的自由女神像下大放异彩。

在场的记者对健力宝产生了浓厚的兴趣。职业敏感使他们认为："健力宝为民主党助选大会提供饮料。"其实，他们敏感过头了。林其曙在回答《美国之音》记者的现场采访时说："我们无意关注美国政治和总统大选，我们公司的目标是让美国人民了解和认识健力宝，并尽早享用健力宝。如果有机会，我们同样乐于参加共和党的助选大会。我们也希望布什总统的夫人芭芭拉女士能够喝上健力宝。"说话间，健力宝又扩大了自己的"市场"。由于第一夫人高举健力宝光可鉴人，当健力宝集团有限公司总经理岁末再抵美国召开新闻发布会时，备受关注，又掀起阵阵热浪，美国报刊又是撰写文章，又是刊登照片，为喜庆热烈的圣诞节平添了一段佳话。

健力宝就在这种氛围里举起大旗，向美国市场进军，第一批50万箱健力宝1993年开始远涉重洋。它的市场售价不低于可口可乐和百事可乐。此点为起点，健力宝昂首阔步进入世界市场。

注重创新，"狐假虎威"之法，看似平淡无奇而又简单，其实并不简单。世界上的事情就是这样，越是看似简单平淡的事情，越是大有文章可做。借跟借不大一样，庸手的借，只是拿来用之；高手的借，借中求变，借中求新。这借中创新，才是灵魂所在。

先声夺人

先声夺人，"声"即"声势"，"夺人"，动摇人心。先张扬自己的声势以压倒对方。也比喻做事抢先一步。这则成语就是从《军志》里的话转化而来的，表示先造成声势，以破坏敌人的士气。

宋元公平乱

宋国的司马华费逐有三个儿子：华驱、华多僚和华登。华多僚得国君宋元公的亲信，就经常在元公面前说两个弟兄的坏话。华登被迫逃亡到国外后，他又在元公面前诬陷华驱，说他打算接纳逃亡的人。宋元公经不住华多僚的一再挑拨，便派人通知华费逐，叫他驱逐华驱。华费逐知道这件事是华多僚干的，恨不得杀了他，但又只得执行元公的命令，准备叫华驱去打猎，然后打发他走。华驱了解到这是华多僚干的坏事，本想杀了他，但又怕父亲伤心，决定逃亡。临行时，华驱打算与父亲告别。不料，在朝廷上遇见了华多僚。他一时性起，就与侍从杀死了华多僚，并召集逃亡的人一起反叛宋国。元公请齐国的乌枝鸣帮助守卫城池。这年冬天，逃亡在外的华登带领了吴国的一支军队，前来支持华驱攻打宋国。眼看华登的队伍快要来到，有位名叫濮的大夫对乌枝鸣说："兵书《军志》上有这样的话：先向敌人进攻

可以摧毁敌人的士气；后向敌人进攻要等待他们士气衰竭。何不乘华登的军队很疲劳和还没有安定而进攻？如果敌人已经来到而且稳住，他们的人就多了，到那时我们就后悔不及了。"乌枝鸣听从了淄的建议。结果，宋国和齐国的联军击败了吴军，俘虏了两个将领。但是，华登率领余部又击败了宋军。宋元公想逃，淄拦住他说："我是小人，可以为君王战死，但不能护送你逃跑。请君王等待一下。"淄说完这话，一面巡行，一面向军士们喊道："是国君的战士，就挥舞旗帜。"军士们按照他的话挥舞旗帜。宋元公也壮着胆下城巡视，对军士们说："国家败亡，国君死去，这是大家的耻辱，不仅是我一个人的罪过，大家拼死打吧！"乌枝鸣命军士们用剑与叛军拼搏。齐军和宋军一起攻打华登，华登支持不住，节节败退。淄冲到前面刺死华登，将他的头砍下裹在战袍里，一边奔跑一边喊道："我杀了华登了！我杀了华登了！"

"先声夺人"意为先造成声势以压倒对方，也比喻做事抢先一步。在市场营销活动中，先声夺人之法的要义主要体现在带领着市场走，无论在产品开发上，还是市场开拓上或者售后服务上等等，都要比别人领先一步，让自己的营销活动引起市场新潮流。先声夺人法，在市场销售中大有作为，特别在商家的品牌包装盒广告促销上，常能得到出奇制胜之效果。

20世纪80年代，美国建筑界对薄而强度大、不易破碎的玻璃产品的需求日益增多，各厂家展开了角逐。歌露博·亚美提公司虽然开发了一种由四层夹层构成的"安全轻便4X"型玻璃，但怎样才能在激烈的竞争中打开市场呢？为此，亚美提展开了一场"先声夺人"的营销公关战。

他们将玻璃新产品镶在柜台上，在玻璃杯面贴了一张1万美元的支票，旁边放着几根球棒，告示上写着"请你击打3次，击破玻璃者，可以取走这张1万美元的支票。"然后邀请公众参加这一展示活动，并邀请了各新闻媒介参加，进行现场报道，散发了印制精美的产品介绍。他们请每个参加展示活动

者都来做打破玻璃试验，结果没有一个人能够击破玻璃得到支票。

此举经过新闻媒体大加渲染，一下子形成了极大的轰动效应，加之该公司在各主要媒体上同时展开了强烈的广告宣传攻势，更是推波助澜，声势如潮。

这一策略果然取得竞争主动，在竞争对手还没醒过神来、来不及反击时，亚美提公司占了先机，收到了大量订单。

我们来看下面一则小故事。

1994年，地处西北的兰州爆发了一场引人注目的"家具大战"，上海、浙江、广东等地数十家颇具实力的家具厂纷纷参加角逐。大战硝烟未散，胜负已见分晓。然而，令人们惊奇的是这场家具大战的胜家，不是来自东南沿海实力雄厚的大厂商，而是来自甘肃中部干旱地区的企业——定西杭州家具有限公司。它们取胜的策略就是"先声夺人"，在声势上压倒竞争对手，在声誉上高于竞争对手。

该公司在进军兰州前，首先进行了认真的市场调研，他们发现作为西北商贸中心的兰州市，还没有一家专门经营高中档家具的大型商场，许多用户为了购得一套可心的家具不远千里从广东托运。于是，该公司在兰州创办了兰州体育馆国际精品家具城，一项以专营本公司和国内外高中档家具为方向，以优质服务为宗旨，以集中力量、先声夺人为策略的企划方案开始实施。

一夜之间，兰州市被铺天盖地、遍布全市的横幅广告所包围、所吸引："精品家具何处寻，众人皆指体育馆"；各大报纸、电视、电台上的广告轮番轰炸，"体育馆精品家具城"深深地印在兰州人的脑海里。前来参观者、挑选购买者，络绎不绝。该公司"先声夺人"之法，在声势上压倒了所有竞争对手，一炮走红全城。

运用此招法的前提是"先","先人有夺人之心,后人有待其衰",抢先就占据主动,胜券在握。

运用此招法对市场做到心中有数,精于策划,以"先声"从各方面压倒对手,夺得顾客或者市场。

必须以优质的产品和服务为依托,使其"声"足以让消费者在情感上引起共鸣、产生强烈的吸引力,从而达到"夺人"之目标。

第五章

掌握销售学心经

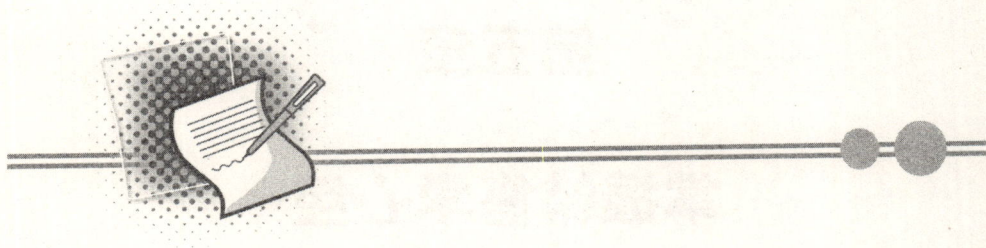

实践是检验真理的唯一标准。本章收录了市场销售方面的经典营销小故事，每则小故事浓缩了一个销售案例的精华，通俗而寓意深刻，简单而引人深思，你既可以把它们作为茶余饭后的谈资，也可以视它们为理论上的指导，让你在轻松一笑的同时有所领悟。它们像一把把利剑，助你驰骋商场，使你的销售技巧在不知不觉中得到提升，让你不再因为积压而愁眉苦脸，不再因为同行的排挤而萎靡不振。

永远都要坐前排

记得一位哲人曾经说过：无论做什么事情，你的态度决定你的高度。

20世纪30年代，英国一个名不见经传的小镇里，有一个叫玛格丽特的小姑娘，自小就受到严格的家庭教育。父亲经常向她灌输这样的观点：无论做什么事情都要力争一流，永远坐在别人前头，而不能落后于人。"即使是坐公共汽车，你也要永远坐在前排"。父亲从来不允许她说"我不能"或者"太难了"之类的话。

对年幼的孩子来说，他的要求可能太高了，但他的教育在以后的年代里被证明是非常宝贵的。正是因为从小就受到父亲的"残酷"教育，玛格丽特才培养了积极向上的决心和信心。在以后的学习、生活或工作中，她时时牢记父亲的教导，总是抱着一往无前的精神和必胜的信念，尽自己最大努力克服一切困难，做好每一件事情，事事必争一流，以自己的行动实践着"永远坐在前排"的教诲。

玛格丽特上大学时，学校要求5年的拉丁文课程，她凭着自己顽强的毅力和拼搏精神，硬是在一年内全部学完了。令人难以置信的是，她的考试成绩竟然还名列前茅。

其实，玛格丽特不光在学业上出类拔萃，她在体育、音乐、演讲及学校的其他活动方面也都一直走在前列，是学生中凤毛麟角的佼佼者之一。当年她所在学校的校长评价她说："她无疑是我们建校以来最优秀的学生，她总

是雄心勃勃，每件事情都做得很出色。"

正因为如此，40多年后，英国乃至整个欧洲政坛上才出现了一颗耀眼的明星，她就是连续四年当选保守党领袖，并于1979年成为英国第一位女首相，雄踞政坛长达11年之久，被誉为"铁娘子"的玛格丽特·撒切尔夫人。

"永远都要坐前排"是一种积极的人生态度，它可以激发你一往无前的勇气和争创一流的精神。在这个世界上，想坐前排的人不少，真正能够坐在"前排"的却总是不多。许多人所以不能坐到"前排"，就是因为他们把"坐在前排"仅仅当成了一种人生理想，而没有采取具体行动。那些最终坐到"前排"的人之所以成功，是因为他们不但有理想，更重要的是他们把理想变成了行动。

一位哲人说过：无论做什么事情，你的态度决定你的高度。撒切尔夫人的父亲对孩子的教育给了我们深刻的启示。

市场销售人员在市场销售中，要永远保持积极的态度，无论处境如何，只要你时时保持积极向上的精神，困难一定会被击败。

一颗石头的价值

有一个生长在孤儿院的小男孩，常常悲观地问院长："像我这样没人要的孩子，活着究竟有什么意思？"

有一天，院长交给男孩一块石头说："明天早上，你拿这块石头到市场去卖，但不是真卖。记住，无论别人出多少钱，绝对不能卖。"

第二天，男孩拿着石头蹲在市场的角落里，意外地发现，有不少人好奇地对他的石头感兴趣，而且价钱愈出愈高。

回到孤儿院，男孩兴奋地向院长报告，院长笑笑，要他明天拿到黄金市场去卖，在黄金市场上，有人出比昨天高出10倍的价钱来买这块石头。

最后，院长叫孩子把石头拿到宝石市场上去展示。结果，石头的身价又涨了10倍，但是由于男孩怎么都不卖，竟被传扬为"稀世珍宝"。

男孩兴冲冲地捧着石头回到孤儿院，把这一切告诉给院长，并问为什么会这样。

院长没有笑，望着孩子慢慢说道："生命的价值就像这块石头一样，在不同的环境下就会有不同的意义。一块不起眼的石头，由于你的珍惜，惜售而提升了它的价值，竟被传为稀世珍宝。你不就像这块石头一样吗？只要看重自己，自我珍惜，生命就有意义，有价值。"

其实，世界上每个人都生存在不同的环境中，充当不同的角色，决定高

低贵贱的价值。你给自己定位越高，你的价值可能就越高。

同样的东西，越是惜重，便会越有意义。

一位初学有成的画家带着自己的作品，在朋友的帮助下，靠七拼八凑拉赞助的款子到北京办起了画展。画展上有个人似乎是个行家，对美术很有研究地从头至尾看着一幅画，这必然引起画家的注意。这位中年人用了半天时间才看完了画家的60多幅画，然后问画家："你的这些画出售吗？"

画家以为自己听错了，他连做梦也没有想到自己的习作在北京会有人买。待中年人再说一遍时，他忙不迭地说："卖卖卖！"

来人称自己姓张，在出版社做美术编辑，自己不买画，但可以给画家找到买主，他的条件是自己要收取10%的中介费。

画家心想，只要能卖个大价钱，10%算得了什么。

张编辑走了，画家也冷静下来，觉得他说的也不过是个闲话。

结果，就在画展的最后一天，张编辑真的带了一个买主过来。来人左看右选，最后挑中了其中的12幅，一番讨价还价之后，终于以150美元一张的价格成交。

画家乐滋滋地数了180美元给张编辑，还说了许多感激的话。他为张编辑给自己带来的意外收获所陶醉。

画家回到家还在为自己的第一次画展的成功而沾沾自喜。

两个月后的一天，他无意间打开一张报纸，看到了一则报道，不由得让他大跌眼镜。报道说了一件事，正是他自己的作品在巴黎一个画展上展出，这个画主的主题叫"抄袭的杰作"。

原来，画家的作品正是模仿乔治·修拉的杰作。在巴黎的画展上，画家的作品被卖到每幅一万美金以上。那年正是修拉大师逝世一百周年。这个因为名不见经传而不自信的画家更是不知道，张编辑因为一双慧眼，已经从港

商那里得到了高于他全部画价的报酬。

看完上面两则小故事，我们就可以理解"惜售"二字，就可明白什么才是真正意义上的"奇货可居"，不是因为货"奇"才"居"，而是因为"居"了，才是奇货。

把冰卖给爱斯基摩人

在一家名叫天威的天线公司。总裁来到营销部，让大伙针对天线销售工作各抒己见，畅所欲言。

销售部胖乎乎的张经理耷拉着脑袋叹息说："人家的天线三天两头在电视上打广告，我们公司的天线毫无知名度，我看这库存的天线真够呛。"部里的其他人也随声附和。

总裁脸色阴霾，扫视了大伙一圈后把目光驻留在进公司不久的一位年轻人身上。总裁走到他面前，让他说说对公司营销工作的看法。

年轻人直言不讳地对公司的销售工作存在的弊端提出了个人意见。总裁认真地听着，不时地嘱咐秘书把要点记下来。

年轻人告诉总裁，他的家乡有十几家各类天线生产企业，唯有001天线在全国知名度最高，品牌最响亮，其余的都是几十人或上百人的小规模无线生产企业，但无一例外都有自己的品牌，有两家小公司甚至把大幅广告做到001集团的对面墙壁上，敢与知名品牌一争高下。

总裁静静地听着，挥手示意年轻人继续讲下去。

年轻人接着说："我们公司的老牌天线今不如昔，原因颇多，但归结起来或许就是我们的销售定位和市场策略不对。"

这时候，营销部经理对年轻人这些似乎暗示他们工作无能的话表示了愠色，并不时向年轻人投来警告的一瞥，最后不无讽刺地说："你这是书生意气，只会纸上谈兵，尽讲些空道理。现在全国都在普及有线电视，天线的滞

销是大环境造成的。你以为你真能把冰推销给爱斯基摩人？"

经理的话使营销部所有人的目光都射向年轻人，有的还互相窃窃私语。

经理不等年轻人"还击"，又不由分说地将他一军："公司在甘肃那边还有5000套库存，你有本事推销出去，我的位置让你坐。"

年前人提高声音朗声说道："现在全国都在搞西部开发建设，我就不信质优价廉的产品连一家小天线厂也不如，偌大的甘肃难道连区区5000套天线也推销不出去？"

几天后，年轻人风尘仆仆地赶到了甘肃省兰州市天元百货大厦。大厦老总一见面就向他大叹苦经，说他们厂的天线知名度太低，一年多来仅仅卖掉了百来套，还有四千多套在总店各家分店积压着，并建议年轻人去其他商场推销看看。

接下来，年轻人跑遍了兰州几个规模较大的商场，有的即使代销也没有回旋余地，因此几天下来毫无收获。

正当沮丧之极，某报纸上一则读者来信引起了年轻人的关注，信上说那儿的一个农场由于地理位置关系，买的彩电都成了聋子耳朵——摆设。

看到这则消息，年轻人如获至宝，当即带上十来套样品天线，几经周折才打听到那个离兰州有一百多公里的金晖农场。信是农场场长写的。他告诉年轻人，这里夏季雷电较多，以前常有彩电被雷击毙，不少天线生产厂家也派人来查，知道问题都出在天线上，可查来查去没有眉目，使得这里的几百户人家也再也不敢安装天线了，所以几年来这儿的黑白电视只能看见哈哈镜般的人影，而彩电则只是形同虚设。

年轻人拆了几套被雷击的天线，发现自己公司的天线与他们的毫无二致，也就是说，他们公司的天线若安装上去，也免不了重蹈覆辙。年轻人绞尽脑汁，把在电子学院几年所学的知识在脑海里重温了一遍，加上所携带仪器的配合，终于真相大白，原因是天线放大器的集成电路板上少装了一个电感应元件。这种元件一般任何型号的天线上都是不需要的，它本身的信号放大不起任何作用，厂家在设计时根本就不会考虑雷电多发地区，没有这个元

件天线就等于成了一个引雷装置，它可直接将雷电引向电视机，导致线毁机亡。

找到问题症结，一切都变得迎刃而解了。不久，年轻人将从商厦拉回的无线放大器上全部加装了感应元件，并将此天线先送给场长试用了半个多月。期间雷电交加，但场长的电视机安然无恙。此后，单农场就订了五百多套天线。同时热心的场长还把年轻人的天线推荐给附近存在同样问题的5个农林场，又给他销售出去两千套天线。

一石激起千层浪，短短半个月，一些商场的老总主动向年轻人要货，连一些偏远县市的商场采购员也闻风而动，原先库存的五千套天线当即告罄。

一个月后，年轻人筋疲力尽地返回公司。而这时公司如同迎接凯旋的英雄一样将他披红挂彩地夹道欢迎。营销部经理也已经主动辞职，公司正式下令任命年轻人为新的销售部经理。

在这个时代，做市场营销若是缺乏相关知识是不行的啊。

摩根家族的信誉

1835年，摩根先生成为一家名叫"伊特纳火灾"的小保险公司的股东后不久，有一家在伊特纳火灾保险公司投保的客户发生了火灾。按照规定，如果完全付清赔偿金，保险公司就会破产。股东们一个个惊慌失措，纷纷要求退股。

摩根先生斟酌再三，认为自己的信誉比金钱重要。他四处筹款并卖掉了自己的房产，然后他将赔偿金如数返还给了那位投保的客户。

一时间，伊特纳火灾保险公司声名鹊起。

几乎已经身无分文的摩根先生还清了保险公司所有客户的保险金，但保险公司已经濒临破产。无奈之中他打出广告，凡是再参加伊特纳火灾保险公司的客户，保险金一律加倍支付。不料客户很快蜂拥而至，伊特纳火灾保险公司从此崛起。

许多年后，J·P·摩根主宰了美国华尔街金融帝国，而当年的摩根先生，正是他的祖父，是美国亿万富豪摩根家族的创始人。

成就摩根家族的并不仅仅是一场火灾，而是比金钱更有价值的信誉。

这不禁让人想起了海尔首席执行官张瑞敏先生。

1985年的一天，张瑞敏的一位朋友要买一台冰箱，结果挑了很多台都有毛病，最后勉强拉走一台。朋友走后，张瑞敏派人把库房里的400多台冰箱

全部检查了一遍，发现共有76台存在各种各样的缺陷。张瑞敏把职工们叫到车间，问大家怎么办。多数人提出，也不影响使用，便宜点儿处理给职工算了。当时一台冰箱的价格800多元，相当于一名职工两年的收入。张瑞敏说："我要是允许把这76台冰箱卖了，就等于允许你们明天再生产760台这样的冰箱。"他宣布，这些冰箱要全部砸掉，谁干的谁来砸，并抢起大锤亲手砸了第一锤！很多职工砸冰箱时流下了眼泪。在接下来的一个多月里，张瑞敏发动和主持了一个又一个会议，讨论的主题非常集中："如何从我做起，提高产品质量。"三年以后，海尔人捧回了我国冰箱行业的第一个国家质量金奖。

张瑞敏说："长久以来，我们有一个荒唐的观念，把产品分为合格品、二等品、三等品还有等外品，好东西卖给外国人，劣等品出口转内销自己用，难道我们天生就比外国人贱，只配用残次品？这种观念助长了我们的自卑、懒惰和不负责任，难怪人家看不起我们。从今往后，海尔的产品不再分等级了，有缺陷的产品就是废品，把这些废品都砸了，只有砸得心里流血，才能长点记性！"

海尔享誉中外，主要是因为它对消费者一诺千金，它的信誉无价啊。

一套传奇的西服

　　20多年来，"福记"始终是那块老招牌，提起"福记西服"，是无人不知，无人不晓。朱老板也总是那个笑容，挺着啤酒肚，站在店门口盯着每个过客的西装，上下打量。看到剪裁高明的，朱老板一定主动赞美："这位先生，你的西服在哪儿做的？真高明！"遇到水平一般的剪裁，朱老板也很厚道，即使对方请他品评，他也只是笑笑："还不错！还不错！"

　　不知是否就因为朱老板会做人，所以生意兴隆，20年不衰。有人眼红，在旁边也开了几家缝纫店，都抢不过朱老板。

　　其实，"福记西服"的价钱并不便宜，式样也不算新潮。甚至可以说，朱老板人固然和蔼，做生意却有点怪。

　　譬如有人自己拿布料上门，请朱老板剪裁，料子太差的，朱老板一定拒收；顾客要求特别的花样，朱老板也难得接受。算算，这推出去的生意还真不少。

　　妙的是，每个"福记西服"的员工，都跟朱老板有同样的坚持，甚至出去开了分店，仍然秉持朱老板的原则。据说他们都是在看到朱老板的一件法宝之后，就成了忠实的信徒。

　　那"法宝"是一件西服上装。

　　"这是我早年在上海开业时做的。"朱老板总是指着那套衣服说，"有一天来了位顾客，拿着料子，要我为他剪裁，我一看布料，说：'这料子太差了，只怕不值得吧？'顾客回答：'你只管赚工钱就成了，管什么料

子？'我心想也对，就接了。"朱老板解开那件衣服的口子，叹口气，"接着，那顾客又要我把扣子和扣眼缝成不一样高。我笑说，那不是太滑稽了吗？顾客还是那句话：'你照做，只管赚工钱就成了！'我再想，只要他给钱，有什么问题呢？就答应了。"

朱老板眼睛一瞪，目射寒光："没多久，对门开了一家西服店把我的生意全抢了。只要有客人去，那店老板就会拿出一套衣服给他看，让对方摸摸布料，看看扣子，再翻翻领子里钉的商标，那是我的商标啊！"

停了半晌，朱老板举起手上的西装："我不得不关门大吉。临走，我到对面那家店。拜访了他们老板，正是来我这儿做西装的那个客人。我说：'我要走了，再也不回上海混，唯一的请求是，能不能让我买回自己做的那套西装？'他给了，就是我现在手里这套。末了，他对我说：'年轻人，钱固然重要，原则却更重要啊！'"

几十年过去了，这套西服一直悬挂在"福记"的柜子里，每个店员打开柜门拿东西时都能看到。

失败的营销往往就是输在蝇头小利上，但事实上，眼前的、短期的利益是非常次要的。

阿迪达斯的忧伤

　　在世界知名品牌的运动鞋里阿迪达斯曾经优秀得无可匹敌，很长一段时间里，它使另外品牌的鞋子相形见绌。其成功的主要因素是质量，信誉和款式的别出心裁。1954年世界杯球赛，德国足球队非常神奇地击败了原本夺冠呼声极高的匈牙利队，捧走了金杯，这场比赛他们所穿得的阿迪达斯运动鞋底布满了鞋钉，那是一种很特殊的钉子，能使穿鞋者非常有效地稳住自己的身体，即使是泥泞的雨天。这是阿迪达斯飞快成名的一个实例。

　　阿道夫·达勒斯，这个很敬业的德国人，便是始创于1949年的阿迪达斯制鞋公司的缔造者和长达30年的统帅人物。然而，在1978年达勒斯先生去世时，他的临终憾事却是：如果自己没有犯下那些本该避免的错误，也许阿迪达斯依然占据着统治地位，或者说，至少耐克公司三分之一的市场份额仍是属于自己的，对方的翅膀根本硬不起来。一失足成千古恨，一连串的决策错误直接妨碍了阿迪达斯鞋子向前奔跑的速度。

　　事情开始于20世纪70年代下半时，有一个很微妙的现象发生了：厌倦了"性解放"的美国人开始热衷于散步和跑步，运动鞋的销量逐渐增加。

　　毫无疑问，在世界商品销售的运动走向及平衡曲线上，美国一直是个你不得不承认的最重要砝码。好了，当有4000万美国人把手伸向运动鞋柜台时，不少制鞋公司纷纷出现，连南斯拉夫和远东地区都涌现了无数运动鞋加工厂。但应该说，这仍是阿迪达斯公司充分施展的好机会。

不料，一向机灵的达勒斯先生这一回踩错了舞步。

首先，达勒斯先生完全低估了市场对运动鞋急速增长的需求。虽然德国与美国相隔大片陆地和整整一个大西洋，但市场信息却是很通畅的。达勒斯先生一向固执地认定，运动鞋的销售量不可能长久地呈直线上升趋势，它的上升肯定是缓慢的，沉稳的。

他甚至认为，让街上这些衣冠楚楚的先生小姐们都套上这类好像过于随意的运动鞋，简直是在做梦。

因此，即使好奇的美国人喜欢它，也不过是一时新鲜和热闹，根本用不着扩大投资，扩大生产规模或者说花很多人力物力跑到美国去推销阿迪达斯。曾有市场预测人员向他提供能够说明目前市场动态的一些材料，可日耳曼人的固执和保守使达勒斯先生依然不为所动。

其次，达勒斯先生完全低估了竞争对手的实力，特别是他的开发和销售攻势。他始终认为自己已经是一个霸主，已经控制了大部分的市场份额，稳住就行了。根本犯不着与小公司计较，更犯不着动用大炮轰击蚊子的过激手段。当耐克公司沿用阿迪达斯公司最初使用的生产经营思路时，达勒斯先生更是觉得好笑和满足：对方只是一个生手，一个学徒，而大度的师傅是不必加以阻拦的。结果却是，耐克公司将所学的种种技巧发挥得出神入化，青出于蓝。况且，运用阿迪达斯的那一套反过来展开凌厉的攻势，点到痛处，击中要害，其势更不可挡。学生最终成功地击败了自以为是的师傅。

再次，达勒斯先生过高地评价了自己所拥有的市场竞争实力。他认为主动权一直握在自己手里。在瞬息万变的市场中，这样的想法在如此一家大公司里居然根深蒂固，这实在太不可思议了。当局势终于大坏，众人皆大惊失色之际，阿迪达斯公司采取了必要的行动：研究新产品，扩大宣传，登陆美国，组织倾销。然而，这一剂剂补药并不奏效，很大的一块肉被他人割去了，原本强劲的公司几乎体无完肤。

随着时间的推移，等到了20世纪70年代末，阿迪达斯的鞋子由此不得不跑慢了，这是达勒斯先生最不愿意看到的一幕，谁能理解临终时这位知名商

人的复杂心情呢？

　　这则故事说明了一个问题：对环境变化的漠然和墨守成规，是个人或团体失去斗志，失去市场的危险信号。不论是谁，最大的遗憾往往是自身没有把握住最关键的那几步。所以，市场营销人员一定要记住：永远不可有放弃某个市场的念头。

麦当劳的危机

麦当劳公司的创办人雷·Ａ·克洛克早在1965年就宣称："我不知道在2000年的时候我们会提供什么样的服务，但我们一定会比别人提供更多的服务。"克洛克的预言非常准确，麦当劳已经主导快餐业超过了40年。但在新世纪的今天，麦当劳的"黄金拱门"也出现了裂缝。

第一家麦当劳餐馆是1937年在加利福尼亚的帕萨丹那东部的一个小停车场里开业的，那里快乐的顾客享用着汽车餐馆里的侍者提供的热狗。当美国人的口味发生变化以后，"黄金拱门"也随之改变了，汽车餐馆被室内餐厅所代替。60年代，麦当劳的巨无霸汉堡从其他种类的汉堡中脱颖而出。80年代早期，当顾客们厌倦了牛肉的时候，麦当劳又推出了小块的炸鸡，这正好迎合了顾客们的口味。在这个过程，麦当劳标志遍布了全球。

但是保持领头羊的地位却不是一件容易的事情。汉堡王和温迪斯渐渐赶了上来，麦当劳似乎失去了它的竞争优势。麦当劳的最新一件产品是1983年推出的鸡块。90年代，麦当劳曾经尝试比萨饼和维吉汉堡，并且不成功地尝试用倒霉的"豪华拱门"进入成人快餐市场。然后，麦当劳拒绝了顾客一系列的打折要求，使情况变得更糟了。

虽然麦当劳仍拥有全美快餐汉堡市场42%的市场份额，但数据表明，麦当劳正面临着严重问题。1997年，他的销售额只有微不足道的7%的增长。1987到1997年间，虽然餐厅数量增加了50%，但麦当劳在整个快餐市场的份额下降

了近两个百分点，到了16.2%，每个餐厅的利润下降了20%。

麦当劳的一些市场人员建议说，公司需要一个市场开发战略，甚至建议推出一个连锁餐厅，以利用美国人对墨西哥以及其他民族食品的越来越大的爱好。另外的人则认为，应该想办法来增加菜单的内容，以获取更多的利润。另外一种存在的想法是，建议麦当劳品牌，推出与以前完全不相同的产品，比如利用麦当劳在孩子们当中的受欢迎程度销售玩具。麦当劳可以继续在国际市场扩张，因为麦当劳目前60%的利润来自于其迅速发展的国际部门。但是新的国际市场扩张，意味着忽略了更容易的市场（比如说伦敦和莫斯科），而进入更具有挑战性的市场（比如德国和日本）。

当然，这些挑战中并没有能解决被很多人认为是麦当劳目前发展缓慢的主要原因的一个问题：食品的质量。当麦当劳将注意力集中到开更多的新店时，美国人想要的却是更好的食品和更好的种类变化。很多每个月至少吃一次快餐的顾客来说，温迪斯和汉堡王的味道更好。在《商务周刊》与哈里斯公司共同进行的民意测验中，麦当劳的食品味道在91家中位于第87位。这些顾客认为，味道和质量在他们选择餐厅是非常重要，而它们的方便性以及速度就不那么重要了。

从麦当劳所遭遇的危机中我们可以得出一条市场销售的秘诀：不管当初你占有多少市场，在这个竞争越来越激烈的时代，绝对必须以变应变。

花花公子何去何从

花花公子公司是美国最著名的企业之一，就因为他拥有闻名遐迩的《花花公子》杂志。该组织起步于20世纪50年代，当时，它的创立者休·海夫纳用为数不多的资金，推出了这本具有创新精神的杂志。这本"出身低微"的杂志在封面上用了玛丽莲·梦露的肖像，而且你可以猜到，中间插页里也用了。这引起的轰动效应，使《花花公子》杂志一举成名。关于该杂志是否符合道德，以及随之而来的知名度，加上60～70年代人们态度的改变，都把该公司变成了一个年收入超过2亿美元的娱乐业巨头。

在60～70年代，《花花公子》杂志的发行量大增。同时，在纽约、亚特兰大或者达拉斯，最热门的一种地位象征产品就是"花花公子俱乐部钥匙"，这是一种钥匙形状的信物，要进入任何花花公子俱乐部都要出示它。在俱乐部，身上穿得很少的姑娘，给俱乐部成员拿来吃的喝的。百货商店里销售着带有"花花公子"小兔子标志的钥匙链、体恤衫，甚至是男子拳击短裤。

但是潮流再次改变了。"花花公子"迷们逐渐变老，俱乐部也丧失了它们的吸引力。实际上，文化气氛已经使人们不再急于认同一个组织，有的人仍然把"花花公子"组织看作是不道德的，还有人把它看作是在侮辱妇女。类似的，在20世纪90年代，男性杂志的成熟市场也不再喜欢中间插页，而更喜欢那些讨论男人认为重要的问题的文章。这种变化遏制了《花花公子》杂志的增长，降低了公司1994年的整体利润。有的专家指出，像《男子健康》

这样的杂志很成功，他们觉得，在90年代初期，《花花公子》没有购买并引发新的男性杂志，这似乎是在丧失良机。

有人担心，任何企业只要跟《花花公子》联系在一起，就会遭受该杂志近年来遭受到的冷遇。但《花花公子》作出的选择是把自己的中心转到娱乐业上。在美国，它可以集中精力制造家庭影碟，推销"花花公子"品牌的流行电影影碟。公司也可以继续自己的实验，在光盘上刻录"花花公子"访谈，并建立一个网页，一边抵消杂志造成的损失，但成功与否，还在很大程度上取决于"花花公子"的那个小兔子标志，以及人们如何看待这个标志。

从这则小故事中我们可以得出以下结论：在变幻莫测的市场面前，如果不紧跟时代潮流，任何一个叱咤风云的霸主都不能永远地保持其统治地位。

大师的败笔

　　建筑大师一生杰作无数，在过完65岁寿诞之后，他向外界宣称：等完成封笔之作便归隐山林。一言方出，求他设计楼宇者便踏破门庭。

　　大师有他自己的想法，他一生学富五车，阅历无数，最大的遗憾就是时下人们批评的，把城市空间分割得支离破碎，楼房之间的绝对独立加速了都市人情的冷漠。他自己也深有感触。于是，灵感像火花一样迸射出来，一种崭新的创作理念也日趋成熟——他要打破传统的楼房设计形式，力求让住户之间开辟一条交流和交往的通道，使人们相互之间不再隔离而充满大家庭般的欢乐与温馨。

　　一位颇具胆识和超前意识的房地产商人很赞同他的观点和设计理念，出巨资请他设计。经过数月苦战，图纸出来了。不但业内人士一致叫好，媒介与学术界也交口称赞，房地产商更是信心十足，立马投资施工。

　　令人惊异的是，大师的全新设计却叫好不叫座。楼盘成交额始终处于低迷状态。

　　房地产商急了，于是责成公司信息部门去做市场调研。结果出来了，原来人们不肯掏钱买房的原因，是嫌这样的设计虽然令人耳目一新，也觉得更舒爽，但邻里之间交往多了，不利于处理相互间的关系；孩子们在这样的环境里活动空间是大了，但又不好看管；还有，空间一大，人员复杂，于防备之类人人担心的事十分不利。

　　设计大师听到了这个反馈，痛心不已，他退还了所有的设计费，办理了

退休手续，与老伴回乡下隐居去了。临行前，他对众人感叹道：我只识图纸不识人，这是我一生最大的败笔。我们可以拆除隔断空间的砖墙，而谁又能拆除人与人之间坚厚的心墙？

　　大师的败笔，告诉市场销售人员一个道理：在今时今日的市场销售中，你所做的唯一最白费力气的事情，就是企图改变大众的心理。心理一旦形成，几乎是无法改变的。所以市场销售人员应该努力去适应消费者，而不要试图去改变消费者的心理。

250定律

乔当上销售人员后不久，去殡仪馆哀悼一位朋友过世的母亲。天主教的殡仪馆会发送印有去世者姓名和相片的弥撒卡。

那天乔突然想到一个问题，就问承办人："你怎么知道要印多少张卡片？"那承办人说："这全凭经验，我们数签名簿上的签名，做久了就会发现，平均来祭吊的人数是250。"

不久以后，一位基督教殡仪馆业主向乔买了一辆车。成交后，乔问他通常参加殡仪的平均人数是多少，他说："差不多250。"又有一天，乔和太太去参加一个婚礼，碰到礼堂的所有者，乔问他，一个婚礼平均有多少客人，他告诉乔："新娘方面大概有250人，新郎方面大概也有250人。"

到这里，每一位读者大概可以猜出吉拉德的250定律是怎么一回事，不过我还是要告诉大家：每一个人都认识250个一定要请来参加婚礼或葬礼的人——250！

你不必是数学天才，也能知道吉拉德250定律是我们可以从这儿学到的最重要的一件事情。

人们常常和别人谈起他们买了什么，打算买些什么。别人也总会建议到哪里去买东西，该出多少钱，这是一般人日常生活中很重要的一部分。

你能牺牲一个顾客吗？不能。因为交易和所得中有很多是来自人们的口头传播。这是推销职业上最重要的力量。如果你因为情绪不好或是逞口舌之

快而赶走了一个人，你肯定至少又有250个人知道你的恶名，这些人口袋里有钞票，而你原本可以分到一些的。

　　作为一个市场销售人员，如果你不想被吉拉德250定律毁掉，就最好要培养出生意至上的态度，并且每天每一小时都要牢记在心：善待每一个顾客，就是争取更大的市场空间，只要赶走一个顾客，就等于多赶走250个人。

把鞋卖给赤脚的人

　　A公司和B公司都是生产鞋的，为了寻找更多的市场，两个公司全都往世界各地派了很多销售人员。这些销售人员不辞辛苦、千方百计地搜集人们对鞋的需求信息，不断把这些信息反馈给公司。

　　有一天，A公司听说在赤道附近有一个岛，岛上住着许多居民。A公司想在那里开拓市场，于是派销售人员到那里了解情况。很快，B公司也听说了这件事，他们唯恐A公司独占市场，赶紧也把销售人员派到了那里。

　　两位销售人员几乎同时登上海岛，他们发现海岛相当封闭，岛上的人与大陆没有来往，他们祖祖辈辈靠打渔为生。他们还发现岛上的人衣着简朴，几乎全是赤脚，只有那些在礁石上采拾海蛎子的人为了避免礁石硌脚，才在脚上绑上海草。

　　两位销售人员一上海岛，立即引起了当地人的注意。他们注视着陌生的客人，议论纷纷。最让岛上人感到惊奇的就是客人脚上穿的鞋子。岛上人不知道鞋子为何物，便把它叫做脚套。他们从心里感到纳闷：把一个"脚套"套在脚上，不难受吗？

　　A公司销售员看到这种情况，心里凉了半截。他想，这里的人没有穿鞋的习惯，怎么可能建立鞋市场？向不穿鞋的人销售鞋子，不等于向盲人推销画册，向聋子销售收音机吗？他二话没说，立即乘船离开了海岛，返回了公司。他在写给公司的报告上说："那里没有人穿鞋，根本不可能建立起鞋市场。"

　　与A公司销售员的态度相反，B公司销售员看到这种状况心花怒放，他觉

得这里是绝好的市场，因为没有人穿鞋，所以鞋的销售潜力一定非常巨大。他留在岛上，与岛上人交上了朋友。

B公司销售员在岛上住了很多天，他挨家挨户做宣传，告诉岛上人穿鞋的好处，并亲自示范，努力改变岛上人赤脚的习惯。同时，他还把带去的样品送给了部分居民。这些居民穿上鞋后感到松软舒适，走在路上他们再也不用担心扎脚了。这些首次穿上了鞋的人也向同伴们宣传穿鞋的好处。

这位有心的销售人员还了解到，岛上居民由于常年不穿鞋的缘故，与普通人的脚型有一些区别，他还了解到他们生产和生活的特点，然后向公司写了一份详细的报告。公司根据这些报告，制作了一大批适合岛上人穿的鞋，这些鞋很快便销售一空。不久，公司又制作了第二批、第三批……B的公司终于在岛上建立了皮鞋市场，狠狠赚了一笔。

同样面对赤脚的居民，A公司销售员认为没有市场，B公司销售员认为大有市场，两种不同的观点表明了两人在思维方式上的差异。简单地看问题，的确会得出第一种结论。但我们赞赏后一位销售人员，他有发展的眼光，他能从"不穿鞋"的现实中看到潜在市场，并懂得"不穿鞋"可以转化为"爱穿鞋"。为此他进行了努力，并获得了成功。

在市场销售中，面对同一种市场，不同的人会看到不同的前景，这需要敏锐的洞察力和独特的思维方式。

卖给和尚一千把梳子

有一家效益相当好的大公司，决定进一步扩大经营规模，高薪聘请销售人员，广告一打出来，报名者云集。

面对众多聘者，公司招聘负责人说："相马不如赛马。为了能选拔出高素质的销售人员，我们出一道实践性的试题：就是想办法把梳子尽量多地卖给和尚。"

绝大多数应聘者感到困惑不解，甚至愤怒：出家人剃度为僧，要梳子有什么用处？岂不是神经错乱，拿人开涮？没过一会儿，应聘者纷纷拂袖而去，几乎散尽，最后只剩下三个应聘者：A、B、C。

负责人对他们三人交代："以十日为限，届时请各位将销售数量报给我。"

十日期限到了。

负责人问A："卖出去多少？"

答："一把。"

"怎么卖的？"

A讲述了历尽辛苦，以及受到众和尚的责骂和追打的委屈，好在下山途中遇到一个小和尚一边晒太阳，一边使劲挠着又脏又厚的头皮。A灵机一动，赶忙递上了梳子，小和尚用后满心欢喜，于是买下一把。

负责人又问B："卖出去多少？"

答："十把。"

"怎么卖的？"

B说他去了一座名山古寺，由于山高风大，进香者的头发都被吹乱了。B找到了寺院的主持说："蓬头垢面是对佛的不敬，应在每座庙的香案上放把梳子。"主持采纳了B的建议，那山共有10座庙于是买下10把梳子。

负责人又问C："卖出去多少？"

答："一千把。"

负责人惊问："怎么卖的？"

C说他到一个久负盛名、香火极为旺盛的深山宝刹，朝圣者如云，施主络绎不绝。C对主持说："凡来进香朝拜者，多有一颗虔诚之心，宝刹应有所回赠，以作纪念，保佑其平安吉祥，鼓励其多做善事。我有一把梳子，您的书法超群，可先刻上'积善梳'三个字，然后便可成为赠品。"主持大喜，立即买下一千把梳子，并请C小住几天，共同出席了首次赠送"积善梳"的仪式。得到"积善梳"的施主与香客，很是高兴，一传十，十传百，朝圣者更多，香火也更旺了。这还不算完，好戏还在后头。主持希望C再多卖一些不同档次的梳子，一边分层次赠给各种类型的施主与香客。

就这样，C在表面上看来没有梳子市场的地方开创出了很有潜力的市场。

从这个小故事中我们可以得出：看似不可能完成的任务，通过巧妙的角度切入，会有意想不到的收获。市场销售人员也是一样，对于类似这样的任务千万不要放弃。

石场与科斯定理

有一个经营石场的商人，他靠炸石山卖石头赚钱，一年利润有几百万。这个商人在石场周围又买了一大片地，一直闲置着。

买这么大片的空地干什么呢，是浪费吗，是得不偿失还是市场失灵？

不是。

石场主人把石场周围的土地都买下来，是为了阻止房地产开发商在石场周围盖楼房。因为一旦盖好楼房住宅，住户就势必会联合起来投诉石场的爆破声扰民，石场的生意就永无宁日了。有鉴于此，石场主人就赶紧把周围的空地买了下来，避免以后的纠葛。

石场主人显然不知道谁是科斯，但他的聪明做法，是与科斯定理相符的，就是说：资源会落到能创造最高价值的用途上，石场旁边的土地，最高的用途就是空置。

若这片土地用来盖房子的价值超过石场的收入，房地产开发商是会倒过来买下石场的。

这个小故事很明白地阐明了著名的科斯定理，其中蕴含着巨大的智慧。市场销售人员应该明白：什么才是某一资源的最大价值，若只顾眼前利益，而忽略于此，难免后悔莫及。

经营中的"吃蛋原理"

有个人养了一只母鸡，这只母鸡每天为他下一只蛋。对于这只鸡及其下的蛋，他有三种选择：

坚持每天吃一个蛋（收支均衡）。

每天吃一个蛋总感到不过瘾，有一天狠下心杀了母鸡吃掉（透支消费）。

先不吃鸡蛋，等到第十天有了10只蛋，把它们孵成小鸡。假如其中死掉20%（2只），成活了4只公鸡，4只母鸡；过了一段时间，4只小母鸡再加上那只老母鸡每天总共能产5个蛋。这时，仍然不急于吃鸡蛋，等到第十天，便有了50只鸡蛋，再把这50只鸡蛋孵成小鸡。如此循环往复数月，让这些母鸡每天产蛋达到1000只。这时候，主人即便是每天吃5只鸡蛋也没有什么影响了。

以上"吃蛋原理"在企业的经营中具有现实意义。应该说，在我们身边的企业中，类似于上述三种情况都是存在的。

有的企业，刚刚有了一点成绩，就"分而食之"，没有积累的意识。这种企业，一方面不可能取得更大的发展；另一方面，由于没有实力的积累，一旦企业的外部形势不好，它就可能因为缺乏起码的抵抗力而倒掉——这种看似收支平衡的企业，实际上隐藏着很大的危机。企业的发展，不仅需要积累的意识，积累的数量也是非常重要的；如果积累的数量不够，企业的生存和继续发展的基础同样不稳固。

另一种企业，采取的是上面讲到的第二种方法，不但消耗了仅有的一点成绩，最后连赖以生存的原始基地也被"消费"掉，这种透支消费的做法是最不可取的，其结果只能是早早地被淘汰出局。

而有远见的企业都会采取第三种做法，在发展初期尽量压缩消费，进行有意识地积累，并且不断地利用积累发展自己的实力，只有这样，企业的雪球才会越滚越大。达到一定的规模后，适当的消费也不会影响企业的继续发展。

绝大多数人致富肯定走过勤劳与节俭这样的必由之路；相反，如果懒惰与奢侈，会让人堕落、贫穷，甚至失去生存的权利。这些道理同样适用于企业，如果中国多一些"不吃蛋"或者"少吃蛋"却不断"孵小鸡"的企业和企业家，中国的富强一定是有希望的。但是，勤劳与节俭，说起来容易做起来难，一直保持这种作风尤其难。不经意、讲面子、欺上瞒下……任何时候任何借口都会导致企业家一时的脆弱。积少成多的道理人人都心知肚明，但确实只有很少人能够做到。应该看到，只要能做到这一点，人必定是个有自制力的人，企业必定是个有发展潜力的好企业。

从这"吃蛋原理"中，我们可以得出：要想办成大事，要忍得一时饥寒，小不忍则乱大谋。

令人费解的门票

美国人的数学很是糟糕，这是人们几乎普遍认可的事实，但有些美国人宁可多花钱买小号货品，而不少花钱买大号的，真让人难以理解。

8月初，我和四位同学一起去亚特兰大。当我们到达石头山公园时，除了6美元的门票外，乘坐园内的缆车、火车等许多游乐设施都要另外买票。

缆车通到山顶，视野绝佳，我们都认为胜过其他游乐设施，于是决定坐缆车。我们去售票窗口，表明要买5张缆车票。售票小姐听后很亲切地告诉我们，缆车票每人16元，只能用于坐缆车一项，如果买一张7.5元的Pass，则可以玩遍园内所有的设施。

16元只能玩一项，7.5元却可以玩所有的？当然是她说错了，最大的可能是把两个数字说反了。

我正要请售票小姐重新说一遍，反应比我快的那位同学用手背从窗口下方打了我一下，示意我不要说话，同时告诉售票小姐要5张Pass。

买好票我们窃喜。同学说如果问售票小姐，她发现了自己的错误，我们就买不成了。虽然我们曾想到，售票小姐卖错了票可能她自己要赔而有点不安外，但一会儿我就忘记了内疚。

我们玩遍了所有项目，花的时间比预计的多出很多。我们原定到市内的中餐馆吃晚餐，结果改在了园内的餐饮部；亚城天气潮湿闷热，我们不停地买饮料喝。园内有很多工艺品店，我们几乎在每家都留恋许久，每个人手里

都是大包小包。

我们一直沉浸在占了很大便宜的喜悦中，但因天色已晚，我们必须返回市区。在离开公园前，为了求证票价，我又特意来到售票处仔细观看窗口上方的价目表，令我奇怪的是，售票小姐并没有卖错票，表上写得很清楚：缆车16元，Pass7.5元。

去停车场的路上，我们5人一直讨论这件事，起初我们都说不出所以然来，就在上车之际，我们把手中的大包小包放进行李箱时，恍然大悟。

我们本来打算在公园里坐完缆车之后，回到亚城吃晚饭，并在市区逛街购物，这样，公园可以从我们身上赚到16元的缆车费。但有了这张Pass，我们便改在公园吃饭、喝饮料，平均每人消费70到80元。在Pass和缆车费之间虽然只有8.5元的差额，但他们却在餐馆和礼品店获得了10倍于此的营业额，其中所获利润，弥补这差额绝对绰绰有余。

我想，Pass的价钱本来就是7.5元，为什么非要在旁边加上缆车的价格呢？后来一想，他们故意在旁边加上缆车16元的价目，使购买者自以为占了便宜而人人都买Pass，这和把一件商品的标价加倍后在半价出售差不多。真正聪明的是哪一方，不言自明。

通过上面这则小故事，市场销售人员一点要知道：在这个"时间灾荒"的时代，获得客户的时间才是最重要的。只要客户肯给你时间，你就有机会捞回成本，甚至可以大赚一笔。

罐头盒上的谜语

日本有一家生意惨淡的商店，后来老板娘根据孩子好奇心理强的特点，在商场顶层设了一个小动物园，兼营金鱼、热带鱼、乌龟等小动物，并且布置了引人注目的广告。受好奇心的驱使，孩子们纷纷要求家长带着他们去这家商店看小动物，家长便常常带着孩子光顾这家商店，同时顺便购买一些物品，结果这家商店顾客盈门，生意十分兴隆。

美国有一家食品公司，生产的水果罐头曾一度无人问津。为了摆脱困境，老板遂思得一巧计——在罐头上印上谜语，谜底就在罐底。这一新奇招数竟然使得消费者争相购买其水果罐头，产品顿时从滞销变为畅销，打开了市场。

日本三越百货商店开张时，生怕不能引起人们的注意，于是他们特意雇了二十名美女，让她们穿艳光四照的古代和服，头发也梳成了古代妇女的发型，脸上敷着胭脂，打扮得花枝招展，成群结队地在街上走。人们看了非常稀奇，围观的人群越聚越多。此时，她们就走进三越百货商店里，一会儿就见不到影子了。随观的人们涌进店里，看到店里的商品琳琅满目，非常惊奇，纷纷停下购买，而开张的第一天，三越百货商店就赚了大钱，并给人们留下了深刻的印象，从此生意一直红火。

好奇是人类的天性，巧妙地利用消费者的好奇心，用新颖独到的服务满足消费者的喜好，也会给商业经营者带来滚滚财源。

花钱绑架自己

　　纽约市出现了一种新的休闲式服务，只要支付一定费用的人便可以让"绑匪"将自己五花大绑地捆个结实，众目睽睽之下"劫持"到另一个地方，中途还要尝试被虐待的滋味。不要以为这些人是疯子，能消费得起这种新花样的人可都是有钱人。这种"绑匪\效果可以以假乱真"，如果交的钱合适的话，"绑匪"还会按照客户喜好的方式设计"绑架"的过程，服务十分周到。

　　你不得不佩服纽约商人的神奇想象力，这种既罕见又刺激的服务推出后受到了一部分人的青睐。最早开创这项新行业的人是年轻的艺术家布拉克·恩莱特。找他"犯案"每次得支付数千美元。恩莱特表示，他的客户群一直在变，男性找他多半为享受躲避绑架者追踪的乐趣。不过，他已"绑架"过30人，目前手边还在策划数十件为客户量身订做的案子。

　　"绑架"服务因为客户的要求而异，有的客户选择五花大绑的方式，为了显得更加刺激，甚至连嘴巴也要赌上。被捆以后，"绑匪"会将客户带到特定的地点"挟持"数个小时，与真正的绑架唯一不同的地方是，"绑匪"不会提出赎金之类的要求。当约定的时间结束后，"绑匪"就放了客户并停止服务。

　　通常，客户会先约好自己被绑架的时间段，但刺激之处就在不晓得对手何时会动手。大多数的客户是在大街上被"绑架"的，懒一些的客户干脆要求上门服务。有些从睡梦中惊醒发现一群不速之客正虎视眈眈地对着自己并

"威胁"自己。

　　这种新行业让纽约人对"绑架"一事熟视无睹，白天人们偶尔会在曼哈顿闹市区看到人绑架，但几乎没有市民挺身阻止"歹徒"行动。恩莱特表示，原因很简单。他说："民众目击绑架场面却不理会，因为它们看到现场有摄像机，认为我们是在拍电影。"

　　开创这个行业的人一定是具有奇思妙想的人！生活中存在着很多的商机，有待你去挖掘。看似荒唐的想法未必不可行。

怪异的广告

　　很多外国的啤酒商都发现，要想打开比利时首都布鲁塞尔的市场非常艰难。于是就有人向畅销比利时国内的某名牌啤酒厂家取经。

　　这家名叫"哈罗"的啤酒厂位于布鲁塞尔东郊，无论是厂房建筑还是车间生产设备都没有很特别的地方。但该厂的销售总监林达是个策划人员。当有人问林达怎么做"哈罗"啤酒的销售时，他显得非常得意而自信。林达说，自己和哈罗啤酒的成长经历一样，从默默无闻开始到轰动半个世界。

　　林达刚到这个厂时是个不到25岁的小伙子，那时候他有些发愁自己找不到对象，因为他相貌平平且贫穷。但他还是看上了厂里一个很优秀的女孩子，当他在情人节偷偷给她送花时，那个女孩子伤害了他，她说："我不会看上一个普通得像你这样的男人。"

　　于是林达决定做些不普通的事情，但什么是不普通的事情呢？林达还没有仔细想过。

　　那时的哈罗啤酒厂正在一年一年地减产，因为销售的不景气而没有钱在电视或者报纸上做广告，这样开始恶性循环。做销售员的林达多次建议厂长到电视台做一次演讲或者广告，都被厂长拒绝。林达决定冒险做自己"想要做的事情"，于是他承包了厂里的销售工作，正当他为怎样去做一个最省钱的广告而发愁时，他徘徊到了布鲁塞尔市中心的于连广场。这天正是感恩节，虽然已经是深夜了，广场上还有很多欢快的人们，广场中心撒尿的男孩铜像就是因挽救城市而闻名于世的小英雄于连。当然铜像撒出的"尿"是自

来水。广场上一群调皮的孩子用自己喝空了的矿泉水瓶子去接铜像里"尿"出的自来水来泼洒对方，他们的调皮举止启发了林达的灵感。

第二天，路过广场的人们发现于连的尿变成了色泽金黄、泡沫泛起的"哈罗"啤酒。铜像旁边的大广告牌子上写着"哈罗啤酒免费品尝"的字样。一传十，十传百，全市老百姓都从家里拿出自己的瓶子排长队去接啤酒喝。电视台、报纸、广播电台竞相报道，林达把哈罗啤酒厂的广告不掏一分钱就成功地做上了电视和报纸，该年度啤酒销售产量跃升了1.8倍。

林达成了闻名布鲁塞尔的销售专家，这就是他的经验：做别人没有做过的事情。

美国纽约国际银行在刚开张之时，为了迅速打开知名度，便想出了一个出奇制胜的广告策略。

一天晚上，全纽约市的广播电台正在播放节目，突然间，全市所有广播都在同一时刻播送一则通告：听众朋友，从现在开始播放的是由本市国际银行向您提供的沉默时间。紧接着整个纽约市的电台就同时中断了10秒钟，不播放任何节目。一时间，纽约市民对这个莫名其妙的10秒钟沉默时间议论纷纷，于是"沉默时间"成了全纽约市民茶余饭后最热门的话题，国际银行的知名度迅速提高，很快家喻户晓。

国际银行的广告策略巧妙之处在于，它一反一般的广告手法，没有在广告中播放任何信息，而以整个纽约市电台在同一时刻的10秒钟"沉默"引起市民的好奇心理，从而不自觉地去探究根底，使国际银行的名字"不告而人人皆知"，达到了出奇制胜的效果。

以上两则小故事告诉市场销售人员：要敢为天下先。要知道，对市场销售来讲，重要的是效应，至于这种效应是正面效应还是负面效应，另当别论，关键是要吸引眼球。

从贫民窟走出的千万富翁

　　某商人出生在一个杂乱的贫民窟里，和所有出生在贫民窟里的孩子一样，他爱好争斗，喝酒，吹牛和逃学。但后来他成为出入高级会所的千万富翁。

　　商人在儿童时代与其他贫民窟孩子唯一不同的是，他天生有一种赚钱的眼光。

　　他把一辆街上捡来的玩具车修整好，让同学们玩，然后每人收取半美分，他竟然在一个星期之内赚回了一辆新的玩具车。他的老师对他说："如果你出生在富人家庭，你会成为一个出色的商人，但是，这对你来说不可能，也许能成为街头的一位商贩已经不错了。"

　　他初中毕业后，真的成为一个商贩，正如他的老师所说的，在他的同龄人当中，已是相当体面了。

　　他卖过小五金、电池、柠檬水，每一样他都做得得心应手。让他发迹是一堆服装。这些服装来自日本，全是丝绸的，因为海轮运输当中遭遇风暴，结果有染料浸染了丝绸，数量足足有一吨之多。这些被污染的丝绸成了日本人头疼的东西，他们想处理掉，但却无人问津。想搬运到港口，扔进垃圾箱，又怕被环保部门处罚。于是，日本人打算在回程的路上把丝绸抛到大海中。

　　商贩在港口的一个地下酒吧喝酒，这是他夜晚的乐园。那天他喝醉了，步履蹒跚地走到一位日本海员旁边时，海员正在说那些令人讨厌的丝绸。

　　第二天，他就来到了海轮上，用手指着停在港口的一辆卡车对船长说："我可以帮助你们把丝绸处理掉。"他不花任何代价拥有了这些被染料浸过的丝绸。他把这些丝绸制成了迷彩服一般的衣服、领带和帽子，几乎是在一

夜之间，他靠这些丝绸拥有了10万美元的财富。

现在他已不是商贩，而是一个商人了。

有一次他在郊外看上了一块地，他找到地的主人，说他愿花10万美元买下来。主人拿了他的10万美元，心里嘲笑他真愚蠢，这样偏僻的地段，只有呆子才会这么干。

但令人意料不到的是，一年后，市政府对外宣布在郊外建造环城公路，他的地皮升值了150多倍。城里的一位富豪找到他，甚至愿意出2000万美元购买他的地，富豪想在这里建造一个别墅群。商人没有卖他的地，他笑着告诉富豪："我还想等等，因为我觉得它应该值更多。"

三年后，他的地皮值2400多万美元，他成为城里一位新贵，可以像上层人一样出入高级的场所了。

他的同道们想知道他是如何获得这些信息的，甚至怀疑他和市政府的高级官员有来往，但结果令他们失望，商人没有一位在市政府任职的朋友。商人的发迹传奇好像是一个谜。

商人活了77岁，临死前，他让秘书在报纸上发布了一则消息，说他即将赴天堂，愿意给别人逝去的亲人带口信，每则收费100美元。结果他赚了10万美元，如果他能在病床上多坚持几天，可能赚得还会更多些。他的遗嘱也十分特别，他让秘书再登一则广告，说他是一位礼貌的绅士，愿意和一个有教养的女士同卧一块墓穴。结果，一位贵妇人愿意出资5万美元和他一起长眠。

有一位资深的经济记者报道了他生命最后时刻的经商经历，他在文中感叹道："每年去世的人难以计数，但像他这样对商业执著的精神坚持到最后的人又有几个？现在我们终于知道他为什么会成为千万富翁了。"

从这则小故事中我们可以得出启示：经营是一种意识。若有这种意识并时时贯穿于行动当中，它就变成了生命的本能。

市场销售人员应该明白，做销售最重要的，就是让销售成为你的本能，这才有助于抓住身边稍纵即逝的机会。

"智猪"等待的头脑

在博弈论经济学中，"智猪博弈"是一个著名的纳什均衡（又称为"非合作博弈均衡"）的例子：

假设猪圈里有一头大猪、一头小猪。猪圈的一头有猪食槽，另一头安装着控制猪食供应的按钮，按一下按钮会有10个单位的猪食进槽，但是谁去按按钮，谁就会首先付出2个单位的成本。若大猪先到槽边，大小猪吃到食物的收益比为9∶1；同时到槽边，收益比是7∶3；小猪先到槽边，收益比是6∶4。那么，在两头猪都是有智慧的前提下，最终结果是小猪选择等待。

实际上，小猪选择等待，让大猪去控制按钮，而自己选择"坐船"（或称为搭便车）的原因很简单：

在大猪选择行动的前提下小猪也行动的话，小猪可以得到1个单位的纯收益（吃到3个单位的食品同时也耗费2个单位的成本，以下纯收益计算相同），而小猪等待的话，小猪则可以获得4个单位的纯收益，等待优于行动；在大猪选择等待的前提下小猪如果行动的话，小猪的收入将不抵成本，纯收益为"-1"单位，如果小猪也选择等待的话，那么小猪的收益为零，成本也为零。总之，等待还是要优于行动。

在小企业的经营中，学会如何"搭便车"是一个精明的职业经理人最为基本的素质。在某些时候，如果能够耐心等待，让其他大的企业首先开发市

场，是一种明智的选择，这时候有所不为才能有所为。

比如，在某种新产品刚上市，其性能和功用还不为人所熟识的情况下，如果进行新产品生产的不仅仅是一家小企业，还有其他生产能力和销售能力更强的企业，那么，小企业完全没有必要首先去投入大量广告做产品宣传，以达到和其他企业品牌竞争并取得优势地位的目的。一个精明的经理人首先应该进行一项细致的核算：在品牌领先的预期收益和将品牌竞争的费用用以产品的扩大再生产而坐等大企业将市场开发成熟所能取得的收益之间进行比较，以确认哪种方案更有利于企业。

"搭便车"实际上是提供给职业经理人面对每一项花费的另一种选择，对它的留意和研究可以给企业减少很多不必要的费用，从而使企业的管理和发展走上一个新台阶，这种现象在经济生活中非常常见，却很少为小企业的经理人所熟识。

曾经爆发过一场激烈的天然水和纯净水有害无害的论战。挑起者是养生堂，但是其论点却严重影响了纯净水整个行业的利益。实际上，在这个事件中，纯净水行业的龙头老大是娃哈哈和乐百氏，他们是有关纯净水有害论战的最大受害者，他们是最有理由首先站出来说话的企业。

所以，在夏季那场水战中，纯净水行业的其他小企业大可对论战不闻不问，精明的小企业经理完全可以坐在家里，看大纯净水企业在媒体上发表的各种声明，坐享其成而不必在国内往返奔波，在各大媒体发表声明了。

在经营企业时，企业经理至少应该存在"智猪"等待的头脑。如果你是小猪，那就毫不犹豫地抓住机会去搭便车吧。

一分钱利润的启示

　　义乌与世界上206个国家和地区做着买卖，联合国统计世界上所有商品共50万种，在这里可以买到30余万种，海关每天出口的标准集装箱突破1000个……2004年市场成交额266.9亿元，没有列入统计范围的至少100个亿。这里是永不落幕的"广交会"，每个义乌人都是一本商业教科书。

　　在上海七铺路10元能买3双的白色棉运动袜，义乌卖7角；100支装的双头棉花签在上海家乐福大卖场卖1.2元，义乌卖0.19元；牙刷，最新保健型、窄头、牙刷毛带波浪形的，100支外配一个很好看的塑料手提包，15元；护疮膏、拜迪牌和邦迪牌的形状一样，马路上有巨幅广告，100片一盒，2.7元。一个在上海要卖到100多元的洋娃娃，在这里只卖20元！十几元的玩具手枪这里只要3元！至于各种女孩子喜欢的漂亮饰品和工艺品，50元可以买一大堆。

　　卖100根牙签只赚1分钱，一个姓王的商贩每天批发牙签10吨，按100根赚1分钱计算，他每天销售约1亿根牙签，稳稳当当进账1万元。有个摊位卖的是缝衣针，粗的、细的、长的、短的一应俱全，平均1分钱2枚，这个小商贩一年卖针也能挣到80万元。

　　在义乌，靠做这样只赚1分钱生意起家的老板不计其数，人称"蚂蚁商人"。"蚂蚁商人"赚钱的秘诀是：家家自己开工厂，把成本拉到最低，每件商品只赚一分钱就卖！一分钱打天下的首要原则就是抠成本，根据自身的实际运作成本来抠，而不是盲目地缩减工人、工序。

义乌有一家其貌不扬的企业——双童吸管公司。别看这家企业小，它可是"世界冠军"呢！厂房的小院子里停着一辆企业的运货车，车身写着"双童吸管——全球最大供货商。公司副总经理张国俊说：公司5年前从事出口，现在90%以上的吸管外销，一年的产量占了全球吸管需求量的四分之一以上，世界各地都在用"双童"的吸管。

这家企业的产品，就是大街小巷到处可以看到的喝饮料的那种塑料吸管。一根细细的吸管能卖多少钱？张国俊算了一笔账："平均销售价在每支8厘~8.5厘钱，其中原料成本50%，劳动力成本15~20%，设备折旧等费用15%多，纯利润约10%。也就是说，一支吸管的利润在8毫~8.5毫钱之间。"

为了节约成本，公司一切都"丝丝入扣"：夜里的电费成本低，公司就把耗电高的流水线调到夜里生产；吸管制作工艺中需要冷却，生产线上就设计了自来水冷却法……当然，产品的最终质量必须是过硬的。吸管要耐热，所采用的塑料就必须符合安全标准；不同国家的客户对吸管的颜色、形状有不同的需求，有的甚至只需要黑色的吸管，公司就要及时开发。张国俊说："这是不得已而为之。不精打细算，我们就保不住微利。"正因为产品不起眼，别人不屑于生产，"双童"反而做到了最大！如今，公司每天有两个集装箱约8吨重的产品运往世界各地。

8吨的产量相当于多少吸管？大约是1500多万支。张国俊测算，小吸管给公司带来的利润每月40万元，而且市场非常稳定。现在"双童"又在向塑料口杯等不起眼的领域扩展，同样很顺利。

这才是真正的薄利多销啊！8毫厘利润成就世界之最，一分钱利润成就不计其数的千万富翁，成就了不计其数的亿万富翁！目前我国很多小企业的利润空间都远远大于8毫钱，为什么总是破产呢？学一下义乌商人的营销之道吧！

犹太人的生意经

有人说，控制世界的是美国，而控制美国的则是犹太人。全世界的金钱装在美国人的口袋里，而美国人的金钱却装在犹太人的口袋里。

犹太民族的确是一个了不起的民族！自从1968年瑞典中央银行设立经济学诺贝尔奖并由诺贝尔基金会主持颁奖以来，有1／3以上的奖授给了犹太人或有犹太血统的人；不计其数的犹太千万富翁、亿万富翁遍及世界各地。而犹太人在世界总人口中所占的比例也不过只有0.3%左右。

犹太人之所以能在经济领域大显身手，几乎把全世界的金钱都纳入自己的口袋里，就是因为他们拥有独特的生意经。

第一，犹太商人善于寻找并把握机遇。

犹太民族被称作是"唯一纵贯5000年、散居五大洲的世界性民族"。在长达2000多年的散居生涯中，他们失去祖国，四处漂泊，屡遭劫难。正是这种特殊的经历造就了犹太民族强大的生命力与无与伦比的适应能力。那些世代为商的犹太人更是才思敏捷，善于判断并富有冒险精神。他们常常以生意为立足点，从一个国家迁移到另一个国家，在他们的心目中，生意无国界。正因为如此，他们面对陌生的环境，寻找发展自己的契机。一旦发现了突破口，哪怕只有1％的希望也绝不放弃。犹太商人常常嘲笑那些不善于把握机遇的外国人，并断言这样的人终究难成为巨商。在美国，犹太人之所以"能在商业界划出一片属于自己的星空"，按照美国学者杰拉尔德·克雷夫茨的观点，是因为"犹太人具有长时间磨炼出来的经商才干和对持续不断的迫害

的高度警觉，他们常常选择在供求的某一环节上满足人们需要的灵巧职业和企业。"

第二，犹太商人重合同、守信用。

犹太民族自称"契约之民"，称其宗教为"契约之宗教"，称其经典——《旧约·圣经》为"神与以色列人的签约"。也许正是受这一宗教文化传统的影响，大部分犹太商人都重合同、守信用，并以此作为"犹太生意经"的精髓，把毁约作为商人的大忌，并视之为对上帝的背叛。他们认为犹太民族是最守信用的民族，一旦说出口的话，就一定要履行，不管签合同与否。而其他民族，因不守约故而不可信。犹太人中即便出现了不守信用的人，那么这个人一定会被犹太社会抛弃，一个犹太商人如果被犹太社会所抛弃，那么就等于判了他的死刑，绝对没有作为犹太商人东山再起的希望。由于这个铁的制度，故犹太商人都严格遵守诺言。

第三，犹太商人普遍具有较高的文化素质。

自古以来，犹太人就注重教育，尊重知识。他们认为"知识是最可靠的财富"，是唯一可以终身享用的资产。犹太人认为，要想成为精明的商人，必须具有广博的知识，成为名副其实的"杂学博士"。一接触真正的犹太商人，都往往会被其极宽的知识面所折服，与其进餐时，他的谈话主题会涉及政治、经济、历史、体育、娱乐等方方面面。这些广博的知识不仅仅只是丰富了犹太商人的话题和人生，更为关键的是，知识为他们提供了广阔的视野，大大有助于进行正确的思维并进而作出最佳的判断。

第四，犹太商人强调知己知彼，并学会用外语思考。

犹太人认为要做好生意，必须知己知彼，绝不能盲目从事。要做到这一点，除了利用必不可少的情报、信息手段之外，必须学会用外语思考。犹太人是语言的天才，那些有成就的犹太商人往往精通两三种以上的语言，他们认为，要跟对方做生意，不会使用对方的语言，就不能及时地把握对方的思维趋向，也就很难迅速而准确地对生意作出判断。

第五，犹太商人十分珍惜时间。

犹太人认为，时间就是金钱，常常用分分秒秒来计算一天的工作量。对于那些没有预约的造访者极不欢迎，即便是十分要好的朋友，他也会不客气地告诉你："很遗憾，我没有安排时间陪你说话。""勿浪费时间"成为犹太人的格言之一，拖拖沓沓一向被视为商人的耻辱。

第六，犹太商人主张宽宏大度，克己忍耐。

也许与犹太民族的曲折经历有关，犹太商人常给人留下克己忍耐但又不失精明的印象。犹太人一坐到谈判桌上总是一副笑脸，当谈判过程中出现不愉快的场面时，许多人会怒气冲冲地中断谈判，甚至长时间不理睬对方，而犹太人则不同，不管对方多么生他的气，他都会面带微笑，向对方表现出一副坦诚友好的姿态。当对方措手不及，忙于应付这种出乎意料的场面时，犹太商人往往已经掌握了谈话的主动权。长期与犹太人打交道的藤田田野说过：忍受了2000多年苦难的犹太人，与动不动就剖腹自杀的日本人相比，是一个更具有忍耐精神的民族。

第七，犹太商人更具有同舟共济、团结互助的集体观念。

自中世纪以来，各地的犹太商人都能以为自己的同胞提供帮助感到自豪，把援助别人视为自己的义务与责任，古代中国犹太人在这一点上也毫无例外。正是由于犹太人的互助精神，遍布各地的犹太社团才能发展、繁荣，不易于被异族同化。也正是这种互助精神，为更多的犹太商人提供了发展自己的机会与条件。在当今世界，居住在各地的犹太商人不管国籍如何，无论认识与否，在心理上总有一种无法否认的同胞关系，通过各种渠道保持联系，这种联系网无形中便成了犹太商人的超国籍保护网。

犹太人就是凭借这样的生意经而把全世界的金钱都纳入到自己的囊中。这是值得市场人员好好学习的。

CHAPTER 6

第六章

体会销售谈判中的技巧

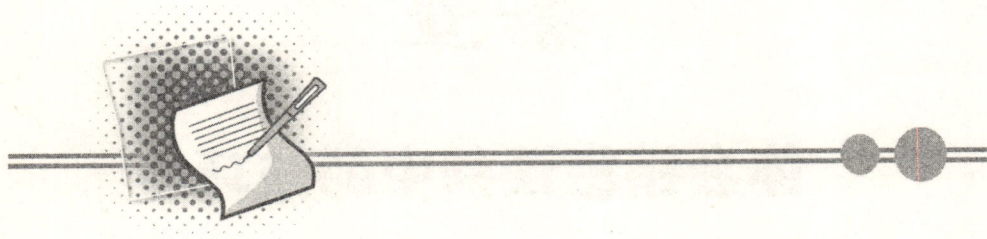

说服顾客购买你的产品或接受你的服务，就相当于同客户进行了一场激烈的谈判。在这个谈判的过程中，就是一场兵来将挡、水来土掩的唇枪舌战。在这场没有硝烟的战争中，谁掌握了谈判的技巧和策略，谁将是最后的赢家。

步步为营的谈判策略

谈判是一门艺术，它是一场智慧和口才的较量；谈判更像是一场战斗，它也是耐心和谋略的对决。在谈判中，处处是陷阱，句句要小心，否则最后只会让自己变得被动。所以，步步为营的谈判策略是最关键的。

1. 巧妙切入主题，缓解气氛

谈判双方刚进入谈判场所时，难免会感到拘谨，尤其是谈判新手，在重要谈判中，往往会产生忐忑不安的心理。为此，必须讲求入题技巧，采用恰当的入题方法。

（1）迂回入题。

在谈判开始的时候，为了不使谈判的气氛过于紧张，谈判的话题过于直露，可以采用迂回入题的方法，如先从题外话入题，从介绍己方谈判人员入题，从"自谦"入题，从介绍本企业的生产、经营、财务状况入题等。

从题外话入题，通常可将有关季节或天气情况作为话题，将目前流行的事物作为话题，以及特有关社会新闻、旅行、艺术、社会名人等作为话题。通过上述题外话入题，要做到新颖，巧妙，不落俗套。

从介绍己方的谈判成员开始，一般可以介绍自己一方人员的职务、学历、特长、爱好等，这样既有了话题，又缓解了对方的对抗心理，同时也充分显示了自己强大的阵容，令对方不敢轻举妄动。从"自谦"入题，如果对方是在我方所在地谈判，可谦虚表示各方面照顾不周，可称赞对方的到来使我处蓬荜生辉，或者谦称自己才疏学浅、缺乏经验，希望通过谈判建立友谊

等等。当然，自谦要适度，否则，将会被对方认为你是虚伪而缺乏诚意。

从介绍自己一方的生产、经营、财务状况等入题也可先声夺人，提供给对方一些必要的资料，让对方充分了解到自己雄厚的财力、良好的信誉和质优价廉的产品等。

（2）先谈细节，后谈原则性问题。

围绕谈判的主题，先从洽谈细节问题入题，条分缕析，丝丝入扣，待各项细节问题谈妥之后，也便自然而然地达成了原则性的协议。

一些大型的经贸谈判，由于需要洽谈的问题千头万绪，双方高级谈判人员不应该也不可能介入全部谈判，往往要分成若干等级进行多次谈判，这就需要采取先谈原则问题，再谈细节问题的方法入题。一旦双方就原则问题达成一致，那么，洽谈细节问题也就有了依据。

大型商务谈判总是由具体的一次次谈判组成的，在具体每一次谈判会议中，双方可以首先确定本次会议的商谈议题，然后从这一具体议题入手进行洽谈。

2. 开场表白，占据优势

（1）开场阐述。

谈判入题后，接下来便是双方进行开场阐述，这是谈判的一个重要环节。

①开场阐述的要点。具体包括：

A.开宗明义，明确本次会谈所要解决的主题，以集中双方注意力，统一双方的认识。

B.表明我方通过洽谈应当得到的利益，尤其是对我方至关重要的利益。

C.表明我方的基本立场，可以回顾双方以前合作的成果，说明我方在对方所享有的信誉；也可以展望或预测今后双方合作中可能出现的机遇或障碍；还可以表示我方可采取何种方式为双方共同获得利益作出贡献等。

D.开场阐述应是即时的，而不是具体的，应尽可能简明扼要。让对方明白我方的意图，以创造协调的洽谈气氛，因此，阐述应以诚挚和轻松的方式

来表达。

对对方开场阐述的反应。具体包括：

A.认真耐心地倾听对方的开场阐述，归纳弄清对方开场阐述的内容，思考和理解对方阐述的关键问题，以免产生误会。

B.如果对方开场阐述的内容与我方意见差距较大，不要打断对方的阐述，更不要立即与对方争执，而应当先让对方说完，认同对方之后再巧妙地转开话题，从侧面进行反驳。

在谈判阐述时，如果你有足够的细心，就会发现买方有很多急切的需求，卖方可以合理地利用这种需求。自然就会建立谈判优势。谈判的优势存在于每个人的心智中，你认为你有优势，能够改变对方的立场，那么你就能成交一笔出色的交易，无论你是买方还是卖方。

在谈判前期双方都会讲一些看似无关大局的话，我们称之为"暖场"，只是简单的寒暄吗?经验丰富的谈判者知道，这是在建立自己的优势、影响对方的心智。总之，只有保持良好的心态，才会赢得谈判的优势。

（2）让对方先谈，沉默是金。

有时候在谈判中也要懂得沉默是金的法则，往往说话最少的一方会取得最多的收益。任何谈判都要注意实效，要在有限的时间内解决各自的问题。有些谈判者口若悬河、妙语连珠，总能在谈判的过程中以绝对优势压倒对方，但谈判结束后却发现并没有得到多少，交易结果令人失望，与谈判中气势如虹的表现不相匹配，可见在谈判中多说无益。

在商务谈判中，当你对市场态势和产品定价的新情况不很了解，或者当你尚未确定购买何种产品，或者你无权直接决定购买与否的时候，你一定要坚持让对方首先说明可提供何种产品，产品的性能如何，产品的价格如何等，然后，你再审慎地表达意见。有时即使你对市场态势和产品定价比较了解，心中有明确的购买意图，而且能够直接决定购买与否，也不妨先让对方阐述利益要求，报价和介绍产品，然后，你再在此基础上提出自己的要求。这种先发制人的方式，常能收到奇效。

一般情况下，先开口的一方就是让步的一方，沉默不仅能够迫使对方让步，还能最大限度掩饰自己的底牌。你没弄清对方的意图前不要轻易地表态。在正常的谈判中，对于同一个问题一般总会有两种解决方案，即你的方案和对方的方案，你的方案是已知的，如果你不清楚对方的方案，则在提出本方的报价后，务必要设法了解到对方的方案再做出进一步的行动。

（3）坦诚相见。

谈判中应当提倡坦诚相见，不但将对方想知道的情况坦诚相告，而且可以适当透露我方的某些动机和想法。坦诚相见是获得对方同情和信赖的好方法，人们往往对坦率诚恳的人有好感。

例如，在一年的广交会上，一位西非商人欲购买茶叶。由于是第一次参加广交会，各种茶叶样品琳琅满目，且都集中在一个展区，使这位商人一时难以决定与哪家供货商洽谈购买。当他正徘徊不定时，我方人员看穿了他的心思，于是上前开诚布公地问道："看得出来您对茶叶感兴趣，如果不介意的话，请到我公司的展台看一看、谈一谈。"看完茶叶样品和价格后，客户兴趣很大，并有成交的想法。为了建立稳定的贸易关系，我方人员建议他："您不妨到其他茶叶贸易公司比较比较，这对您是有利的。俗话说，货比三家不吃亏。"于是这位商人也真的去了其他几家经销茶叶的贸易公司观察和比较，但没有任何结果。最后又回到了我们的谈判桌上，毫不犹豫地凭样品签订了一单茶叶合同。由此可见，对举棋不定者，若勉强他做决定，无疑是加重他的心理负担，这种情况下作出的决定亦未必有利，倒不如开诚布公地向对方摆明利害，坦诚地为对方着想，从而建立真诚长久的合作关系。

不过，应当注意，与对方坦诚相见，难免要冒风险。对方可能利用你的坦诚让你让步，你可能因为坦诚而处于被动地位，因此，坦诚相见是有限度的，并不是将一切和盘托出，总的来说，以既赢得对方信赖又不使自己陷于被动、丧失利益为度。

（4）注意正确使用语言。

①准确易懂。在谈判过程中，所使用的语言要规范，要通俗，要使对方

更容易听得明白。有时如确需使用某些专业术语，则应以简明易懂的惯用语加以解释。一些特别生僻难解的术语，更要坚决放弃。一切语言均要以达到双方沟通，保证洽谈顺利进行为前提。

②简明扼要，具有条理性。由于人们有意识的记忆能力有限，对于大量的信息，在短时间内只能记住有限的、具有特色的内容，所以，我们在谈判中一定要用简明扼要而又有条理性的提问来阐述自己的观点。这样，才能在洽谈中收到事半功倍的效果。反之，如果信口开河，不分主次，话讲了一大通，不仅不能让对方及时把握要领，而且还会使对方产生厌烦的感觉。

③第一次就要说准。在谈判过程中，当对方要你提供资料时，你第一次要说准确，不要模棱两可，含混不清。如果对对方要求提供的资料不甚了解，应延迟答复，切忌脱口而出。要尽量避免使用含上、下限的数值，以防止波动。

④语言富有弹性。谈判过程中所使用的语言，应当丰富、灵活，富有弹性。对不同的谈判对手，应使用不同的语言。如果对方谈吐优雅，很有修养，我方语言也应十分讲究，做到出语不凡。如果对方语言朴实无华，那么我方用语也不必过多修饰。如果对方语言爽快、直露，那么我方也不迂回曲折，语言晦涩。总之，要根据对方的学识、气质、性格、修养和语言特点，及时调整我方的洽谈用语。这是迅速缩短谈判双方距离、实现平等交流的有效方法。

⑤注意折中迂回，避免一泻千里。折中迂回，是指在谈判过程中转换话题放弃对某些问题的讨论或绕弯子说服对方的技巧。这种技巧的运用，是掌握谈判主动权的必然要求。折中迂回技巧一般适用于下列场合：想避开对自己一方不利的话题；想回避某些问题；不同意某些观点，但又不便于直接否定对方；想拖延对某些问题作出决定的时间；想把问题引向对自己有利的方面；想转移角度阐述问题以说服对方等等。

采用迂回折中的技巧主要有：当面对对自己不利的问题时，尽量避开谈判的话题，将谈判的话题重新回到对自己有利的问题上来，答非所问或直接

避而不谈有时也很奏效；或者是跟对方绕弯子、提出新问题；偶尔可以谈一些题外话，冲淡一下主题，或有意识地谈些意思不清的话，鼓励我方人员作不相关的交谈；改变原定程序和计划，忽然建议一个令对方不能马上接受的方案；提议某些问题要调查后再讨论；否认某些问题的存在等等。

有时遇到特大的难题或突然出现新问题，致使谈判无法继续进行，也可于谈判暂停后采取下列相应措施：提出更换新的谈判负责人，重新调整谈判阵营；提出更大的或全新的问题；提出扩大交易范围；提供更详细的资料，使对方难于纠缠；尽量拖延，借口要向上级汇报；借助新闻界的力量帮助我方宣传；提出改变商谈的场所；有意识地与对方的竞争者频繁接触等等。

使用折中迂回技巧应当慎重，要区别轻重缓急。如在谈判比较正常进行时，可经常使用"可是……"、"但是……"、"虽然如此……"、"不过……"、"然而……"等比较和缓的转折用语，达到折中迂回，使问题向有利于我方的方向转化的目的；在遇到对方无理纠缠，同时我方又不希望谈判破裂时，可适当采用上述折中迂回技巧。

任何谈判都会包含许多议题，买卖双方会分别就每个问题进行讨论。然而，这里的规律又包括哪些呢？首先不要把所有问题一下全部提出来，要逐一地进行探讨。其次就是先提出一些意见分歧不大的问题，而暂缓商议那些难度较高的问题，待会谈进展到一定阶段，双方都对谈判过程感到顺利时，再针对难度较高的部分，寻求解决的途径。

当所有的细节都在事先说好之后，就需要形成文字并由双方签字确认。这时需要坦诚地面对对方，千万不要存在侥幸心理——只要他不提，我就不说，有时候回避一个问题是不会有助于谈判的成功的。

反客为主的谈判策略

任何一种谈判，都不可避免地存在着种种条件的差异性，有的对谈判有利，有的对谈判不利。谈判者为达到成功的目的，总是要趋利避害，选择有利于双方或己方谈判的各种客观条件。

而谈判最大的动力就在于谈判者对利益的需求，但就谈判各方而言，他们对谈判中利益需求的层次、强度、水平并不都是一样的。这种谈判需求的层次、强度、水平的不同，决定了谈判中谈判者所占优劣势的不同。通常而言，对谈判需求较大、依赖程度较深的一方处于谈判中的劣势，因此在谈判中做出让步的可能性较大。如何扭转这种被动局面，在谈判中为己方赢得更大的利益，这就涉及如何运用反客为主策略。

所谓反客为主谈判策略，是指谈判中被动一方争取主动的谈判方法。这种谈判策略的精义在于：看谁付出的代价大，谁就处于谈判被动地位的谈判原理，使有谈判优势的一方，在人力、物力、时间等方面消耗更大，加大其对谈判需求的依赖程度，直至保证己方的主动地位。

例如，A市一个服务公司长期无所事事，最后通过一个熟人关系在B市找到一个厂，愿与该服务公司联合投资，在A市建立一个加工分厂。双方决定在B市就联营的具体事宜进行谈判，讨论有关投资、分成、技术、管理、销售等问题。照理说，在这一谈判中，厂方投资兴办分厂寻找联营单位很容易，而服务公司则不一样，他们找到这样一家既能投入部分资金，又能使其长年有活可干的联营单位并不容易，也即厂方对该谈判的需求强度和依赖程度，肯

定无疑小于服务公司，因而按理它在该谈判中应处于优势。服务公司最初对谈判态度主动积极，生怕抱不住这棵"摇钱树"。但到了谈判日期，他们却来电话，请厂方派代表到A市洽谈。本来，厂方完全可以拒绝，但他们已在全厂开过会，并对资金、技术、管理方面做了人员安排，因而加深了对谈判的依赖程度，所以不愿轻易放弃这项谈判。于是，厂方如期派出谈判代表到达该市，一连几天，对方却像消失了一样，或以各种理由推托，使谈判不能如期举行。厂方代表住在宾馆，开支十分大，正焦躁不安时，谈判对手出现在谈判桌前。但这时，服务公司方已不再是以前那副求助于人的面孔了，他们找出许多借口，认为此项联营，己方劳民伤财，利益不大，谈判兴趣大减，从而将有求于人的谈判地位很快转变为对方有求于己了，不同的是，厂方因为己为联营做好了准备，并远道而至，投入较多，不打算空手而归，因此由主动变为被动，失去了优越的谈判形势，不得不向对方做出让步。本来双方初次商谈的意见是，双方各投资50%，因厂方还有技术和管理方面的投入；因而商定利润分成比例为3：7，厂方占7，但等双方达成协议时，利润分成比例却由3：7变成了5：5，服务公司巧妙地运用反客为主的谈判策略，为己赢得了较大的利益。

再如越南战争时期，美越急于结束漫长、残酷的战争，双方约定在巴黎举行谈判，为此，越南在那里做好了准备，而美国却故意拖延时间长达两年之久，使越南无端付出昂贵的代价。因此越急于结束谈判，讨价还价能力就越是会被削减，谈判陷于被动。美国在越战中代价惨重，并且面对国内强大的反战压力，按理美方较之越方更希望结束战争，但美国却借故拖延，原因在于美方把握了对方的心理，从而运用反客为主的策略，掌握了谈判的主动权。

当然，反客为主这种谈判策略并非没有破解之策。只要争取在正式谈判之前，避免己方的精力和物质消耗，并争取谈判地点设在己方所在地，就不会掉入对方这种策略的陷阱。因为从一定意义上而言，谁对谈判付出很少，谁就不担心谈判的失败。

以诚信取胜的谈判艺术

　　企业到底生产什么?生产信誉：保持竞争优势，就是信誉。讲求信誉，是市场经济中职业道德的一个重要方面。市场经济是法制经济，更是道德经济。讲究信誉是市场经济条件下依法办事的基本规范。遵守诺言，实践承诺，以自己的行动取得别人的信任，其实也就是说话算数。无论是老板，还是职业经理人，如果没有好的声誉（信誉），那就完了。诚信是为人之道，更是办企业的信条。

　　诚信是人的立世之本，而欺诈只能使你一时获利。想想那些倒下的企业，它们的失败固然有经营不善的缘故，但根本也常常在于诚信的缺失，所以，市场稍微有点风吹草动，它们就轰然而倒。而那些当时风光一时的企业家，败得多惨，连东山再起的机会也没有了。不管做人，还是做企业，诚信都是必要条件。

　　如今，市场经济已经进入诚信时代，诚信已成为市场经济的基本条件和必备的道德理念。在市场经济条件下运行的企业，诚信则是企业生存发展的最高原则。因为在市场经济条件下，企业的经营由过去的生产导向转变为消费导向，企业和消费者之间的关系发生了根本的变化，企业的市场活动只有在作为参与者的顾客或消费者认为是公平、公正而且可信的条件下，才可能保持稳定并得以继续维持。因此，无论企业的目标如何确定，企业的策略如何谋划，对商家来说，诚信经营和良好的顾客回应是必不可少的。

在京津塘高速公路旁武清县的后巷乡，有一个巷虹公司，这是个乡镇企业，并已发展成企业集团。其工人是来自全国11个省市的农民，其产品是胶背地毯，其客户是来自世界20多个国家的外商。1994年，巷虹集团公司创汇近1000万美元。1995年上半年，国际地毯市场形势不好，不少地毯厂家关门了，而巷虹公司的外销订单仍是满满的。之所以如此，在于巷虹公司的当家人苏文合巧妙地在谈判中引进了外交艺术，以诚取信，以信生财。

1989年，苏文合刚上任不久，法国一家外商找到天津一家外贸公司，8000平方英尺的地毯一周交货，每尺只多赚两毛。找了三家地毯厂，没有一个愿接这活。找到巷虹，苏文合立马拍板：接下来。那位外商就住在天津，隔一天到厂里看一看进度。当时，全厂只有300个职工，每天工作十四五个小时，开五顿饭。按时交货时，外商握住苏文合的手说："你们成全了我。"由于他从这笔生意中赚了一笔钱，所以对巷虹念念不忘。以后，他只要在天津的外贸企业订地毯，都指定要巷虹来做。苏文合从这件事受到启发，对外贸公司留下话：凡是难活，急活，别家干不了的，就拿来，巷虹干。巷虹公司就此靠干急活在不少外商中出了名。

苏文合厂长深知，外商是来做生意赚钱的，你对他个人再好，不如对他的生意负责更能赢得他的信任。一个加拿大商人到中国来订地毯，同时与几个企业谈。在与巷虹谈判时，问苏文合价格能不能再便宜一点，并说别的厂家可是比巷虹低。苏文合干脆地回答："你跟巷虹打交道别图便宜，图质量好、交货期准就是了。"没想到这句话倒打动了对方：你这话说得实在！也看出了你厂的信誉观念强，就订你们的货了。

1993年，一位澳大利亚商人来到巷虹公司谈生意。巷虹就把他安排在自己办公楼暂时当做客房的宿舍里，吃饭就在企业的餐厅吃有天津特色的农家饭，一住好几天。第二年，这位商人又领着自己的妻子来住了一星期，让他参观企业并向他周到地介绍地毯的生产工艺、质量、品种。厂长苏文合的观点是，外商来谈生意，你热情、真诚就够了，超过自己的实际条件搞那种过分的热情，往往暴露自己的不自信，对方反而会产生不信任感。那位商人这

几年为巷虹开拓澳大利亚市场，出了很大力。

1995年，巷虹取得外贸出口权，外商的订单干不完，其中不少是这些年靠信誉赢得的老客户介绍来的。现在，巷虹成了中国最大的胶背地毯生产和出口厂家，名气已非昔日可比，但苏文合仍坚持一个原则：无论何时，无论批量多小，都要先保证老客户，因为新客户是从你对老客户的态度中看你的信誉的。

许多国家在法律中规定了"诚实守信"原则，并将其视为"帝王条款"。如今，信用在发达国家已经成为人生存和发展的最基本的条件。诚信，在西方国家经常等同于诚实、可靠和公平交易等品质，也意味着一般意义上的责任，以及一系列义务和自制能力。

诚信是一切经济活动的基础。随着社会经济联系的深入，诚信在本质上不仅成为人们相互依存的道德准则，同时也逐渐成为人们从事经济活动的行为准则。因此在市场经济规律中，诚信成为一种经济活动的通行证，诚信是兑现承诺和遵守契约最基本的表现形式。违背了承诺，不遵守契约，就会使企业失去信用，导致公众对其产品产生信任危机，最终使企业丧失市场，丧失生存空间，因此对企业而言，诚信是企业在市场运行中的通行证。

树立国际名牌，要处理好企业的利润最大化和信誉最大化的关系。办企业就是要赚钱，追求利润最大化这是企业的一个核心目标，这是应该肯定的。但是要树立一个国际名牌，不仅要追求短期的利润最大化，而且要把利润最大化和信誉最大化结合起来。一个企业如果没有信誉，或者信誉不佳，即便实现了利润最大化，也不能成为名牌企业。要树立品牌就必须要坚持诚信最大化，要在社会公众中树立诚信形象。有的时候为了树立诚信形象，可能使企业在短期内遭到损失，这两者间在短时间内会有一定的矛盾。但是如果你坚持信誉最大化，最终会给你带来长期的利益最大化，不能把这两者分开。

掌控谈判的节奏

　　控制谈判节奏是销售谈判过程中重要的技术环节，是完整的销售谈判过程不可缺少的部分。所谓谈判节奏，其实质是对时机与条件的掌握。谈判的时机掌握是掌握谈判节奏的第一反映，也是代表性反映，它由两个因素构成：时间与机会。谈判的条件掌握是谈判节奏控制的本质反映，谈判条件的松紧、适时进退是最实质的节奏控制内容。对谈判条件松紧的掌握，应遵循阶段节奏原则和利益平衡原则。

　　对销售谈判节奏的控制需要把握的基本技能点有以下几个：

1. 把握时间的客观与主观因素

　　客观因素是销售谈判双方共同承认的谈判环境造成的客观时间限制，因此应该抓紧时间进行谈判的时间安排；主观因素是一种策略性因素，要善于操纵时间来制造出紧迫与松散的环境氛围，以配合己方施加谈判压力的需要。在1995年的美日汽车谈判中，便充分显示了时间因素的作用。在双方长期谈判没有结果的背景下，美方单方面指定制裁的清单和时间，试图通过施加压力来加快谈判的节奏，这是一种策略性的安排，是对时间主观因素的把握。同时在重新谈判时间的选择上，双方也是互不相让，尽量争取主动权，体现了双方对时间的主观因素的把握。

2. 掌握安排谈判地点的主动权

　　谈判的气氛和节奏也可以由另一方来控制，这一般出现在安排时间、地点的一方没有准备利用谈判的气氛和节奏时，或者被安排的一方实力较强，或者用其他的方式将谈判的天平偏向了自己一边等等。但是，这样的情况较

为少见，所以争取做安排谈判时间和地点的一方，对于控制谈判的节奏和气氛更加有利，也为在谈判中取得更多利益奠定了基础。

3. 善于制造和控制谈判中的气氛

谈判人员也可以用自己的表情和态度来影响谈判的气氛和节奏。比如，谈判一方采取冷漠的态度，不笑，也不用弹性的语言，那么，如果另一方也没有采取幽默或者其他的方式的话，谈判将一直处于紧张、对立的气氛中，这样的气氛对于合作或者双赢的谈判十分不利；就算是对于索赔或者单赢的谈判，这样的气氛也不是很好的选择。如果谈判人员较为幽默，也会使用弹性语言，那么谈判的气氛会较为轻松、热烈，对于双方达成协议很有帮助。为了营造轻松、友好的谈判气氛，在正式谈判开始前，双方谈判人员可以聊一些与谈判内容无关的话题来消除陌生感，增进彼此的了解，比如最近发生的新闻、这两天的天气状况等。但是要注意，不要涉及对方的隐私和禁忌，只是寒暄性的话题和口吻即可。

由谈判人员自身制造的谈判气氛，还会反过来影响谈判人员的心情和他们谈判时的发挥。在一个紧张、冷漠的谈判气氛中，双方容易对立起来，很多本来可以解决简单的问题，也变得解决起来很艰难；或者让某一方更不适应而希望快速结束谈判，使这一方处于被动的地位，而在很多问题上让步，谈判最后从双赢变为单赢。能给谈判营造一种轻松、热烈气氛的一方，也能在谈判中处于主动地位，让对方在这种友好的气氛下做出妥协，或者双方互相让步，从而达到双赢。总之，不管是什么样的谈判，都最好不要造成紧张、冷漠的气氛，可能你在这次谈判中赢了，但是对于今后双方再次合作十分不利。

1972年，美国尼克松总统访问中国，周恩来总理为了这次具有历史意义的谈判，亲自对谈判过程中的环境做了安排，希望营造一种和谐、融洽的气氛。

在特别为尼克松举办的欢迎国宴上，军乐队按计划演奏了《美丽的亚美利加》，这是尼克松最喜爱的家乡乐曲，当他听到时，十分惊讶。在敬酒时，尼克松还特意感谢军乐队，国宴的气氛在此时达到了高潮，为接下来的两国元首的谈判创造了十分融洽、和谐的气氛，也为这次尼克松中国之行的成功，打下了不错的基础。

4. 重视利益平衡原则

要按照谈判双方利益出让的对等或平衡状况以及交易对价（货与价）的平衡状况，来掌握谈判节奏的松紧。销售人员在进行谈判时对利益平衡原则须掌握两个因素：对等与对价因素。前者要求谈判双方的谈判条件应对等出让，后者指在交易本质上货物与货物交易条件应该是对应的。我们再回来看1995年的美日汽车谈判，就在克林顿政府所宣布的实施制裁措施期限的前一天，即6月27日，美日之间的谈判有了实质性的突破，美国贸易谈判代表坎特声明放弃克林顿政府的数额要求。这是华盛顿先前坚决拒绝作出的让步。在全部谈判最终结束后，白宫的贸易战略家们总结说，美国人最终在数额问题上表现出的灵活性以及日方提出的自愿增产计划，为美国汽车推销商准入和取消售后服务规定问题达成政府间的协议提供了唯一的机会。由于美国最终作出了放弃数额要求的困难抉择，而使用自己提供的数据，协议的最后条文很快得以落实。美方同日方就汽车及汽车零部件的争吵终于结束。

这次重开谈判的争执和最终确定，也是一种对利益平衡原则的强调。当日方企业相信美方的报复声明是严肃、认真时才提出了一定的妥协性建议，但是由于美方一直还没有进行适当妥协从而导致不能解决全部细节问题。在美方宣布实施制裁的前一天，由于美方的退步最终使整个谈判有了实质性的进展。双方相互的退让反映了对利益平衡原则中对等因素的把握。

客观地说，在具体的谈判中对于谈判节奏的控制并不仅限于已经介绍的四个基本的技能点，特别是对于销售谈判来讲，还有很多细微的节奏控制技能点对争取谈判利益也是非常重要的。比如谈判中的"换挡"，即在你的言行与真实目的之间遮上一层雾障，使对方难以辨别。这样，你就始终是主动的，可以一步一步把对手引入你的圈套。在谈判中具有耐心也是必备的素质，要善于使用拖延战术，以达到控制谈判节奏的目的，这将使你在谈判中占据主动，然后在适当时机答应对方一些条件，则容易达成协议。期限策略也是一种重要的谈判节奏控制策略，在上面的案例中已经得到了明显的体现，当面对对方期限的压力时，耐心将显得非常重要。还有休息策略，一般在谈判局势对己方不利的时候使用。还有打断战术、善于运用巧妙的借口等等都有利于对节奏的控制。

谈判中的讨价还价

　　讨价还价不是只有在菜市场才能见到，它同时也是销售谈判中一项非常重要的内容。一个优秀的销售谈判者不仅要会讨价还价，而且还要熟练地运用讨价还价的策略和技巧，只有这样才能是谈判达到真正的成功。

1．讨价还价的准备工作

　　首先在开始讨价还价之前，应做好以下几点准备工作：

　　讨价还价过程是对买卖双方特别是谈判一方人员知识、心理、智慧、战略、战术的全面考验。谈判中成功地讨价还价又依赖于全面而有效的准备工作，任何工作都不能取代准备这一环节。讨价还价准备工作涉及的重点是：

　　（1）确定讨价还价的目标。

　　讨价还价的准备工作乃至讨价还价的实际过程都应以要实现的目标为导向。因为在讨价还价前，企业的谈判对策已经确定，那么谈判人员就应该根据企业自身的情况和实力，围绕价格和数量确定讨价还价要达到的目的和标准，保证企业获得最佳的谈判效益。一般来说，老练的谈判或谈判者通常将讨价还价的目标分为三个层次，即必须达到的目标；希望达到的目标和乐于达到的目标。必须达到的目标是讨价还价中以保证企业基本效益为前提的价格和谈判数量目标，低于这一目标则毫无讨价还价的余地，讨价还价中宁愿不成功也不愿放弃这一目标；希望达到的目标是讨价还价中企业能够获得较好的效益的价格和谈判数量目标，这一目标在讨价还价中经过努力是有希望能够实现的，因此谈判人员应积极主动去争取实现，只有在万不得已的

情况下才考虑放弃；乐于达到的目标是企业能够获得最佳效益的价格和数量目标，谈判人员在讨价还价中，如果谈判手段高明，技巧运用得当并努力争取，也是有可能实现这一目标的，但确实有一定的难度。在讨价还价过程中谈判人员应根据实际情况灵活掌握，必要时也可考虑放弃这一目标。应当说明的是，讨价还价目标中的价格和谈判数量是其主要内容和条款，应寻求价格和数量的最佳组合，以保证企业实际谈判效益的获得。

（2）收集讨价还价的资料。

讨价还价所需要的资料是多方面的，但必须具备两个方面的资料：①与谈判主题有关的资料，主要应围绕价格、商品质量、供求信息、服务条件等方面收集，这是谈判的主题，也是讨价还价的主要焦点。作为一个谈判人员应该熟练掌握与谈判主题有关的市场行情资料，这方面资料汇集和掌握得越多越具体越准确，就越能避免在讨价还价中受对手误导，而且会对自己所要求的条件或自己所最期望的条件越具有信心。②有关谈判对手的资料，主要是要了解清楚谈判对手的真正需求和个人偏好。利用收集来的情报资料，估计一下谈判对手的真正压力在哪几点，对本谈判的需求强度有多大，通过考察对手以往的经历，了解谈判对手在以往经历的交易中一些失败的情况，了解其曾涉足的其他事务，从中可以很好地理解和把握对手的思考问题方式、心理倾向和处理问题的可能办法等，以利在讨价还价中有效地应变，并控制谈判的方向和进展情况。当然，讨价还价资料的收集还包括企业推销竞争对手的情况，其他客户的情况以及谈判对手内部的决策程序、决策关键人等具体情况。

（3）组建讨价还价小组。

讨价还价的主要形式还是谈判，因此，讨价还价的具体过程也是由谈判小组来完成的。而组建讨价还价的谈判小组则成为一项重要的准备工作，这项工作主要是围绕如何选择谈判人员、如何组成谈判组、由谁领导谈判组及谈判组成员的协调等问题展开和落实。

A．选择谈判成员。

在讨价还价的激烈争战中，训练有素的谈判者通常会胜利而归。一般来说，作为一个合格的谈判者，必须具备多方面的较高素质，具体包括：①要有坚定维护本方利益的立场，努力奋斗的坚强信念和必胜的信心，以保证在多轮激烈的讨价还价中积极进取，并做出正确的决策，要掌握较为广泛的知识，特别是要具备扎实的专业知识，对市场行情及变化趋势能比较准确地把握，了解和信赖自己的产品，并做到努力谈判；②要有敏捷的思维、深邃的洞察力，能够根据掌握的情况及时预见到对方的举动和策略，并对各种影响具有较高的判断能力；③要有较高的内在气质，给人的印象佳，表达能力强，并能抓住矛盾的主要方面，镇定从容地进行谈判；④要有丰富的经验，遇到问题能够冷静处理，并能巧妙地打破僵局，随机应变能力较强；⑤要善于克制情绪，能够忍受冲击，有毅力、有耐心，不轻易放弃，并不急于讨别人的喜欢；⑥要胸怀宽广，作风民主，善于同别人协调配合，共度难关。人无完人，完全符合上述所有要求的谈判者恐难找到，但是整个谈判小组的人员能够互补，并且通过发现、培养和锻炼新人，就不愁取得不了讨价还价的成功。

　　Ｂ．组成讨价还价小组。

　　在谈判活动中，讨价还价谈判组的组成需要根据谈判规模来进行。一般来说，在大量的小规模谈判中，讨价还价过程往往由一个人来完成，甚至有人说："贸易谈判组的最佳规模应该是一个人"，这样做可以避免谈判对手制造己方成员的意见分歧，可以避免谈判对手对己方的较弱成员发动攻势，也便于在讨价还价中迅速进行决策，促成协议达成。然而，对一个人来说，如果要顾全对方的各个方面，就要求你既要是所讨论的每一个问题的专家，又要反应机敏，能及时提出灵活的应变方案，这就相当困难了。因此，在规模稍大一些的谈判活动中，需要组成若干人的讨价还价小组共同应付谈判事宜，以求获得谈判成功。

　　２．讨价还价的几种策略

　　在讨价还价中，如果想要取得成功，就要熟练应用需要把握的技能点，

主要有以下几个讨价还价策略：

A．投石问路。要想在销售谈判中掌握主动权，就要尽可能地了解对方的情况，了解某一步骤对对方的影响以及对方的反应，投石问路就是了解对方情况的一种战术。例如，在价格讨论阶段中，买方想要试探销售者对价格有无回旋的余地，可能提议："如果我方增加购买数额，贵方可否考虑优惠价格呢？"作为销售谈判人员应该明了买方投石问路的用意。

B．报价策略。销售谈判的报价是不可逾越的环节，只有在报价的基础上，双方才能进行讨价还价。恰当的报价非常重要，而恰当的报价首先应建立在正确的成本和收益核算的基础之上，其次还应根据实际情况综合判断对方能够承受的底线以最大化地争取己方的利益。然而，在销售谈判中，不可能对方开出价格就马上成交的。这要经过多次的抬价、压价，才相互妥协，确定一个一致的价格条件。由于谈判时抬价一方不清楚对方的要求以及会在什么情况下妥协，所以这一策略运用的关键就在于抬到多高才是对方能够接受的。抬价是建立在科学的计算，精确的观察、判断、分析基础之上的。在讨价还价中，信心和耐力很重要。

C．价格让步策略。价格让步的方式、幅度直接关系到让步方的利益，理想的方式是每次作递减式让步，它能做到让而不乱，成功地遏止对方可能产生无限制让步的要求。这是因为这种方式不仅可以表现出让步方的诚意，同时也保全了对方的面子，如让步的幅度越来越小，使对方感到己方让步不容易；如最后的让步幅度不大，是给对方警告，己方让步到了极限；在有些情况下，最后一次让步幅度较大，甚至超过前一次，这是表示己方合作的诚意，发出要求签约的信息。

D．价格成交。最后出价的时间应掌握好时机和方式。如果在双方各不相让，甚至是在十分气愤的对峙状况下最后报价，无异于是发出最后通牒，很可能会使对方认为是种威胁，危及谈判顺利进行。当双方就价格问题不能达成一致时，如果报价一方看出对方有明显的达成协议的倾向，这时提出最后的报价较为适宜。当然，最后出价既能够帮助也能够损害报价方的议价力

量。如果对方相信，提出方就胜利了；如果不相信，提出方的气势就会被削弱。此时的遣词造句，见机而行，与这一策略运用的成功与否休戚相关。

中国与韩国的一笔交易中，能很好地说明上面提到的一些讨价还价的技能点。

中方某公司向韩国某公司出口丁苯橡胶已一年，第二年，中方公司根据国际市场行情将价格从前一年的成交价每吨下调了120美元（前一年为1 200美每吨）。韩方感到可以接受，建议中方到韩国签约。

中方人员一行二人到了韩国首尔的该公司总部，双方谈了不到20分钟，韩方说："贵方价格仍太高，请贵方看看韩国市场的价格，两天以后再谈。"

中方人员回到饭店后有一种被戏弄的感觉，很生气。但人已来到首尔，谈判必须进行，中方人员通过有关协会收集到韩国海关丁苯橡胶的进口统计数据，发现从哥伦比亚、比利时、南非等国进口量较大，从中国的进口量也不小，中方公司是占份额较大的一家。从价格方面来看南非最低，但高于中国产品价，哥伦比亚、比利时价均高出南非价。在韩国市场的调查中，批发和零售价均高出中方公司现报价的30％~40％。市场价虽呈下降趋势，但中方公司的报价是目前世界市场最低的。

为什么韩国人员还这么说？中方人员分析，对手以为中方人员既然来了汉城，就肯定急于拿合同回国。可以借此机会再压中方一手。那么韩方会不会为了不急于订货而找理由呢？

中方人员分析，韩方若不急于订货，为什么邀请中方人员来汉城?再说韩方人员过去与中方人员打过交道，有过合同，且执行顺利，对中方工作很满意，这些人会突然变得不信任中方人员了吗？从态度上来看不像，他们来机场迎接中方人员且晚上一起用餐，保持了良好的气氛。

从上述分析中，中方人员一致认为：韩方意在利用中方人员出国心理，再压价。根据这个分析，中方人员决定在价格条件上做文章。总之，态度应强硬（因为在来之前对方已表示同意中方报价），不怕空手而归。其次，价

格条件还要涨回市场水平（即1200美元左右）。再者，不必等几天给韩方通知，仅一天半就给新的价格条件通知韩方。

在一天半以后的中午之前，中方人员打电话告诉韩方人员："调查已结束，得到的结论是：我方来首尔前的报价低了，应涨回到去年成交的价格，但为了老朋友的交情可以下调20美元，而不再是120美元。请贵方研究，有结果请通知我们，若我们不在饭店，则请留言。"

韩方人员接到电话一个小时后，回电话约中方人员到其公司会谈。韩方认为，中方不应把过去的价格再往上调。中方认为，这是韩方给的权力。我们按韩方要求进行了市场调查，结果应该涨价。韩方希望中方多少降些价，中方认为原报价已降到最低。经过几回合的讨论，双方同意按中方来首尔前的报价成交。这样，中方成功地使韩方放弃了压价的要求，按计划拿回了合同。

在上面的例子，中方出口丁苯橡胶公司首先根据国际市场行情的变化提出降低出口产品的价格，这充分表明了中方的合作诚意。然而当中方的谈判人员到达首尔后却面对韩方进一步降价的要求。韩方之所以敢提如此要求主要是认为中方的谈判人员已身在我国，可能对韩国的市场行情并不了解。同时告诉中方可以调查韩国的市场，这实际上是将问题的解决抛给中方。这里面暗含了给中方的谈判代表施加压力的成分，因为谈判人员只有两人，又身在异国他乡，在给定的两天中进行市场调研谈何容易?中方谈判人员面对压力表现出充足的耐心，沉着应战，在调研韩国市场的基础上分析韩方提出继续降价的真正原因。在此基础上中方采取反抬价的策略提前进行回击，打了韩方一个措手不及。最终，双方互相让步，按照最初中方提出的降价方案达成了协议。

在讨价还价中，双方都不能确定对方能走多远，能够承受的底线是什么，以及己方最终能得到什么。因此，时间越久，局势就会越有利于有信心、有耐力的一方。同时在可能持久的讨价还价中，灵活地运用本主题中提到的技能点，并察言观色，不被表象所迷惑，沉着应战，这对于最大化地争取己方的利益至关重要。

处理谈判僵局

　　在谈判中，双方难免会因暂时难以调和的矛盾而形成的对峙，这时谈判就会陷入僵局。然而出现僵局并不代表谈判的破裂，但它很有可能会严重影响谈判的进程，如果不能很好地解决，很可能就会导致谈判破裂，影响谈判协议的达成，这无疑是双方谈判人员都不愿看到的。因此，在谈判的过程中应尽量避免谈判僵局的出现。

　　妥善处理僵局，一旦出现，作为销售代表就必须正确认识、慎重对待这一问题。而熟练掌握处理僵局的策略技巧，可以帮助我们更主动地争取，达成谈判协议。

　　1．抛弃旧的传统观念，正确认识谈判中的僵局

　　谈判僵局的出现对双方都不利。如果能正确认识，恰当处理，就会变不利为有利。那种把僵局视为一种策略，运用它胁迫对手妥协的办法不受欢迎，但也不能一味地妥协退让，这样，不但僵局避免不了，还会使自己十分被动。只要具备勇气和耐心，在保全对方面子的前提下，灵活运用各种策略、技巧。

　　2．休会策略——利用情绪转移法平息愤怒

　　休会是谈判人员平息愤怒的基本策略之一，在谈判出现障碍时，双方情绪都比较激动、紧张，会谈也难以继续进行。这时，双方或一方提出休会的请求，使双方有机会恢复和调整策略，将是一个比较好的缓和办法。东道主可征得客人的同意，宣布休会。双方可借休会时机冷静下来仔细考虑有争议

的问题，也可以召集各自谈判小组成员，集思广益商量具体的解决办法。

3. 容人发泄，以柔克刚

有时人们只要"发发牢骚"，就可以得到心理平衡。发泄之后，理性会重新指挥发泄者的行为。因而容忍其宣泄，却是平息对手感情冲动的一个良方。你正参加一个谈判，当对手在谈判时破口大骂，发动人身进攻时，你不妨静静地倾听，毫不反驳，并且偶尔还请他继续讲下去，直到他吐完心中的最后一点"荼毒"。等待着感情的"巨浪"过去后，再谢谢他这么清楚而激动地说出他的观点，这样的反应往往使对手后悔自己的失态，并以加倍的顺从弥补自己的过失；相反，如果你没有保持冷静，以怒制怒，以动克动，势必会使矛盾激化。处于感情冲动中的对手，很难听得进你的说明和解释。

但如果双方谈判人员相互产生成见，特别是双方主要谈判人员产生成见，那么，谈判就很难继续进行下去。如果谈判中由对问题的分歧发展为双方个人之间的矛盾，此时调整谈判人员是很必要的。

4. 改变谈判环境

谈判室是非常正式的工作场所，容易形成一种比较压抑的气氛。尤其是双方就某一个问题发生分歧的时候，更容易形成一种严肃、紧张而又沉闷的感觉。这时，可以建议暂停会谈或一起去游览、观光、出席宴会、观看文艺节目，也可以到游戏室、俱乐部等处娱乐、休息。在后一种情况下，双方可以进一步增进了解，清除彼此间的隔阂，增进友谊，也可以不拘形式地就僵持的问题继续交换意见，寓严肃的讨论于轻松活泼、融洽愉快的气氛之中。

重庆某房地产开发有限公司总经理张先生获悉澳大利亚著名建筑设计师尼克·博谢先生将在上海作短暂停留。张总经理决定委派高级工程师丁副总经理作为全权代表飞赴上海与尼克·博谢先生洽谈，请他帮助设计金盾大厦的方案。作为重庆方面的代表丁副总经理给出的报价是20万，而博谢联合建筑设计有限公司给出的报价是40万，并且是当时最优惠的报价，显然双方都很愿意合作。

但是双方回到谈判桌前探讨建筑方案的设想和构思，之后谈到价格的时候，博谢联合建筑设计有限公司主动降价，由40万降到35万，并一再声称："这是最优惠的价格了。"

重庆方面的代表分析，对方舍不得丢掉这次与本公司的合作机会，对方有可能还会降价。所以，重庆方面仍坚持出价20万元。过了一会儿，博谢公司的代表收拾笔记本等用具，根本不说话，准备退场。

眼看谈判再次陷入僵局，这时，重庆方面的蒋工程师急忙说："请贵公司与我们的总经理通话，待总经理决定并给我们指示后再谈如何？"由于这样的提议，紧张的气氛才缓和下来。

博谢联合建筑设计有限公司的代小姐与张总经理取得了联系。其实在此之前，丁副总已经与张总经理通过电话，详细汇报了谈判的情况及对谈判的分析与看法。张总经理要求丁副总："不卑不亢，心理平衡。"所以当代小姐与张总经理通话后，张总经理作出了具体的指示。

在双方报价与还价的基础上，重庆方面再次出价25万元。经过协商，双方在当晚草签了协议。这次谈判中，重庆方面取得了极大的成功。

在上面的这个例子中，根据对双方背景的介绍分析可以看出相互之间是一场有诚意的谈判。在这样的谈判中，正确认识谈判中的僵局对于整个谈判的成功至关重要，如果让僵局影响了双方合作关系的达成是不明智的。

在现实中很多销售谈判人员经常把僵局视为失败的概念，企图竭力避免它，在这种思想指导下，不是采取积极的措施加以缓和，而是消极躲避。在谈判开始之前，就祈祷能顺利地与对方达成协议，完成交易，别出意外。这样一来，为避免出现僵局，就事事迁就对方，一旦陷入僵局，会很快地失去信心和耐心，甚至怀疑自己的判断力，对预先制定的计划也产生了动摇，这就阻碍了谈判人员更好地运用谈判策略，迁就的结果就是达成一个对己方不利的协议。由此可见，正确认识和对待谈判中出现的僵局是非常重要的，道理很简单，只有勇于面对问题才能够有效地解决问题。

谈判中的拖延处理

在谈判中掌握时间因素并加以运用，会取得意想不到的效果。而"拖延时间"也是谈判中的一个重要手段。所谓的拖延处理就是，在谈判中双方面对某个利益相持不下或者是面对对方的进攻一时没有破解之策，甚至是为了等待更有利的谈判条件出现时所采取的一种拖延时间的策略。并且在销售谈判中的拖延战术多种多样，目的也不尽相同。同时还具有以静制动、少留破绽的特点，因此成为谈判中常用的一种战术。

正确利用销售谈判中的拖延处理策略需要把握的技能点有以下几个：

1. 清除障碍

当双方"谈不拢"造成僵局时，有必要把谈判节奏放慢，看看到底阻碍在什么地方，以想办法解决。有的谈判中的阻碍是隐性的，往往隐蔽在种种堂而皇之的借口之下，不易被人一下子看破，这就更需要先拖一拖，缓一缓，从容处理这种局面。在实际的销售谈判中，这种隐性阻碍很多，用拖延战术对付它们是颇为有效的。不过，必须指出的是，这种"拖"绝不是消极被动的，而是要通过"拖"得到时间以收集情报，分析问题，打开局面，如果消极等待，结果只能是失败。

2. 消磨意志

人的意志就好似一块钢板，在一定的重压下，最初可能还会保持原状，但一段时间以后，就会慢慢弯曲下来。拖延战术就是对谈判对方意志施压的一种最常用的办法。突然的中止，没有答复（或是含混不清的答复）往往比破口大骂、暴跳如雷更令人难以忍受。

3. 等待时机

拖延战术中还有一种非正义的运用，通过拖延时间的方式，静待法规、行情、汇率等情况的变动，掌握主动，要挟对方作出让步。一般来说，可分为两种方式：一是拖延谈判时间，稳住对方。例如，1986年，香港一个客户与东北某省外贸公司洽谈毛皮生意，条件优惠却久拖不决。转眼过去了两个多月，原来一直兴旺的国际毛皮市场货满为患，价格暴跌，这时港商再以很低的价格收购，使东北某省外贸公司吃了大亏。二是在谈判议程中留下漏洞，拖延交货（款）时间。

20世纪80年代末，硅谷某家电子公司研制出一种新型集成电路，其先进性尚不能被公众理解，而此时，公司又负债累累，即将破产，这种集成电路能否被赏识可以说是公司最后的希望。幸运的是，欧洲一家公司慧眼识珠，派三名代表飞了几千英里来洽谈转让事宜。欧洲这家公司的诚意看起来不小，然而一张口起价却只有研制费的2/3。这家电子公司的代表站起来说："先生们，今天先到这儿吧！"从开始到结束，这次洽谈只持续了三分钟。岂料下午欧洲人就要求重开谈判，态度明显"合作"了不少，于是电路专利以一个较高的价格进行了转让。

硅谷公司的代表为什么敢腰斩谈判呢？因为他们知道，施压有两个要点：一是压力要强到让对方知道你的决心不可动摇；二是压力不要超过对方的承受能力。他们估计到欧洲人飞了几千英里来谈判，绝不会只因为这三分钟就打道回府。这三分钟的会谈，看似打破常规，但在当时当地，却是让对方丢掉幻想的最佳方法。

拖延战术作为销售谈判的一种基本手段，在具体实施中有很多变化。例如一些日本公司就常采取这个办法：以一个职位较低的谈判者为先锋，在细节问题上和对方反复纠缠，或许可以让步一两次，但每一次让步都要比对方付出巨大精力；到最后双方把协议已勾画出了大体轮廓，但总有一两个关键点谈不拢，这个过程往往要拖到对方精疲力竭为止。这时公司的权威人物出场，说一些"再拖下去太不值得，我们再让一点，就这么成交吧"之类的话。此时对方

身心均已透支，这个方案只要在可接受的范围内，往往就会一口答应。

在这个例子中硅谷某家电子公司果断地地腰斩谈判，首先是基于对对方谈判诚意的分析基础之上，再者，果断的回复能够明确地打消对方坚持首次要价的意志，从而为己方的高要价奠定基础。而日本公司的案例是通过对谈判时间的拖延来消磨谈判人员的意志，当对方的谈判人员身心疲惫时，把握对方谈判人员在心理上渴望急于结束谈判的时机，这时权威人物出面，同时给予适当的让步来追求己方更多的谈判利益。

遇到对方使用拖延策略时，要尽量减少对方拖延的收益，增加他们拖延的成本。还可以采取一些措施，使得对方在拖延中产生不舒服的感觉，或在某些方面有所损失。例如，制造一个不舒服的谈判环境，让对手感觉到不舒服，或者拉拢那些对谈判会产生一定影响的人。安排好谈判时间，也可以控制对方对于己方的不利安排，比如利用操纵最后限期和制造时间压力等方法来提高己方的地位并保护自己。

在具体使用最后期限策略时，应注意以下几方面的问题：

（1）在采取最后期限策略时不要激怒对方，使双方关系变得紧张，甚至恶化。最后期限策略主要是一种保护性的行为，因此，当你不得不采取这种策略时，要设法消除对方的敌意。除了语气委婉、措辞恰当外，最好以某种公认的法则或习惯作为向对方解释的依据。假如你遵循的是公认的习惯或行为准则，或者你有一定的法律依据，对方在接受时就不至于有怨气。

（2）在采取最后期限策略时要给对方一定的时间考虑，以更让对方感到你不是在强迫他接受城下之盟，而是向他提供时间考虑，毕竟是由他自己作了最后的选择。

（3）在最后的谈判中，处于主动地位的一方应在制定了最后期限之后，对原有条件也有所适当让步，使对方在接受最后期限时有所安慰。同时也有利于达成协议。

时间就是力量，就是压力，我们在商务谈判时无法忘掉这种压力。所以，我们总是全神贯注于对方的最后期限，它有一种无形的催促力量，即使我们不需要，往往也会不自觉地接受它。这就是为什么它的效果如此之大的原因，它常会促使对方做出你希望他做出的决定。所以，只要你处在谈判的主动地位，就不要忘记使用该策略。

第七章

盘点商家销售策略

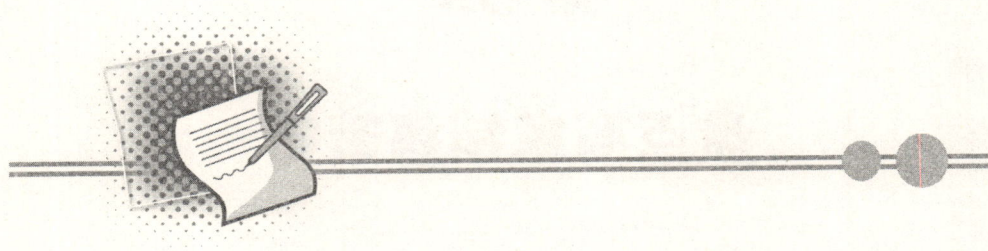

成功的销售总是与高明的销售策略息息相关的，本章节就是将所有成功的销售策略集结在一起，给您带来销售策略的盛宴。不禁让人感叹商家销售策略的独出心裁，更可以让我们在今后的生活中充分享受这些"免费的午餐"！

高价销售策略

同样一瓶爽肤水，一瓶25元，另一瓶50元。在爽肤效果相同的情况下，你更倾向于选择哪一种呢？

同样一杯水，在五星级酒店里是20元一杯，在普通的饭店的里是1元一杯，你是否真能感觉到这两杯水的不同口感呢？

………

在商品市场上，体现在商品价格方面的竞争力方面，低价并非一定具有很强的竞争力，而是要看是哪一类商品。

消费者的购买欲望与购买行为，在很大程度上还会受到"消费心理"的影响。只有消费者对产品产生"信心"，他们才会愿意花钱购买。那么，消费者对商品的信心与产品的价格之间存在着什么样的关系呢？

原来消费者在选购商品时，由于对商品本身不够了解，或者对市场价格没有充分的认识，在选购的时候容易产生疑虑心理："这东西实用吗？""这东西耐用吗？""这东西有什么特性啊？"甚至会考虑到这种商品是否适合自己的身份等等。这一系列的疑问，对于同类产品来说，标价高的反而会使消费者的这种疑问降到最低的程度，这是出于"一分钱，一分货"的价格心理因素，或往往会成为解除消费者这种疑虑的重要准则。

化妆品就是一个典型的例子。人们有一种观念就是：化妆品有关"容颜"，不可不慎。因此，消费者自然而然就会对高价的化妆品比较放心；反之，对售价低廉的化妆品反而抱怀疑态度："这种牌子的品质一定不怎么

好，要不怎么会卖那么便宜？"因此，在一定程度上，化妆品的高价策略一直是销售者争夺消费者的重要手段之一。日本著名的资生堂化妆品和法国的花帐篷，都以优质高价闻名于全世界。国内新兴的化妆品业，一些化妆品也以高价创造了名牌产品。

另外，对人的生命和健康产生直接影响的药品，它们的销售策略与化妆品是如出一辙。美国一家大制药商为了维持竞争力，不但不降低药品售价，反而将售价大幅度地提高。结果，这家药厂的业务反衰为旺，帮助药厂走出了低谷。

专家的研究表明，产品的成分越是"抽象"，越是"内在"，越是"隐蔽"，在消费者不能立即凭直觉去判断其材料、品质、效能如何时，他们就会很"本能地"以价格作为其判断依据。这时，高价格往往得到消费者的信任。"一分钱，一分货"，则成为消费者对商品判断的重要尺度。

此外，一些消费者有时会考虑到自己的身份和地位，宁愿出高价购买商品。有这么一个例子：有一位阔太太，她平时都只从高级服装公司购买衣服和饰品。有一天，她路过一个地摊商，偶然看上了一套衣服，款式新颖，质料也不错，价格又很便宜，一时兴起就把它买下了。几天之后，她想穿着这套衣服赴约，但是又顾虑到这件衣服是从路边的摊位上买来的，怕别人看出来，有失体面，最终还是不敢穿出去。可见，价格这个无形的尺度已经严重地影响了我们对商品的判断和选择。

巴厘克是印度尼西亚久负盛名的服装，深受印尼和东南亚各国妇女的喜爱。随着社会的发展，人们对服饰的时代感也在增强，一位印尼青年企业家适应了消费者这一要求，将巴厘克的传统图案革新设计成现代图案，使巴厘克集精美、新潮于一身，化娟秀与华丽为一体，备受印度尼西亚和东南亚妇女的青睐。

一位日本人见到更新后的巴厘克赞叹不已，告诉这位年轻的企业家，如此迷人的服装在日本市场上一定有销路，而且必畅销，建议他到日本去推销

这种服装。

　　这位青年企业家经过精心准备，带着巴厘克及其模特来到日本，举办了一场十分壮观的服装展销。许多社会名流和高级贵妇应邀光临了这场服装展销。但遗憾的是，当展销结束时并没有多少人购买巴厘克，这简直令年轻的企业家大为不解，于是他请来了日本专家进行咨询。专家告诉他毛病出在了价格上，定价太低，这种高雅的服装，消费者皆为社会上层的贵妇名流，这样低的价格上层妇女谁会买呢？因为如果买件便宜货穿在身上，她们会感到脸上无光，并遭人讥笑。

　　听了专家的诊断，年轻的企业家恍然大悟，回到国内后，再次改进设计，使巴厘克更加光彩照人。次年，当他第二次率领时装模特来到日本再度举办巴厘克时装展销时，巴厘克的定价比上次高出了3倍，果然这一价格使他所带去的巴厘克很快被抢购一空。

　　爱普丽卡是日本专门生产童车的一家小公司，其产品在日本国内很畅销，1980年公司将这种产品拿到美国去推销。当时美国市场上也有各种各样的童车，价格最贵的仅为58美元一辆，而爱普丽卡童车到美国后，每辆定价高达200美元，这一昂贵的价格简直把人给吓住了，美国商人拒绝经销。

　　爱普丽卡公司没有被严峻的形势所吓倒，他们相信自己童车的质量，坚持不降价竞争，力争在美国市场上树立自己童车的"优质、高档、名牌"的产品形象，以高价高质给美国的消费者造成良好的第一印象。他们坚信美国的消费者终会喜欢他们的产品，且有能力接受这一价格。为此，他们广为宣传，派推销员向消费者介绍产品的优良质地。经过努力，爱普丽卡童车终于在美国市场上打开销路，1981年爱普丽卡童车在美国市场上销出5万辆，以后销量年年上升，1985年售出20万辆，获利润1800万美元。

　　不仅如此，爱普丽卡公司还由于童车质量好，使公司在美国获得了好名声。目前在美国许多州和大城市，爱普丽卡这家小公司已经和丰田等大公司一样为人们所熟悉，爱普丽卡童车已进入美国许多著名的连锁商店。

但是，并不是所有商品都可以采用高价的策略。例如，牙膏、卫生纸、小工具、小日用品这些为消费者所熟悉而质量容易判别的商品，则是以货真价实为原则，如果无根据地抬高售价只会导致"砸锅"。

这里还要指出一点，消费者还有一种所谓的"便宜"价格的心理因素：总觉得99元比100元要便宜很多，价钱没有过百；而99元比101元便宜的就更多了。这些都只是商家在价格上使用的小小的心理战术，从而使消费者降低对价格的抵触心理。

人们一般认为，采取较低的定价能吸引消费者，刺激消费需求的增加，但是低价策略未必都灵验，有时低价不比高价俏。这是因为：①消费者已形成"好货不便宜"的心理定势，低价在有些消费者眼里就是低质的象征，高价成为高质的标识；②使用什么样价格的商品，几乎已经成为表明商品使用者身份的一种标志，高价商品的购买和使用可能会抬高消费者的"档次"。当然，高价策略的运用要想取得良好的效应，必须以商品的高质量为前提。同时，要选准消费者市场。

因此，作为一名消费者，如果能自觉地认识到自己的这种价格心理因素和企业的这种价格策略，从而能有意识地提醒自己不被某些广告宣传所迷惑，才能买到真正货真价实的商品。

附送赠品策略

　　当前在购买商品的时候，随着商品附赠非卖品的现象到处可见。消费者在购买的时候，往往会选择这种让利的销售方式。这就是商家促销的策略之一——附送赠品策略，是指消费者在购买产品的同时可以得到一份本产品或非本产品的赠送。这种促销策略可以适用于不同状况的产品。主要方式有包装内赠品、包装上赠品和包装外赠品三种。

　　附送赠品策略可以创造产品的差异化，增强对消费者的吸引力；可以细分市场，增加消费者尝试购买的几率；促使消费者增加产品的使用频率，加速消费者对产品的重复购买；促进经销商推介产品的积极性，实现产品的快速销售。在通过赠品吸引消费者前来光顾促销和到卖场购买的策划中，商品本身对消费者的吸引已经不再是购买的唯一诱惑点了。

　　联全饼干（中国）有限公司曾在北京10个大商场向顾客散发彩色卡片。

　　卡片商写着：顾客凭此卡（复印件也有效），加上奇宝饼干包装袋3个，再加上10元人民币，就可以前往设在10个大商场的促销点兑换1个半米高的洋娃娃。

　　这种彩色卡片，实际上就是这次促销活动的广告宣传单，上面附有消费者必须填写的表格。彩色卡片不但在各大商场散发，还在客流量大的热闹街区散发，仅新街口一处就散发了1.5万张。很多顾客在购买的奇宝饼干包装袋中，也发现了这种彩色卡。结果，该活动极受欢迎，甚至出现了哄抢洋娃娃

的局面。

　　该公司在这次促销中赠品的选择就非常成功，选择了具诱惑力的半米高的洋娃娃，这对于饼干的主要消费人群——青少年朋友而言，是非常具有吸引力的。将产品和顾客的喜好充分结合起来，以赠品为亮点，成功吸引消费者购买其产品。由于此次活动的赠品选择的成功，吸引了众多的消费者的参与，使整个活动做得非常成功。并且，赠品获得的方式也较新颖，通过集包装袋3个加10元钱，填写好表格即可获得赠品洋娃娃。所设的3个条件消费者容易做到，对企业也是有利的。

　　利用赠品促销活动，很重要的一点是赠品要吸引人，赠品要新颖、独特、契合促销主题，且价格不能太高。若赠品没有吸引力，那就不能足够吸引消费者购买其产品；但若赠品太贵，促销成本太高，对企业来说，就会得不偿失。成功的赠品促销活动，可以吸引消费者的注意力，达到抛砖引玉的效果，增加顾客的好感，使顾客因为赠品的诱惑而愿意多买其产品。

　　但采取附送赠品策略有时会取得相反的效果。赠品太差会打击品牌和销售。曾经有一家手机厂家，为了促进产品销售，采取购买手机赠送电子收音机的促销策略，但是赠送的收音机质量太差，最终不仅没有取得促销的效果，反而弄巧成拙，消费者因为厂家赠送的收音机质量太差，不仅对这种促销活动毫不感冒，而且要求退回购买的手机和款项，在消费者中造成了极坏的影响，厂家最后不得不在失败中终止了这种促销活动。

　　在商家促销的过程中，还有一种附加赠送方式就是当消费者每购买一定数量或金额的商品后，就按其比例附加赠送同类商品，以此来刺激消费者增加购买数量的促销方法，也叫加量不加价法。附加赠送在包装性的消费品中应用较广，特别是食品或日用品等运用普遍。由于可视性高，此促销术深得消费者青睐，是许多营销人员经常采用的方法。

　　纽西兰乳品有限公司在广州市场上推出其新一代产品益妙宁低脂低乳糖

奶粉时，曾采取了一系列的促销策略，其中一项很重要的促销策略就是附加赠送。

益妙宁低脂乳糖奶粉有2种规格的包装，一种是900克/罐，另一种是400克/罐，价格分别是90元／罐和45元／罐。当时市场上的竞争者有雀巢等品牌，它们的价格大致在每罐（900克装）在70~80元。

为了打开新产品益妙宁的市场，公司在新产品刚上市时，900克装的奶粉仍以90元出售，但附加赠送价格45元的400克装的同类产品。

具体做法是在400包装外面贴上一张醒目的黄色标语："非卖品，随益妙宁900克装赠送！"精明的消费者会立即计算出促销期商品相当于降价30%，低于竞争者的平均价格，因此他们的注意力很容易被吸引到益妙宁品牌的奶粉上，采取不妨一试的心理来购买该产品。

那么为什么公司有把握能够"擒"到消费者呢？原来该产品本身的特点比其竞争者技高一筹，产品含活性抗体，能帮助增加身体对疾病的抵抗力和抵抗感染，这是其他品牌的奶粉不具有的。这一点顺应了现在人们生活水平提高后更加注意预防保健的趋势，这真是相得益彰。所以，公司采取了"买一送一"的附加赠送促销策略要达到的主要效果之一就是增加品牌知名度，唤起消费者的尝试欲望。一个月后，当益妙宁奶粉在广州市场上全面上市时，已有相当的占有率。

此例中的促销方法是典型的加量不加价的附加赠送法，也就是当消费者每购买一定数量或金额的商品后，就按其比例附加赠送同类产品，以此来刺激消费者增加购买数量。这种附加赠送的方法在包装性消费品中应用得比较广，尤其是在食品日用品方面的运用。

益妙宁在这次成功的促销中值得一提的有如下几点：

（1）在价格上吸引人。人家等量的价格在70~80元，益妙宁作为一个新品却以90元销售。一般的消费者对新产品较关注，但益妙宁要是价格定位的和其他品牌一样，那也就不足以吸引人了，人们看过价格会看其产品。最终

人们将会了解为什么这么贵，原来是新品促销，算下来并不贵。

（2）这种加量不加价的促销方法，可以在众品牌奶粉中脱颖而出，而且这种方法在各零售店可以获得良好的货架展示。

（3）用400克的奶粉作为赠品，对于企业来说无需支付高昂的促销费用。在促销期间400克的奶粉无需支付高昂的促销费用。在促销期间400克的奶粉可作为赠品，吸引消费者关注此新产品，等促销活动结束后，企业还可以将奶粉当普通的奶粉销售。

（4）原本新产品上市需花很多广告费用投入宣传，而益妙宁则是一改常规，用企业的产品做广告，即可打响自己的品牌，又可以成功将新品推向市场，让广大消费者在不知不觉中去了解新的品牌、新的质量更胜一筹的奶粉。

（5）益妙宁奶粉抓住人的消费特点，对奶粉这一块，一般老百姓只会买质量好的，哪怕贵一点。所以他们把价位定得比其他品牌还要高一点，一是因为产品质量好，二是抓住了消费者的消费心理，这是益妙宁打的一场心理战。

这样一反常态，促销不减价相反加价，表面看起来是逆向思维的促销方式，却更能赢得消费者的好奇心和关注。

免费使用策略

"天下没有免费的午餐"，但是每个人都想不付出就得到回报。这也是免费使用策略在销售中能够得以推广的原因，古人说得好：欲将取之，必先予之。只有让人们真正体验之后，才会了解产品的性能。

免费使用策略是指将产品（一般都是新产品或者试用装）免费赠送给潜在消费者，供其使用或者尝试，并诱导消费者购买的一种促销方式。该种促销策略的方式主要有入户直接派送、户外样品发放、凭券派发礼品等。

采取这种促销方式比较多的厂家有快速消费品行业、化妆品行业以及高消耗性行业。比如宝洁公司、联合利华等公司在新产品上市时，总是先生产一些试用装，在各大超市、百货商场免费派送给消费者试用，以引起消费者的注意和试用后的好感，使消费者产生对该产品的后续购买力。

免费赠送是一种促销方法同时也是一种销售策略。日本万事发公司就是利用这个策略一炮打响，彻底扭转市场劣势的。

在相当长的一段时期内，万事发（MILDSEVEN）香烟的销路打不开，公司面临关闭的危险。为了杀出一条生路，公司经过一番思考和策划，选定以"免费赠送"进行促销。

于是，公司老板在各主要城市物色代理商，给予代理商一些费用和一批香烟，然后通过这些代理商向当地一些著名的医生、律师、作家、影星、艺人等按月寄赠两条该牌子香烟，并声明，如对方认为不够，还可以再免费提

供。而每隔若干时日，代理商就会寄来表格，征求对这种香烟的意见。

万事发香烟公司在进行了半年左右的"免费赠送"后，逐渐拥有了一批较有身份和有影响的顾客，接着利用这些名人的评价大做广告，宣传该牌子的香烟都是有身份的高贵人士所用的。这样，那些有点身价的人们当然会买来试吸，而那些并没有多少财富或名气的人，由于心理或面子的驱使，也买这种香烟吸，以显示自己的身份。这样，万事发香烟很快获得众多的顾客，几年时间，MILDSEVEN成为仅次于"万宝路"香烟的、世界销量第二的香烟品牌。

不仅日本的万事发，美国企业巨人西屋电气公司也曾从该方法中获利颇丰。西屋电器公司曾经开发了一种保护眼睛的白色灯泡，为了打开销路，采用了免费赠送策略。公司根据消费者名录，挑选出1300户使用电器的消费者，免费给每户赠送两只白色灯泡，把有关灯泡性能、优点的说明书一起附上。两周后再派人到用户家去收集使用意见。

这次赠送活动的反馈意见中，有86%的家庭主妇认为，这种灯泡比别的灯泡好，眼的感觉舒服；78%的主妇反映，这种灯泡光线质地优良。

西屋电器公司以此作为试验性广告资料，在15个地区委托100家商店试销这种灯泡10万只。最后刊登出题为《具有特别性能的电灯泡》的广告，并把两次试销的结果、用户的评论意见公诸于众，立即引起了消费者的注意，西屋电器公司的白色灯泡一下子成为畅销货。

赠送产品的方法主要有以下几种：

1. 以直接邮件配送

万事发公司根据市场调查，有组织、有系统地寻找出可能需要本产品的社会阶层、编造地址名单，然后按照名单直接邮寄本产品样品给目标对象。

2. 登门访问赠送

根据调查的结果，如果知道需要者集中居住于某地，可以组织人员挨家登门访问赠送样品。因为美国有专门替人登门访问代送赠品的公司，西屋电

器公司的经验表明这样的赠送方法到达率很高。

3. 放在零售店里赠送

把样品交给零售商，请零售商代为赠送。这种办法如果零售店能尽责代办，可以获得很好效果。但若该店不尽责，赠品到达率则很低。为此，西屋公司曾告诫其他企业如果使用这种办法赠送，要有一套管理办法。

4. 先送样品试购优惠券

可用邮寄方式或在零售店里给消费者送上"试购优惠券"，让大家凭此券试购自己的产品试用。美国西屋公司很多新产品上市都采用这种方法，效果都很好。

万事发和西屋企业的成功，都归功于赠送的作用。一种新商品，市场的知名度不高，用户也极少，为了打开销路，"免费赠送"是通用手法。"先尝后买，方知好歹"这是一句古老的生意经和广告术语。这种先尝后买、意在传名的方法，后人称之为"活广告"。这种"活广告"至今仍被广泛运用，并从食品类延伸到日用品、机器设备等。相对于广告而言，免费赠送花费并不大。但只要事先精心周密地调查研究，做到有的放矢，"放长线、钓大鱼"，终会有丰厚的回报。

免费试用策略不仅有助于产品迅速地进入市场，同时也会更有针对性地选择消费群体，吸引消费者的购买，并且可以在消费者中形成传播效应，提高品牌知名度和品牌亲和力。

然而，这种方法的费用成本相对较高，活动操作管理的难度较大，而且，对于同质性强或者个性色彩较弱的产品效果较差。

但是不得不承认，如果运用得好，它的效果也是显而易见的。当年微软也是采用了这种方法打败了竞争对手。为了获得市场优势，竞争者之间不惜采取各种策略，但最常见的也是最直接有效的方法，就是打价格战，这也是近几年来电脑软件业屡见不鲜的做法。然而，微软却气度不凡，来了个免费赠送。

为了给竞争者以致命打击，微软凭借其无可比拟的经济实力和独霸天下的操作系统，使出免费赠送的高招。1978年为对付微处理公司推出的文字处理软件"词星"对它的挑战，盖茨首先是在大展上演示"微软词"；同时，赠送演示版"微软词"，约一周的时间里共送出45万套，接着又与《个人电脑世界》合作，随杂志赠送，不到一月的时间赠完了35万套，从而最终击败了"词星"。1995年，当网景公司的网络浏览软件Navigator占据互联网络市场时，为抢夺市场，微软开发了比Navigator更先进的浏览软件Explorer，并发起了免费赠送的攻势，公司用户可以直接下载使用，从而有效地回应了网景公司。

微软由高价到低价，由低价到免费赠送，没有一步不含有其超越市场竞争的目的。而免费赠送这一招尤为厉害，微软以其巨大的财力，不给竞争对手一点机会，甚至其他公司想钻个空子也不可能。微软的可怕之处就是它的强大，许多其他企业、公司办不了的事微软可以办到，不敢干的微软敢去干。因此，微软就敢免费赠送，不是少量的赠送，而是几十万几十万地送，因为少了不起作用，少了产生不了影响，又有几个公司敢这样送？于是微软通过赠送达到了预期的目的，但是无论怎么说，客户是最大的受益者。当然，通过赠送也就更加牢牢地抓住了客户。

抽奖促销策略

在我们的生活中，各个大卖场似乎都有抽奖处。既然买了东西，再试试运气岂不是更好；如果金额不够，可以再加一点，多买一些也无妨。而实际上，这正是商家促销的另一种手段，抽奖促销。所谓的抽奖促销是指利用消费者追求刺激和希望中奖的心理，以抽奖赢得现金、奖品或者商品，强化购买某种产品的欲望，达到促进产品销售的目的。在活动中，奖品的诱惑性，只有给促销活动设置具有一定诱惑力的奖品，才能吸引更多消费者的目光。

抽奖促销是我们在日常生活中最常见的一种促销方式，它不仅可以直接促进销售，而且付出的费用也比较少。采取抽奖促销的不论是大品牌，还是刚要进入市场的品牌，都是屡试屡爽的促销方式。

抽奖促销主要有回寄性抽奖、即开即中式抽奖、多重连环抽奖等方式，每种促销方式均有很多厂家采用。现在只要我们去商场、超市甚至一些连锁大卖场购物，都可以看到采取抽奖促销的活动，而且是人头攒动，可见抽奖促销的火爆。

养生堂农夫山泉推出"寻源行动"，参与此次活动的家庭有机会获得前往千岛湖参观养生堂饮用水生产基地、考察农夫山泉源头的奖励。农夫山泉此次有奖参与活动可谓一举多得，既提高了企业影响力和品牌的知名度，同时又通过消费者对农夫山泉水源质量的见证，提高了产品的美誉度。

整个活动过程是这样的：

①三口之家的消费者只要填妥广告中右下角的问题及个人资料（不需要附上任何产品凭证），并剪下寄至指定地点，即可参加"千岛湖（农夫山泉制造厂所在地）天然之旅"的抽奖活动。

②通过公证抽奖的形式产生虚拟幸福家庭，本批人数为100户，共计300人，本活动在一个月之内共进行3次。

千岛湖饮用水公司，采取的不是单单抽奖促销的方式，而是将活动里面的内容和企业联系在一起，请消费者见证"能喝的天然水"，见证农夫山泉的品质。这是区别于其他抽奖式活动、区别于纯旅游的最大不同之处，也是此次促销活动员成功的地方。

养生堂还把中奖者的旅游拍成新闻纪录片在电视中播放，从而进一步扩大农夫山泉的影响力及美誉度。

谁说抽奖促销只能促进产品销售？只要运用得当，完全可以实现建立品牌形象的目的。运用抽奖式活动，将活动和企业的产品、品质、形象紧紧相扣，是养生堂此次活动最值得一提的地方。

此外，采用抽奖促销的优点就是能够覆盖大范围的目标消费群体，对销售具有直接的拉动作用，可以吸引新顾客尝试购买，促使老顾客再次购买或者多次重复购买。

顶新集团曾为其旗下的品牌康师傅连续做了两个有奖促销活动。首先推出"现金5000好运连环中""2重大赠奖心跳面霸120"的开袋寻奖和幸运抽奖的连环中奖促销活动！紧接着又推出"面霸120，40万个好运送给您"的有奖促销活动，较之前次活动大大提高了中奖的机会，以安慰未中奖的消费者。

具体的活动过程是这样的：

①顶新集团把活动的奖项直接印在产品内的调料包上，只要购买任何口味的康师傅面霸120，打开包装袋即可获知是否中奖。

②奖项分别有"现金5000元"、"现金120元"、"再送一箱"等，共

有3万个中奖机会。

③集2个面霸120空袋寄往指定地点，又可参加"现金5000大抽奖"，共抽出大奖40名。

④上面活动结束后，康师傅又推出面霸120碗面的同样促销活动，只不过奖项的金额设置降低了，分别为"电话卡100元、50元、20元"及"免费再来一碗"，同时中奖机会增至40万个。

企业在搞此类促销的时候，可以根据售价来设置奖项的大小。用连环的形式弥补奖项设置的缺陷，用连续的有奖促销大大刺激消费者的购买欲，来增加产品销量和提高品牌知名度是康师傅的成功之处。

现在许多食品公司都会采用这样的即买即知的促销方式，这种形式的促销省去了回寄的麻烦，也是较容易被消费者接受的促销方式。如：有些啤酒会在瓶盖上印上"五毛"或"一元"的中奖标记；且兑现也很方便。此例中，采用的也是这种形式。不过，为了进一步安慰未中奖的消费者，只要消费者愿意，还可以有第二次中奖的机会，从而加大了促销力度。第一次活动设的奖项价值太高，中奖机会不多；第二次把奖项价值调低，而中奖机会提高。这两种奖项设置各有利弊，前者机会少但刺激大，吸引消费者；后者奖项价值低但机会多、面广，更易吸引消费者。

当消费者已经比较理性，对这种抽奖促销的方式已经见怪不怪的时候，它就再也激发不起消费者的神经了。同时，这种促销方法并不能提升产品的品牌，并且在宣传期间的花费也比较高，因此，在充分结合促销的目的后做出选择是比较合理的。而消费者也要明白自己真正需要的是商品，而不仅仅是购买商品之后的一些附带利益。

联合促销策略

随着市场的不断开拓，产品之间的竞争越来越激烈，并且同类产品更是层出不穷。因此，要想取得最后的胜利，单枪匹马已经不是一个明智的选择。更多的商家开始将联合的手臂伸到其他的销售商，采取联合促销的策略来吸引更多的消费者。

所谓联合促销策略，是指两个或者两个以上的品牌或者公司合作开展促销活动，推广产品和服务，以扩大活动的影响力，提升各自的品牌和服务，同时采取利益分享、费用分摊的原则举行的促销活动。

联合促销策略一般是在两个知名品牌之间展开，讲究的是强强合作，实现双赢的目标，因此这种联合促销策略一般讲究对等合作。基本上，两个不对等的品牌之间是很难开展联合促销的，因为强势品牌一般在合作中会处于主动地位，而弱势的一方将在合作中往往处于下风。国际大品牌也比较追求联合促销活动，如前期可口可乐与柯达胶卷之间的合作就非常成功，实现了双赢。它们之间联合促销的主要内容就是买可口可乐2箱送柯达冲印卷一卷；冲柯达冲印卷一卷送可口可乐1罐。

采取联合促销策略可以快速接近到目标消费者，同时降低相应的促销成本，还可以有针对性地选择目标消费群体，而且通常是知名品牌之间的合作，可以增强对消费者的吸引力，较好地达到促销目标。

北京心力源源（原富达中天）电子有限公司，是国内著名的电子通信产品商。国内市场上销售的正品摩托罗拉汽车电话，90%都是由这家公司代理

销售的。

摩托罗拉汽车电话有许多优点，可是却长在深山人未知。例如，它具有声控、免提功能，可以避免驾驶员一边开车一边打手机所造成的危险；具有DPS数字系统，可以过滤掉通话杂音，从而提高驾驶员的驾车注意力；它的天线放在车外，车内没有电子信号辐射，因而不会对车内的各种精密仪器造成干扰，对人体也是安全的。除此以外，它还是一种时尚用品，可以延伸出许多功能来，包括连接传真机、电脑等。

摩托罗拉汽车电话不为人知的主要原因是价格高、购买审批手续繁琐。以正品M8989为例，每台价格高达13000多元。由于目前我国私人轿车还不是很多，事业单位购买这样的汽车电话，审批环节之多令人望而生畏。

怎么办?为了扩大摩托罗拉汽车电话的影响，2002年初，心力源源公司总裁孙良先生设计了一个在全国免费赠送汽车电话的方案。令人叫绝的是，虽说是免费赠送，却不仅达到了推广市场的目的，而且企业还大获其利，实现了多赢局面。

免费赠送办法规定：活动期间，任何拥有汽车的消费者个人或单位用户，都可以免费得到一部摩托罗拉汽车电话。心力源源愿意与其签订正式赠送协议，以便得到法律保护。受赠人不需向心力源源公司支付任何费用，但按照合同规定，须将应交的汽车保险费交到心力源源的合作单位——平安保险公司。2002年该公司安排免费赠送的汽车电话价值总量为1.4亿元人民币。

到这里，读者已经心知肚明了：在心力源源免费赠送汽车电话的背后，客户需要将汽车保险费交到指定的保险汽车电话的背后，客户需要将汽车保险费交到指定的保险公司。事实上很好理解，因为"免费"并不意味着"无偿"。否则这样的快乐循环链就无法继续下去，其发起者就无异于涸泽而渔了。

由于是免费赠送，所以它必然会产生一个全新的市场模式——无竞争市场。别人想送也送不了，因为这是我的总代理产品；别人不想送，这个市场

就全都是我的。况且，这样的赠送规模一般企业想送也送不起，因为不是每家企业都有这个实力的。

显而易见，在这个整合销售的过程中取得了以下多赢局面：

（1）消费者在这个过程中得到了满足。他们仍然按照正常标准交纳汽车保险费，并没有付出额外代价。而且，心力源源对消费者的要求也不高，只要求客户在平安保险公司连续投保两年即可。按照赠送协议，两年后消费者即完全拥有这台汽车电话的产权。

（2）心力源源公司在实施方案之前，就和中国平安保险公司签署协议。作为平安保险公司的保险代理，它可以从受赠人交纳的汽车保险费中获得8%的返利。

（3）心力源源公司的代理商，由于代理执行这项活动，同样可以从中得到合理而又合法的佣金。

（4）平安保险公司得到了稳定、高价值的客户。因为在目前我国保险业竞争非常激烈的时期，保险公司要想获得一个新客户有诸多困难，而付出的代价也很大，要保持客户不轻易流失的代价就更大。能够拥有私人轿车的家庭，目前在我国无疑已经进入了最富裕阶层。通过这样的联合销售，平安保险公司起码可以在两年内获得稳定的收入流。这时它付给心力源源8%的返利，实际上比它自己发展新客户所付出的成本要低得多。

以上所有这些，都构成了一个卓越的物流和良性循环的闭环财务系统，没有任何资源浪费，却大大提升了所涉及到的每个行业的效益比，真是皆大欢喜。

采取联合促销策略的缺点就是两个品牌之间比较难协调，出现问题以后不能得到及时解决。同时，由于厂家之间都需要突出自身的产品优点和竞争优势，导致各自产品的优势得不到集中展示，产品优点给消费者易造成模糊的印象。

可口可乐公司曾借春节之际在上海开展了号称是上海有史以来的规模最大的特大型多重组合联合促销活动——"妙趣红包，吃喝玩乐在其中"。联

合厂商达十多家，真可谓一次"浩浩荡荡"的"联合促销"，这确实给过节的人们带来了一次不小的"惊喜"，也使包括可门可乐在内的十几家厂商获得了不小的收益。

整个的促销过程大致是这样的：

①消费者只要购买可口可乐旗下的饮料至规定数量，即可获赠红包1个及贺年礼品1份。

②礼品包括奇桥巧克力、酷极糖果、台丰花生或瓜子。

③红包中印有幸运号码，可参加每周连环大抽奖，赢取现金压岁钱，最高为5000元。

④另外，在红包中还有至少7张优惠券，涵盖吃、穿、玩、乐等多种休闲娱乐项目，如卡丁车游戏券、四驱车游戏券、游乐园门票、电影票、服装优惠券、保健品优惠券、麦当劳快餐优惠券、新年糖果优惠券等。

联合促销对于参加各方都有利才是真正的成功。可口可乐中国有限公司联合了十多家公司展开的颇具规模的促销活动，使整个活动精彩纷呈，也使活动达到了预期的促销目的。其他联合促保的公司实现了借助可口可乐的品牌优势，扩大本公司的知名度，提高营业额的目标；消费者也从中多重获益。多方获益是这次活动取得成功的地方。

联合促销成功与否最关键的是其内容是否能受到消费者欢迎。本次活动中，主办方号称累计送出1.6亿元的奖品，是够吸引人的了。但活动的形式却是大多数奖项必须在消费者消费以后才可得到，要实现获奖越多，你就必须消费越多。原本存在一定缺陷的促销方式，由于为消费者提供了多种选择，提高了消费者参与的积极性，这也是本次活动成功的关键因素。

本次活动在时机的选择上也是较成功的，利用春节这一中国传统的节日，本身就是消费旺季，是一个最佳促销时机。而且活动的内容为吃、喝、玩、乐全方位的服务，为中国老百姓欢度节日，增添了喜悦气氛。

公关促销策略

当今，企业的声誉重于一切，推销企业是推销产品的一个更高层次，它的影响力更大。企业通常为了制造强大的声势吸引众多顾客的注意，往往煞费苦心，通过绝密策划来创造名声，希望利用良好的声誉打开市场局面。可以说，形象原则和信用原则成为了公司经营活动的首要原则，成为公司在市场竞争中抓住客户的极其重要的手段。公关促销的最大特点在于其创造性。

1997年3月15日，海南省商业零售"状元"乐普生商厦将日本索尼公司产品全部"请出"柜台，此举在社会上引起了广泛关注。

海口市一位顾客在乐普生商厦购买了一台索尼彩电，在使用中出现了故障。经乐普生商厦检验，是属于彩电显像管出了毛病，应由彩电的制造商索尼公司负责更换或维修。但商厦有关部门与索尼公司广州维修处联系时，索尼维修处却不予理睬。经再三请求，索尼公司才派人到商厦了解情况，但最后却将责任一推了之，认为彩电只能由商厦或顾客自己维修。索尼公司的傲慢和不负责任激怒了乐普生商厦，商厦先是花3千多元为顾客修好了被烧坏的彩色显像管，随后商厦决定采取措施，利用这一事件策划一次成功的公关活动，使商厦在消费者心目中树立起良好的形象。

商厦经过认真分析，认为利用新闻发布会播出这个消息，并抓住即将到来的"3·15"消费者权益日进行大力宣传，将会收到良好的效果。当时，国内一些媒体陆陆续续地报道了许多国外名牌产品在中国市场出现的质量和服

务问题，引起了国人的强烈不满。但由于这些报道非常零散，缺乏冲击力，尚未形成较大的社会影响，这就为乐普生商厦创造了一次非常难得的机会。乐普生商厦决定将索尼公司的产品赶出商厦，树立起维护消费者利益卫士的形象，并由此展开促销活动，使这件事能得到最大的社会关注。

一个企业的形象直接影响其生存和发展，企业形象不是某个人努力的结果，而是需要全体上下长期共同努力树立和维持的。此例中乐普生商厦巧妙地利用知名品牌索尼售后拒绝维修这一事件大做文章，从而在消费者心目中树立了良好的形象。

良好的企业形象，在消费者购物时，是很重要的心理影响因素，形象越好，支持的消费者越多。因此，公关促销中：（1）要提升企业形象；（2）要充分利用好消费者的心理因素。

乐普生商厦就是通过"索尼事件"，抓住消费者关注产品售后服务这一心理，利用媒体大做宣传，使企业的形象短时间内在消费者的心目中得以提升，并借此通过一系列活动，获得了更多消费者的支持与厚爱，在此基础上获得了丰厚的利润。

乐普生之所以选择国际知名品牌索尼大做文章，是希望借助索尼公司的知名度，使此次活动更具关注度和支持率，借此提升乐普生商厦的社会影响力。乐普生商厦因为获得消费者的支持，才能在激烈的市场竞争中占得有利的市场地位，最终获得更大的市场份额。

通过某个事件，巧妙地进行一些公关活动，从而使企业形象大幅提高，最终实现促销产品或服务的目的。

而公关赞助是指通过赞助某种社会活动，借助良好的社会效应，提高品牌知名度和品牌形象，最终达到促进产品销售的目的，并力争实现产品销售与品牌形象提升的双赢。

公关赞助的方式主要有体育赛事赞助，这是大家见得最多的公关赞助策略，如世界杯的赞助商，包括耐克、阿迪达斯等世界顶级运动品牌和可口可

乐等世界品牌。奥运会得到了三星等跨国大公司的赞助，中国的IT巨头联想公司也选择了赞助2008年奥运会的TOP公关策略。还有就是文艺类活动赞助和公益活动赞助，如每年的各种选美大赛均能得到很多厂家的赞助。

采用公关赞助可以快速提升品牌知名度，建立品牌形象，创造有利于企业的公众环境，而且也可以直接促进产品销售，实现产品销售和品牌知名度的大幅度提升。

现在一提起麦当劳，人们就自然会想到汉堡包、炸薯条。熟悉它的人，还会联想到遍布全球115个国家或地区的2.5万多家连锁店，联想到地球上每天都有1%的人正在品尝着一模一样的汉堡包、炸薯条和苹果派。

麦当劳是怎样一步步成长为全球餐饮业的霸主呢？

毋庸讳言，麦当劳以其优良品质、快捷服务、清洁环境和物有所值而闻名，这些既是其品牌个性，又是它长期奉为经典的经营信条。根植于此，麦当劳的形象广受世界各地人们的喜爱和欢迎。

然而，更为重要的是麦当劳与众不同的公关策略。这样的优秀国际化大企业，却在取得斐然经济效益和国际声誉的同时，仍不忘记向曾呵护过它们的公众投以关爱，还没有一点儿"巨人"或"成功者"的架子和故作姿态。麦当劳早已把公关最本质的理念发挥到了极致，而且是那么游刃有余，那就是：企业需要社会公众的理解和支持，而公关活动正是企业与社会联络感情，增进了解的有效手段。

最近，北京的麦当劳食品有限公司推出一项新举措，在所属57家麦当劳餐厅内代售公交月票。麦当劳在对北京发售月票网点的调查后知晓，北京有600多万人使用月票乘公交车，而发售月票的网点只有88处，乘客深感不便。于是他们便"拾遗补缺"干起了"代售月票"的营生，为广大乘客创造便利条件。此举一推出就吸引了大批食客络绎而来。

其实，这种"好人好事"麦当劳做了不少并且一直在做。早在去年高考前夕，在麦当劳宽敞明亮的餐厅里就坐着不少手拿书本只要一杯饮料就呆上好几个小时的考生，面对此景，麦当劳不但未赶他们走，反而特意为这些学

子延长了营业时间。

无偿地为学子学习延长营业时间，为普通公众代售公交月票，两则案例都是麦当劳自找麻烦，如此做法，不能不让人由衷地感叹赞赏，其实这正是麦当劳与众不同的高明之处。在别人看来，拒之唯恐不及，麦当劳却视为己任，这就是一个跨国企业在中国"讲述"的一系列平凡而可贵的经典商业故事。在这种独创思维支配下采取的营销举措，无疑给我们留下了极为深刻的现实启示。

然而，公关赞助活动并不是有钱就可以办理的，它需要适当的时机，适当的策略才能达到最佳的产品传播和品牌传播的目的。而且，公关赞助对企业的组织能力要求较高，同时，企业投入的赞助费用不菲，弄得不好就会得不偿失。

会员营销策略

　　当我们打开皮包，里面不仅有各种各样的银行卡、信用卡，更多的是会员卡。会员销售策略也是当今商家进行商品销售的一个重要手段，可以说是一个双赢的销售模式。商家通过提供某项利益或者服务为主题将潜在或现实消费者组成一个俱乐部形式的团队，来开展宣传、销售、促销等活动，以促进产品销售。

　　会员营销的方式主要有价格优惠、方便购物和情感交流等形式。目前，开展会员营销的厂家越来越多。很多的商家在消费者购物时都会要求消费者填写一张卡，然后说以后凭这张卡可以优惠。同时，要求消费者把相关资料填写好后留下，商家便建立了属于自己的数据库，成为了数据库营销的重要凭据。

　　隆力奇公司在销售隆力奇纯蛇油粉时，举行了一次"征集会员大行动"的促销活动。成为隆力奇会员可以获得许多奖励，增强对消费者的吸引力，同时作为隆力奇会员，可以在购买隆力奇旗下的其他产品时享有优惠。

　　①隆力奇公司在产品的外包装上贴有"配送礼品"或"赠6粒峻蛇胆"字样的标志。②消费者购买产品后将1个包装上的标志连同个人资料一同寄住指定地址，就有机会成为"隆力奇会员"，会员名额共1千名。③会员可参加的活动有：参加东方蛇园一日游（包括参观产品生产加工过程、品尝美味蛇餐、旅游等）。

　　每人均可获赠100元的精美礼品。

参加每月一次在隆力奇娱乐中心举行的会员联谊活动。

会员享有全年6折购买隆力奇保健品、化妆品、皮革制品、蛇酒的权利（限1年服用量）。

会员还享有7.5折购买隆力奇红白木家具及建筑装饰材料的权利（限每人1套）。

隆力奇在征集会员的时候给予奖励，并告知相应的促销措施，比直接利用折价促销的方式更利于让消费者接受。且会员的权利又比较详细明确，有兴趣的消费者会主动入会，不需要什么大力宣传，完全是自愿性质。

在征集会员的时候不只是针对某个产品，而是兼顾旗下的保健品、化妆品、皮革制品、蛇酒、红白木家具、建筑装潢材料的宣传。在对个别产品促销的同时，不忘借促销力度宣传其他的产品。相互之间形成一种互补作用，可达到节约促销成本的作用。

借助某个子产品的促销，来促进整个隆力奇品牌的销售，由点及面的促销方式可达到事半功倍的效果。

会员营销可以培养消费者的品牌忠诚度，同时，通过建立消费者的数据库，加强了营销的竞争力，建立了不易被竞争对手知悉的固定消费群体。

香港生力啤酒有限公司为感谢多年来消费者对其产品的惠顾，特成立了生力之友俱乐部，消费者可以免费入会。只要成为会员，俱乐部便献上源源不断的购物优惠，会员凡惠顾俱乐部指定商号（达23家），只须出示会员卡，即可享有打折或其他意想不到的优惠，更可在生力店以9折选购所有礼品。

生力之友俱乐部是生力啤酒公司为吸引和留住啤酒消费者而成立的一个会员制俱乐部，俱乐部拥有健全的、严谨的会员守则。

其详细的俱乐部守则如下：

1. 会员守则

本守则对香港生力啤酒有限公司经营的"生力Friends Club"所有会员均有约束力，并构成本会及每名会员之间的一份合约，就如经每一方签署一

样。经签署背面的申请表格申请成为本会会员，申请人即同意受本会员守则约束，包括将来制定的任何守则。

2. 会籍

会员必须年满18岁。所有会籍申请须经本会批准。本会有绝对酌情权做出或保留有关批准，无须做任何解释。会员对本会和组织、运作或管理无投票权，亦对本会的任何财产无任何权利或追索权。本会的会籍不得转让。

3. 会员卡

每位会员于其会籍申请接纳后，将获本会发的一张会员卡。新会员于收到会员卡后应立即在卡上签名。而会员卡上之签名须与申请表格上签名相同。会员卡为本会的财物，本会有权随时撤销该卡的效力及/或终止会员的会籍，而无须给予任何理由。本会亦有权要求会员归还会员卡予本会。会员卡只供持卡会员使用，不得转让。倘有会员卡遗失或被窃，须立即通知本会。本会另办新卡，需收取费用。会员与本会有任何事务交易或参与任何活动，须于被要求时出示本卡。

4. 设施及服务

本会承认会员于被批准入会后，即有资格接受及享有本会提供的设施及服务，唯须先得到本会的邀请及受本会在提供该等设施及服务时的任何特定条款及条件限制。有关对会员做出的邀请，本会有绝对酌情权。本会有绝对酌情权随时终止任何设施或服务之提供及/或其运作，而无须给予任何理由。会员不得利用本会或本会提供的设施、服务、资料或文件做出任何商业或不道德活动。

5. 本会的责任

本会无须为以任何原因导致或出现的任何遗漏或错失所直接或间接引致或可能引致的任何损失、损害或损伤，包括但不限于会员或任何其他人士身体损伤，而向会员负任何责任或法律责任。本会无责任或法律责任将会员向本会提供之任何资料保密。

6. 会员偿会费用

本会可向会员收取费用，作为偿付本会于按会员要求提供或送付任何资料或文件时所引起的费用或支出。

7. 更改会员守则

本会有绝对酌情权不时更改本会员守则，并以其认为合适之任何方式通知会员任何上述之更改。除非会员卡在任何更改生效之前被归还本会并做注销，否则会员须受该已更改之守则约束。

8. 退会

任何打算退出会籍的会员应以书面通知本会其退会的打算，并将会员卡随同退会通知，以挂号函件寄回本会。

9. 开除会籍

本会倘若认为任何会员的行为对本会有损或与本会的利益相违或违反任何会员守则，本会可开除有关会员本人的会籍，而本会的决定为最后及终局性的。

被开除会籍的会员停止拥有会员的任何权利、福利或优惠，而且不再有权接受及享有本合提供之设施及服务。被开除会籍的会员于收到开除会籍之信函后须向本会交还会员卡。

10. 本会终止运作

香港生力啤酒有限公司有绝对酌情权于任何时候终止本会之运转而无须给予任何理由。在本会的运作被终止以后，会员之一切权利及优惠即告终止。于任何情况下，会员不得亦不能因本会终止运作而向本会、香港生力啤酒有限公司的董事、股东或管理人员提出任何性质之索偿或要求。

11. 个人资料

会员提供个人资料予本会纯属自愿。本会收集资料可用作不动产、货品及服务以会员为对象的促销，并可将资料转移予对该等促销有兴趣的人士及公司。在个人资料（隐私）条例生效后，会员可向本会要求查阅及更正资料。

该企业的会员守则比较详细，值得消费品企业借鉴。健全严谨的会员守则更有利于吸引消费者。在这个例子中，企业俱乐部以"朋友"吸引并争取啤酒饮用者让这些会员在享受优惠的时候，同时给企业带来更多的利润，对企业对消费者都将是"赚"的，此活动得到了双赢的效果。

但会员营销的回报较慢，建立数据库的周期较长，需要经常性的维护，同时，效果也比较难评估。以生力之友俱乐部的形式吸引并留住消费者，并采用详细的会员规章制度，是该公司俱乐部运营的成功之处。并且，会员也能从这种销售之道中获得切实的利益，这才是销售的最高境界。

人员推广策略

　　人员推广策略是最原始但有时是最有效的产品促销策略，人员推销就是企业利用推销人员向潜在消费者传递有关企业和企业产品的信息，以说服顾客购买产品的促销方式。

　　推销人员又称为推销代表，比如工业企业的推销员，零售企业的售货员，服务行业的服务员。传统的推销仅指商品实体的推销，现代推销包括了商品、劳务之外的企业形象、信誉和经营观念的推销，也就是说现代推销更强调的是对企业及有关企业产品信息的沟通。人员推销利于企业寻找和培养客户，开拓市场，沟通信息，服务顾客。调研市场，进行创造性的推销，建立企业的良好信誉和形象，实现企业和顾客的双赢。

　　采用人员推广策略可以进一步弥补广告与促销信息之间信息沟通不足的弊病，提高产品在同类中的竞争力，通过现身说法的方式赢得消费者的信任和好感，促成消费者完成购买行为。

　　虎牌啤酒公司在销售渠道上所做的促销努力可谓不遗余力，从批发商到零售商，直至酒店的服务人员，实行"一条龙"的促销计划。公司给"距离消费者最近的人"以实惠，利用酒店的服务人员直接对消费者进行促销。

　　具体的促销过程有：

　　①虎牌啤酒公司开展了针对酒店服务人员的促销奖励活动。

　　②只要服务人员向消费者推荐售卖了虎牌啤酒后，可凭收集的瓶盖向虎牌公司兑换奖品。

③奖励办法：12个瓶盖可换价值5元的超市购物券1张，瓶盖愈多，收获愈丰富。

现在啤酒厂商用啤酒瓶盖做文章已经不是什么新鲜事了，如开到什么字即可兑换现金多少，有的甚至将中奖的金额直接印在瓶盖上，开瓶即可知获奖与否以及中了多少。虎牌啤酒独到的地方，是针对服务人员促销，并且不是抽奖式的，而是只要收集到瓶盖就可以去兑现奖品——超市购物券。区别于其他啤酒厂商的是，对销售人员来说个个都是奖，而不是开到有奖的才算中奖。

像虎牌公司这种瓶盖换物的促销方式，已被众多企业效行。这种促销方式可以在短时间内很快提升产品的销量，但如果活动一截止，销量也会立即下降。不如将实惠直接让利于消费者，从而使消费者对企业的产品更具忠诚度。而这种直接给酒店的服务人员以实惠，鼓励他们向顾客促销其产品，是很直接、很有效的促销方法。

人员促销的最大特点是传递信息的准确性。它主要通过售货员或推销员的推销活动，或者邀请专家、顾问向消费者进行宣传语推销活动，同时还可以通过消费者之间的互相介绍和信息交流而引起大家的交流。人员推销是面对面接触，一方面推销人员需要将企业的信息快、全、准、省地传递给顾客，一方面又要尽可能完备地将顾客的信息收集起来，反馈回企业。同时，在这个过程中，企业推销产品获取利润，顾客购买产品满足需要。面对面接触，可以使双方随机应变，不断调整自己的需求和愿望，相互影响促进交流。特别是推销人员逐渐从单纯注重销售额到培植双方感情的发展，利于企业形象的塑造和信誉的提高，利于企业产品潜在市场的开发。

有些厉害的终端促销员或者销售人员，可以"把死的说成是活的，把活的可以吹成是会飞的"。凭着三寸不烂之舌，竭尽诱导消费者掏腰包之能事。国产手机厂家在这方面是比较有深刻体会的。波导手机创导的"保姆营销"，就是人员推广策略的最好应用。其实，在国产手机的发展前期，很多国产手机厂家，包括TCL、南方高科都曾采取过这种依靠人海战术来达到促

进产品销售目的的促销策略。

同时，推销人员还可与竞争者当面接触。推销人员与竞争者接触的机会往往较多，可以经常地了解竞争者的产品情况，市场营销情况等。当竞争者的产品与企业的产品有很多相似之处时，良好的人员促销便成为战胜竞争对手的主要条件。

但是人员推广策略的单位成本比较高，管理也比较困难，而且对目标消费者的覆盖面不广。人员推销也有其自身的局限性，不仅活动范围有限，在很大程度上取决于销售队伍的规模；费用开支较大；促销效果受人员素质的限制。

作为消费者，在面对促销员的时候，不可只听他们的一面之词，毕竟他们的讲解都是受过专业训练的，很难让人找到破绽。但是，面对形形色色的商品，还是要保持清醒的头脑，在认为自己确实需要的情况下再进行消费。

竞技促销策略

随着经济的发展和市场竞争的激烈，很多商家为了能达到销售业绩，扩大销售量和扩大市场占有率，在销售产品的同时都在使用各种各样的促销方式，竞技促销就是其中之一。它主要利用消费者之间的竞争，通过消费者的切身参与，展示其才华、技能以达到扩大产品影响力，最终达到促进产品销售的目的。

竞技促销有点类似于游戏促销。所不同的是需要参与的消费者通过竞赛活动来获取奖品。从这一点来讲，竞技促销与赠品促销、抽奖促销有着共同的特点，就是奖品的选择至关重要。所不同的是，竞赛活动可以让消费者参与其中，让他们通过竞赛充分了解产品的特点，既宣传了品牌又建立了品牌忠诚度。

竞技促销活动的方式主要有群众性的竞技活动、智力竞技、一定天赋的竞技和产品消费的竞技活动等。常用的还是智力和知识方面的竞赛，其内容多数都是与销售产品的公司或它的产品有关的问题。如百威啤酒开展的喝百威啤酒比赛，康师傅开展的吃面条比赛等活动，均是厂家精心策划的以产品促销为目的的群众性竞技活动。竞赛的地点也可有多种，企业有时通过电视台举办游戏性质的节目来完成竞赛，也可以通过网络来组织竞赛，最传统的方法是在零售店内组织现场竞赛活动。

竞技促销策略最大的特点就是消费者对活动的关注率高，可以帮助消费者接受新品牌，快速传达和提升品牌形象，充分提高消费者的注意力和关注

度。针对消费者的竞赛促销形式多种多样，也可再细分为现场竞赛促销和非现场竞赛促销。现场竞赛促销可以在零售店内邀请在场的顾客参与竞赛活动，通过丰厚的奖品来刺激他们的参与热情。竞赛的内容可以先由主持人介绍产品再让消费者回答有关产品的问题，比一下他们的记忆力；也可以让消费者比赛使用产品的熟练程度；如果是食品或饮料的话，可以干脆比赛吃或者喝的速度，如喝啤酒速度大赛等等。

非现场竞赛促销活动可以更复杂一些，对消费者的要求更高一些。

现在全世界正渐渐呈现老龄化趋势，医药和保健品市场日益被人们看好。沈阳金龙保健品公司在"国际老人年"前夕，举行了一次名为"庆祝国际老人年，保龄参杯敬老爱老知识大赛"的公益活动。金龙公司在时机的把握上做得恰到好处，较好地提升了品牌的影响力。

①活动由上海市老龄委员会主办，沈阳金龙保健品有限公司协办，于"国际老人年"之际开展。

②弘扬敬老的社会风尚，宣传老年人的权益保障，特拍摄了上海市10位百岁老人的专题片播出。

③在报纸上刊登了一整版知识竞答题，题目共分单项选择题和判断题两个部分，只要将答案填写在答题区内，随同自己的个人资料一并寄往指定地点，即可参加抽奖。

④本次活动设保龄金奖5名，各奖价值1000元的保龄爱心卡和一对保龄千岁寿碗；保龄幸运奖1000名，可获得一对保龄千岁寿碗。

⑤活动结束以后，金龙保健品公司又进一步设置了"保龄参百岁老人幸福基金"，编制了"保龄参百岁老人健康医疗资助计划"。前者是对突遭困境、生活经济特别困难的百岁老人给予支持和帮助；后者是开展为期一年的为上海市所有百岁以上老人提供健康医疗资助活动。

沈阳金龙保健品公司抓住"国际老人年"这一备受关注的主题，使自己的促销活动具有了公益性质。与一般的促销活动相比，效果更好，而且这次活动的参与人数也很广泛，后续的资助计划，更具公益性质，影响更大。

该公司选择了上海老龄委员会作为主办单位，实属聪明之举。因为这样一来，活动的公众信任度就会大大提高。通过这次活动可以宣扬全社会尊老爱老的精神，从而扩大了保龄参的市场需求。同时推广了保龄参的品牌形象，扩大了产品的知名度，为企业的市场营销工作提供了良好的铺垫服务。

金龙保健品公司此次活动的成功之处就是选择好合作伙伴，并抓住有利于宣传主题的时机，采用知识竞答的形式，宣传企业，宣传品牌。此类竞赛促销直接与产品紧紧结合在一起，能帮助建立或强化品牌形象。在围绕产品展开的一系列竞赛项目中，人们更易于接受该产品，并留下深刻的印象。

但采取这种促销策略费用成本比较高，对销量帮助并不大，颇有点"赔本赚吆喝"的味道。而且群体性竞技活动参与的群体不明确，有些很显然不是目标消费群体。活动的效果比较难判断和评估，增强了活动的不可预测性。而如果策划得好，就会达到意想不到的效果。

"谁是中国记忆并背诵速度最快的人？"这是上海脑力健生物医药有限公司联合上海大世界吉尼斯总部推出的集科普、娱乐、竞技于一体的商业推广活动。它使相当多的人在较短的时间内认识并使用了脑力健产品，可谓一次比较成功的广告促销活动。

此次活动的内容是抢答生活中常用的与"健"字有关的词组和含义。

①活动预先在各主要媒体刊登了广告，邀请了有兴趣、有信心的人们前往参加比赛，上场比一比，谁的临时记忆、背诵速度最快，擂主将作为种子选手获得全国总决赛冠军挑战权，最终生出的全国冠军将成为年薪12万元的脑力健形象代表。

②企业开展此竞技的用意是："如果您脑力良好……那么应该能够记忆并背诵它。""如果您确实记不准或记不住，那么，我们真诚地向您推荐'脑力健'！"

③比赛以分级擂台赛的形式，分设"小学组"、"老年组"、"家庭组"等6大赛组。

大众对于规则简单、便于参加的竞赛或游戏的兴趣总是很高，若再加上

高额的奖金或其他的形式来吸引大众，那么参与的人数一定不会少。上海脑力健公司选择上海吉尼斯总部为合作对象，以"谁是中国记忆并背诵最快的人"竞技比赛的形式，来吸引大众参与活动，从而提高企业及其产品的知名度，是一种独具匠心的促销方法。脑力健营养胶囊的技术处于国际领先地位，因无资金，没做广告，所以鲜为人知。因为产品涉及生物工程及信息传递因子等奥秘，也是一般广告所没办法宣传的。经过精心策划，此种集科普、娱乐、广告于一体的竞赛活动，获得了投入少、效果佳的促销效果，使脑力健品牌深深植根于人们的记忆中。

　　脑力健利用诱人的奖励，寓销售于娱乐的竞赛形式，为其产品做促销宣传，为科技类新产品打开市场起到宝贵的借鉴作用。

电话行销策略

　　信息时代，电话已成为最普及和最快捷的销售工具之一。假设两个人同时掌握到一个准确的商业信息，请问你是通过电话马上行销快还是去登门拜访呢？毋庸置疑，今天，讲究效率已经非常重要，稍有贻误会便会失去商机。而电话行销就能避免这一点，用电话与准客户进行洽谈，既省时又省力，既免去不必要的尴尬，又可以达到洽谈的目的。

　　电话行销有很多好处。它可以迅速地和许多人取得联系，在使用电话联系时，虽然一些客户可能会以种种理由搪塞，但通过电话联系所付出的代价很少，比贸然造访节省更多的时间和精力。

　　特别是现在，由于城市规模扩大，交通阻塞等原因，登门拜访式的推销效率越来越低，而成本却不断上升。这样利用电话进行推销，就成了最快捷、节省的推销方式。电话似乎人人都会打，但通过电话进行推销却有很多学问，并不是人人都生而知之的。电话行销，怎样才能不至于很快就被客户挂断？怎样才能从电话里找到客户？这对任何一个销售员都是严峻的考验。

　　成功的电话行销一般都会经历下面的三个步骤：

　　首先是引发兴趣，电话行销必须引发电话线另一端潜在客户的足够兴趣。在没有兴趣的情况下是没有任何机会，也是没有任何意义介绍要销售产品的。这个阶段需要的技能是对话题的掌握和运用。

　　其次是获得对方的信任，在最短时间内获得一个陌生人的信任需要高超的技能以及比较成熟的个性，只有在这个基础上获得对方信任，然后开始销

售，才有可能达到销售的最后目的——签约。这个阶段需要的技能就是获得信任的具体方法。

最后是有利润的合约，没有利润的合约等于徒劳。而要获得有利润的合约，就必须让顾客认识到他的问题，同时对你的产品或服务在解决他的问题上持肯定意见。这是销售工作的核心内容，也是电话行销的关键步骤。这个阶段需要的技能则是异议防范和预测、有效谈判技巧、预见并解决潜在问题的能力等。

下面这个例子就是一个成功的电话行销：

销售员："您好，您是实力润滑油有限公司吗？你们的网站好像反应很慢，谁是网络管理员，请帮我接电话。"

前台："我们网站很慢吗？好像速度还可以呀。"

销售员；"你们使用的是内部局域网吗？"

前台："是呀！"

销售员："肯定会比在外面访问要快，但是，我们现在等了5分钟，第一页还没有完全显示出来，你们有网管吗？"

前台："您等一下，我给您转过去。"

销售员："您等一下，请问，网管怎么称呼？"

前台："有两个呢，我也不知道谁在，一个是小吴，给您转过去吧。"

销售员："谢谢！"（等待）

李芳："您好！您找谁？"

销售员："我是长城服务器客户顾问，我刚才访问你们的网站，想了解一下有关奥迪用润滑油的情况，你看都10分钟了，怎么网页还没有显示全呢？您是？"

李芳："我是李芳，不会吧？我这里看还可以呀！"

销售员："你们使用的是内部网吗？如果是，您是无法发现这个问题的，如果可以用拨号上网的话，您就可以发现了。"

李芳："您怎么称呼？您是要购买我们的润滑油吗？"

销售员："我是长城服务器客户顾问，我叫曹力，曹操的曹，力量的力。我平时也在用你们的润滑油，今天想看一下网站的一些产品技术指标，结果发现你们的网站怎么这么慢。是不是有病毒了？"

李芳："不会呀！我们有防毒软件的。"

销售员："那就是带宽不够，不然不应该这么慢的。以前有过同样的情况发生吗？"

李芳："好像没有，不过我是新来的，我们的主要网管是小吴，他今天不在。"

销售员："没有关系，你们网站是托管在哪里的？"

李芳："好像是西城区电信局网络中心。"

销售员："哦，用的是什么服务器？"

李芳："我也不知道！"

销售员："没有关系，我在这里登录看似乎是服务器响应越来越慢了，有可能是该升级服务器了。不过，没有关系，小吴什么时候回来？"

李芳："他明天才来呢，不过我们上周的确是讨论过要更换服务器了，因为企业考虑利用网络来管理全国130多个经销商！"

销售员："太好了，我看，我还是过来一次吧，也有机会了解一下我用的润滑油的情况。另外，咱们也可以聊聊有关网络服务器的事情。"

李芳："那，您明天就过来吧，小吴肯定来，而且不会有什么事情，我们网管现在没有什么具体的事情。"

销售员："好，说好了，明天见！"

良好的开端是电话行销的关键。电话行销人员要具备良好的心理素质，电话行销应该密切注意对方的言语细节，并及时有效地作出反应。

电话行销是新时代条件下强有力的销售方式，销售人员应该及时掌握电话行销的各种技能，提高自己的电话沟通能力，以便进行有效的电话行销。

课程名称：精细化管理

培训讲师：吴宏彪
推广机构：北京博士德管理顾问公司
培训时间：2天
培训目标：

1. 明白精细化管理的基本内涵
2. 了解精细化管理的目的和意义
3. 掌握开展精细化管理的理论、工具、方法
4. 掌握提高执行力的工作方法和工具
5. 掌握企业精细化管理的开展方式，推进步骤，员工参与的具体做法等

培训背景：

1. 激烈的市场竞争要求企业的管理要从粗放型向精细化过度
2. 中国的企业管理水平的提升必须从精细化开始
3. 精细化管理是中国企业建立以客户为中心重新梳理和整合优化业务流程进行管理转型和提高服务竞争力的必经之路
4. 工作缺乏精细意识，管理粗放，执行效率低是目前中国企业的普遍现象

精细化管理讲座提纲

◆ **主讲人：吴宏彪**

第一部分 精细化管理源于细节

（一）管理细节随处可见

1. 细节：能够体现事物内在联系和客观规律的细小事物和情节
2. 海恩定律

讨论：我们工作有哪些管理中制度无效的现象？是什么原因造成的？

（二）精细化管理用数学，粗放式管理用语文

➤ **案例1：** 中西快餐的比较
西方快餐（西方企业管理靠规则）：
标准化——由标准决定产品品质

中国快餐（中国企业管理靠经验）：
艺术化——由师傅手艺决定产品

➤ **案例2：** 美国公交车司机的精细化服务

（三）精细化管理对企业的意义

1. 管理从艺术和经验向技术和规律转变（经验成规则）
2. 员工行为从责任和意识向习惯和技能转变（规则成技能）

第二部分 中国企业管理需要精细化

（一）企业存在的基本现状：中国企业目前的管理现状

讨论：本公司目前管理中存在的管理问题

邮箱：zbz159@vip.sina.com　　**联系电话**：010-68487630　　**手机**：13910873125

（二）管理的几个发展阶段

1．初始管理

2．岗位责任制

3．精细化管理

4．企业文化管理

5．自主管理

（三）精细化管理的起源及发展

1．管理源于军事

2．泰勒的《科学管理原理》：以时间—动作研究为主体

3．二战后丰田的精益生产

4．向非生产性领域发展

（四）中国企业基础管理薄弱的体现

讨论：

1．员工执行力不高的原因何在？

2．为什么制度和行为方向常常背离？

（五）管理中执行不到位的原因

（第三部分） 什么是精细化管理

（一）精细化管理：

精细化管理是一种管理理念和管理技术，是通过规则的系统化和细化，使组织管理各单元精确、协同和高效运行

（二）精细化管理的模型：

（三）精细化管理的几个基本概念：

岗位、程序、标准、制度、执行

➤ 案例：德意志银行、美洲银行的服务现场

（四）流程与岗位关系图

➤ 案例：美国零售银行的前台服务流程

（五）现代企业管理的四项基本原则

（六）管理的"管"与"理"

（七）精细化管理的三大原则：系统性、持续改进、造人即造物

（八）精细化管理常用的工具

管理工具使用练习：

1．用鱼刺图对本部门做工作内容描述训练

2．用进度计划表做本次培训的现场管理控制

（第四部分） 企业如何开展精细化管理

（一）企业开展精细化管理的两种方式：

1．借助外脑，聘请咨询公司开展

2．企业自行开展

（二）企业开展精细化管理推进的6个模块

1．决策保证：定位准确、目标分解、决策程序化

2．技术手段：设备、技术、知识工具、防错方法

3．规则基础：流程系统、岗位明晰、程序具体、制度约束、考核测评

4．训练方法：意识养成、科学培训、传帮带组织

5．沟通纽带：例会设计、信息共享、随机对话、实时记录、看板效果

6．文化保障：愿景、氛围、职业化

向军队学管理提纲

忠诚与效率

——打造一支高效敬业的团队

◆ 主讲人：吴宏彪
◆ 管理之梦：
公司像军队一样令行禁止，战无不胜
员工像军人一样忠诚奉献，敬业爱岗
◆ 新思路：向军队学习

◆ 竞争取胜的战略战术：目标
◆ 可以献出生命的文化：基础
◆ 令人忠诚敬业的制度：保证
◆ 让平民变英雄的训练：手段

——管理起源于军事

第一部分 可以献出生命的文化

（一）军队文化的内涵
（二）军队文化与人的自然本能和经济本能的矛盾
（三）军队文化的层次和结构
（四）军队文化建设的手段和方法
（五）如何建设一种能够产生像军人一样优秀员工的文化

第二部分 令人忠诚敬业的制度

（一）军队管理制度的基本特点
（二）解放军的制度建设过程和制度内容
（三）制定制度的关键
（四）把制度训练成习惯
（五）制度决定人
（六）军队管理制度与企业管理制度的比较

第三部分 平民变英雄的训练

（一）军队及团队战斗力的来源
（二）战斗力的四个组成部分
（三）世界各国军队提高战斗力的训练内容和手段
（四）企业培训的误区
（五）把普通人训练成优秀员工

第四部分 竞争取胜的战略战术

（一）人民军队的成长历程及战略战术
（二）小品牌和中小企业发展的困惑
（三）人民军队的发展对中小企业的启发和借鉴
（四）军事战略战术在企业发展过程中和市场竞争中的运用

邮箱：zbz159@vip.sina.com　　联系电话：010-68487630　　手机：13910873125

课程名称：银行精细化管理

培训讲师： 吴宏彪

推广机构： 北京博士德管理顾问公司

培训时间： 2天

培训目标：

1. 明白精细化管理的基本内涵

2. 了解银行精细化管理的目的和意义

3. 掌握开展精细化管理的理论、工具、方法

4. 掌握提高执行力的工作方法和工具

5. 掌握基层银行精细化管理的开展方式，推进步骤，员工参与的具体做法等

培训背景：

1. 银行业的激烈竞争要求银行的管理要从粗放型向精细化过度

2. 中国的商业银行从功能银行向流程银行转变必须从精细化开始

3. 精细化管理是中国的商业银行前后台分离，以客户为中心重新梳理和整合优化业务流程进行管理转型和提高服务竞争力的必经之路

4. 工作缺乏精细意识，管理粗放，执行效率低是目前中国银行业的普遍现象

银行精细化管理讲座提纲

◆ **主讲人：吴宏彪**

第一部分 精细化管理源于细节

（一）管理细节随处可见

1. 什么是细节

➤ 案例：银行大厅经理的迎客程序

2. 海恩定律

讨论：我们工作有哪些管理中制度无效的现象？是什么原因造成的？

（二）精细化管理用数学，粗放式管理用语文

➤ 案例1：中西快餐的比较

西方快餐（西方企业管理靠规则）：

标准化——由标准决定产品品质

中国快餐（中国企业管理靠经验）：

艺术化——由师傅手艺决定产品

➤ 案例2：美国公交车司机的精细化服务

➤ 案例3：美国银行业务人员销售五步法

第二部分 中国企业管理需要精细化

（一）企业存在的基本现状：中国银行目前的管理现状

讨论：

我们银行目前管理中存在的管理问题

（二）管理的几个发展阶段

（三）精细化管理的起源及发展

（四）中国企业基础管理薄弱的体现

（五）管理中执行不到位的原因

第三部分 精细化管理的认识

（一）什么是精细化管理

（二）什么是银行精细化管理

（三）精细化管理的几个基本概念：岗位、程序、标准、制度、执行

邮箱：zbz159@vip.sina.com　　联系电话：010-68487630　　手机：13910873125

➤ 案例：德意志银行、美洲银行的服务现场

（四）流程与岗位关系图

（五）中国国有商业银行的管理转型重点

1．前后台分离

2．销售和服务流程以客户为中心的规范化和标准化

（六）中国银行业的发展趋势——"以客户为中心"，从流程和技术两方面着手，推行前后台分离，变功能银行为流程银行

讨论：

1．银行前台服务流程应该有哪些大类？

2．基层银行精细化管理从哪些方面着手？

➤ 案例：美国零售银行的前台服务流程

（七）现代企业管理的四项基本原则

（八）管理的"管"与"理"

（九）精细化管理的起点：规则整合

（十）精细化管理常用的工具

（十一）精细化管理的三大原则

管理工具使用练习：用进度计划表做本次培训的现场管理控制？基层银行如何开展精细化管理？

➤ 案例：美洲银行减少客户排队时间的对策

第四部分　企业如何开展精细化管理

（一）决策保证：定位准确、目标分解、决策程序化

（二）技术手段：设备、技术、知识工具、防错方法

（三）规则基础：流程系统、岗位明晰、程序具体、制度约束、考核测评

（四）训练方法：意识养成、科学培训、传帮带组织

（五）沟通纽带：例会设计、信息共享、随机对话、实时记录、看板效果

（六）文化保障：愿景、氛围、职业化

银行大客户开发与管理

第一部分　银行大客户开发的基本现状

（一）行长单

（二）关系单

（三）明星客户经理单

第二部分　大客户开发与管理的关键与困难

如何与地位和能量不匹配的大客户沟通和洽谈

第三部分　一份鱼刺图解析银行营销管理

（一）银行产品认识

1．银行产品服务与功能

2．银行企业及产品形象

3．消费者心理(认知、态度、情感、体验……)

➤ 案例：中国建设银行企业文化

（二）CI，BI，MI核心是文化

讨论：

邮箱：zbz159@vip.sina.com　　联系电话：010-68487630　　手机：13910873125

1. 银行公司业务产品SWOT分析，个金业务产品SWOT分析

2. 公司业务产品如何差异化？

练习：用FAB表格描述本行的主导产品

第四部分 银行产品价格竞争

（一）价格制定方法
（二）成本定价法
（三）利润加成法
（四）市场导向法
（五）竞争导向法
（六）顾客导向法
（七）尾数定价法

讨论：银行大客户开发的渠道在哪里？

第五部分 银行渠道管理的内容

银行产品促销四要点

讨论：银行大客户促销如何开展

第六部分 银行大客户分类及管理方式

（一）现有大客户
（二）潜在大客户

第七部分 大客户风险识别和控制

（一）大客户风险识别

（二）大客户风险控制

第八部分 大客户开发的基本步骤

（一）调查
1. 调查内容
2. 调查方法
（二）沟通的方式和渠道
（三）谈判
1. 劣势条件下的谈判
2. 谈判让步的基本方式
（四）追踪
（五）签约

第九部分 银行大客户的关键需求把握

（一）利益
1. 现实利益
2. 长远利益
（二）管理
1. 客户对管理的困惑
2. 我们可以给以客户的管理帮助（解决方案）
（三）情感、生理、心理(情感营销)
1. 客户的生理心理需求（纽约面包公司）
2. 客户的情感需求（关怀，怀旧）
（四）其他

请与博士德及各地分支机构联络：

北京公司（市场部）　　010-68487640（转217）　　15901445052　赵　敏
　　　　　　　　　　　　　　　　　　　　　　　　　　18910377556　李　让

杭州分公司　　　　　　0571-88355820　　　　　　13758165372　胡老师

华南代表处　　　　　　0755-86320595　　　　　　13723742574　贺老师

临沂代表处　　　　　　0539-8218259　　　　　　 18769978257　马老师

邮箱：zbz159@vip.sina.com　　联系电话：010-68487630　　手机：13910873125